침례믿글씨

성령님과함께쓰는

은혜로운 필사성경

10

로마서 – 요한계시록

MERCIFUL WRITING BIBLE

필 사 자 : ______________

시작한 날 : ______________

끝 난 날 : ______________

서울말씀사

일러두기

1. 성경 각 권의 서론을 수록하여 성경의 이해를 도왔습니다.

2. 성경의 장과 절이 인쇄되어 있어 보기 쉽고 쓰기 쉽습니다. 또한 밑글씨가 인쇄되어 있어, 성경 없이 누구나 쉽게 필사할 수 있습니다.

3. 성경의 순서에 관계없이 자유롭게 필사할 수 있습니다.

4. 성경과 같이 2단 편집으로 되어 있어 쓰기 쉽고, 여백 활용을 최대화하였습니다.

5. [성령님과 함께 쓰는 은혜로운 필사성경](개정)은 총 10권으로 구성되어 있습니다.
   1 : 구약 1 _ 율법서 1 (창세기 ~ 출애굽기)
   2 : 구약 2 _ 율법서 2 (레위기 ~ 신명기)
   3 : 구약 3 _ 역사서 1 (여호수아 ~ 룻기)
   4 : 구약 4 _ 역사서 2 (사무엘상 ~ 열왕기하)
   5 : 구약 5 _ 역사서 3 (역대상 ~ 에스더)
   6 : 구약 6 _ 시가서 (욥기 ~ 아가서)
   7 : 구약 7 _ 예언서 1 (이사야 ~ 예레미야애가)
   8 : 구약 8 _ 예언서 2 (에스겔 ~ 말라기)
   9 : 신약 1 _ 마태복음 ~ 사도행전
   10 : 신약 2 _ 로마서 ~ 요한계시록

머리말

지식의 홍수 속에서 살아가는 현대인들의 영혼에 가장 필요한 지식은 무엇일까요? 그것은 바로 '하나님을 아는 지식'입니다. 하나님께서는 호세아 6장 6절에서 "나는 인애를 원하고 제사를 원하지 아니하며 번제보다 하나님을 아는 것을 원하노라"라고 말씀하셨습니다. 이처럼 하나님께서 가장 원하시는 것은 우리가 하나님을 알고 하나님의 뜻대로 사는 것입니다.

하나님을 알아가는 가장 좋은 방법은 하나님의 말씀인 성경을 가까이하는 것이며, 성경을 가까이하는 가장 좋은 방법들 중 하나는 성경을 직접 쓰는 것입니다. 성경을 필사하는 시간은 성경을 읽고 묵상하는 시간과 더불어 또 하나의 은혜의 시간, 축복의 시간이 될 것입니다. 이렇게 귀한 성경 필사에 도움이 되고자 이번에 『성령님과 함께 쓰는 은혜로운 필사성경』을 펴내게 되었습니다. 이 책은 말씀을 읽는 것에서 더 나아가 말씀을 직접 기록하며 하나님을 더욱 알기를 원하는 모든 분들에게 큰 유익이 될 것입니다. 인내와 정성이 깃든 성경 필사를 통해 성령님의 음성을 듣고 하나님 말씀의 더 깊은 세계로 나아가는 은혜를 체험하게 되시기를 간절히 바랍니다.

여의도순복음교회
위임목사 이영훈

ROMANS

로마서

저 자 사도 바울

주 제 이신득의以信得義, 오직 믿음으로 말미암아 의롭게 됨

기록목적 온갖 사상과 종교가 범람하고 있는 로마의 그리스도인들에게 기독교 복음의 진리를 체계적으로 전달하여 그들의 신앙을 굳건하게 확립시키기 위함이다.

기록배경 로마 교회는 사도 바울의 선교 활동으로 설립된 교회가 아니다15:20. 오순절 날 예루살렘의 기적적인 현상들을 체험한 사람들 가운데 일부가 예수 그리스도를 믿고 로마에 가서 복음을 전하였다. 그리고 유대인으로서 개종한 그리스도인과 이방인으로서 믿게 된 그리스도인들이 자연스럽게 로마 교회를 형성하였다. 땅 끝까지 복음을 전하려는 사도 바울은 제3차 전도 여행으로 분주한 가운데서도 새로운 일터인 로마를 바라보았다행 19:21. 이와 함께 로마를 거쳐 당시 땅 끝으로 여겼던 서바나까지 가려고 하였다15:23, 24. 바울은 제3차 선교 여행이 끝날 무렵 마게도냐와 아가야 교회들을 거쳐 예루살렘으로 돌아가기 직전인 주후 56년경에 로마 전도를 위한 준비의 일환으로 본서를 기록한 것으로 보인다.

특 징
- 로마서는 기독교 진리를 조직적으로 다룬 책이다. 특히 본서가 다루고 있는 이신득의의 교리는 기독교의 핵심이라고 말할 수 있다.
- 본서의 실천편12-16장에서는 로마 교회의 당면한 문제들에 대한 대처 방안을 실제적으로 제시하고 있다.

나의 기도

로마서

1 예수 그리스도의 종 바울은 사도
로 부르심을 받아 하나님의 복음을
위하여 택정함을 입었으니
2 이 복음은 하나님이 선지자들을 통
하여 그의 아들에 관하여 성경에
미리 약속하신 것이라
3 그의 아들에 관하여 말하면 육신으
로는 다윗의 혈통에서 나셨고
4 성결의 영으로는 죽은 자들 가운데
서 부활하사 능력으로 하나님의 아
들로 선포되셨으니 곧 우리 주 예
수 그리스도시니라
5 그로 말미암아 우리가 은혜와 사도
의 직분을 받아 그의 이름을 위하
여 모든 이방인 중에서 믿어 순종하
게 하나니
6 너희도 그들 중에서 예수 그리스도
의 것으로 부르심을 받은 자니라
7 로마에서 하나님의 사랑하심을 받
고 성도로 부르심을 받은 모든 자
에게 하나님 우리 아버지와 주 예
수 그리스도로부터 은혜와 평강이
있기를 원하노라
8 먼저 내가 예수 그리스도로 말미암
아 너희 모든 사람에 관하여 내 하
나님께 감사함은 너희 믿음이 온
세상에 전파됨이로다
9 내가 그의 아들의 복음 안에서 내
심령으로 섬기는 하나님이 나의 증
인이 되시거니와 항상 내 기도에 쉬
지 않고 너희를 말하며
10 어떻게 하든지 이제 하나님의 뜻
안에서 너희에게로 나아갈 좋은 길
얻기를 구하노라
11 내가 너희 보기를 간절히 원하는
것은 어떤 신령한 은사를 너희에게
나누어 주어 너희를 견고하게 하려
함이니
12 이는 곧 내가 너희 가운데서 너희
와 나의 믿음으로 말미암아 피차
안위함을 얻으려 함이라
13 형제들아 내가 여러 번 너희에게
가고자 한 것을 너희가 모르기를
원하지 아니하노니 이는 너희 중에
서도 다른 이방인 중에서와 같이 열
매를 맺게 하려 함이로되 지금까지
길이 막혔도다
14 헬라인이나 야만인이나 지혜 있는
자나 어리석은 자에게 다 내가 빚
진 자라
15 그러므로 나는 할 수 있는 대로 로
마에 있는 너희에게도 복음 전하기
를 원하노라
16 내가 복음을 부끄러워하지 아니하
노니 이 복음은 모든 믿는 자에게
구원을 주시는 하나님의 능력이 됨

기록일 : . . .

이라 먼저는 유대인에게요 그리고
헬라인에게로다
17 복음에는 하나님의 의가 나타나서
믿음으로 믿음에 이르게 하나니 기
록된 바 오직 의인은 믿음으로 말
미암아 살리라 함과 같으니라
18 하나님의 진노가 불의로 진리를 막
는 사람들의 모든 경건하지 않음과
불의에 대하여 하늘로부터 나타나
나니
19 이는 하나님을 알 만한 것이 그들
속에 보임이라 하나님께서 이를 그
들에게 보이셨느니라
20 창세로부터 그의 보이지 아니하는
것들 곧 그의 영원하신 능력과 신성
이 그가 만드신 만물에 분명히 보
여 알려졌나니 그러므로 그들이 핑
계하지 못할지니라
21 하나님을 알되 하나님을 영화롭게
도 아니하며 감사하지도 아니하고
오히려 그 생각이 허망하여지며 미
련한 마음이 어두워졌나니
22 스스로 지혜 있다 하나 어리석게
되어
23 썩어지지 아니하는 하나님의 영광
을 썩어질 사람과 새와 짐승과 기
어다니는 동물 모양의 우상으로 바
꾸었느니라
24 그러므로 하나님께서 그들을 마음
의 정욕대로 더러움에 내버려 두사
그들의 몸을 서로 욕되게 하게 하
셨으니
25 이는 그들이 하나님의 진리를 거짓
것으로 바꾸어 피조물을 조물주보
다 더 경배하고 섬김이라 주는 곧
영원히 찬송할 이시로다 아멘
26 이 때문에 하나님께서 그들을 부
끄러운 욕심에 내버려 두셨으니 곧
그들의 여자들도 순리대로 쓸 것을
바꾸어 역리로 쓰며
27 그와 같이 남자들도 순리대로 여자
쓰기를 버리고 서로 향하여 음욕
이 불 일듯 하매 남자가 남자와 더
불어 부끄러운 일을 행하여 그들의
그릇됨에 상당한 보응을 그들 자신
이 받았느니라
28 또한 그들이 마음에 하나님 두기를
싫어하매 하나님께서 그들을 그 상
실한 마음대로 내버려 두사 합당하
지 못한 일을 하게 하셨으니
29 곧 모든 불의, 추악, 탐욕, 악의가
가득한 자요 시기, 살인, 분쟁, 사
기, 악독이 가득한 자요 수군수군
하는 자요
30 비방하는 자요 하나님께서 미워하
시는 자요 능욕하는 자요 교만한
자요 자랑하는 자요 악을 도모하는
자요 부모를 거역하는 자요
31 우매한 자요 배약하는 자요 무정한
자요 무자비한 자라

기록일 : . . .

32 그들이 이같은 일을 행하는 자는
사형에 해당한다고 하나님께서 정
하심을 알고도 자기들만 행할 뿐
아니라 또한 그런 일을 행하는 자
들을 옳다 하느니라

2 그러므로 남을 판단하는 사람아,
누구를 막론하고 네가 핑계하지 못
할 것은 남을 판단하는 것으로 네
가 너를 정죄함이니 판단하는 네가
같은 일을 행함이니라
2 이런 일을 행하는 자에게 하나님의
심판이 진리대로 되는 줄 우리가
아노라
3 이런 일을 행하는 자를 판단하고
도 같은 일을 행하는 사람아, 네가
하나님의 심판을 피할 줄로 생각
하느냐
4 혹 네가 하나님의 인자하심이 너를
인도하여 회개하게 하심을 알지 못
하여 그의 인자하심과 용납하심과
길이 참으심이 풍성함을 멸시하느냐
5 다만 네 고집과 회개하지 아니한
마음을 따라 진노의 날 곧 하나님
의 의로우신 심판이 나타나는 그
날에 임할 진노를 네게 쌓는도다
6 하나님께서 각 사람에게 그 행한
대로 보응하시되
7 참고 선을 행하여 영광과 존귀와
썩지 아니함을 구하는 자에게는 영
생으로 하시고
8 오직 당을 지어 진리를 따르지 아니
하고 불의를 따르는 자에게는 진노
와 분노로 하시리라
9 악을 행하는 각 사람의 영에는 환
난과 곤고가 있으리니 먼저는 유대
인에게요 그리고 헬라인에게며
10 선을 행하는 각 사람에게는 영광과
존귀와 평강이 있으리니 먼저는 유
대인에게요 그리고 헬라인에게라
11 이는 하나님께서 외모로 사람을 취
하지 아니하심이라
12 무릇 율법 없이 범죄한 자는 또한
율법 없이 망하고 무릇 율법이 있고
범죄한 자는 율법으로 말미암아 심
판을 받으리라
13 하나님 앞에서는 율법을 듣는 자가
의인이 아니요 오직 율법을 행하는
자라야 의롭다 하심을 얻으리니
14 (율법 없는 이방인이 본성으로 율법
의 일을 행할 때에는 이 사람은 율
법이 없어도 자기가 자기에게 율법
이 되나니
15 이런 이들은 그 양심이 증거가 되어
그 생각들이 서로 혹은 고발하며
혹은 변명하여 그 마음에 새긴 율
법의 행위를 나타내느니라)
16 곧 나의 복음에 이른 바와 같이 하
나님이 예수 그리스도로 말미암아
사람들의 은밀한 것을 심판하시는
그 날이라

기록일 : . . .

17 유대인이라 불리는 네가 율법을 의
지하며 하나님을 자랑하며
18 율법의 교훈을 받아 하나님의 뜻을
알고 지극히 선한 것을 분간하며
19 맹인의 길을 인도하는 자요 어둠에
있는 자의 빛이요
20 율법에 있는 지식과 진리의 모본을
가진 자로서 어리석은 자의 교사요
어린 아이의 선생이라고 스스로 믿
으니
21 그러면 다른 사람을 가르치는 네가
네 자신은 가르치지 아니하느냐 도
둑질하지 말라 선포하는 네가 도둑
질하느냐
22 간음하지 말라 말하는 네가 간음
하느냐 우상을 가증히 여기는 네가
신전 물건을 도둑질하느냐
23 율법을 자랑하는 네가 율법을 범함
으로 하나님을 욕되게 하느냐
24 기록된 바와 같이 하나님의 이름이
너희 때문에 이방인 중에서 모독을
받는도다
25 네가 율법을 행하면 할례가 유익하
나 만일 율법을 범하면 네 할례는
무할례가 되느니라
26 그런즉 무할례자가 율법의 규례를
지키면 그 무할례를 할례와 같이
여길 것이 아니냐
27 또한 본래 무할례자가 율법을 온전
히 지키면 율법 조문과 할례를 가
지고 율법을 범하는 너를 정죄하지
아니하겠느냐
28 무릇 표면적 유대인이 유대인이 아
니요 표면적 육신의 할례가 할례가
아니니라
29 오직 이면적 유대인이 유대인이며
할례는 마음에 할지니 영에 있고
율법 조문에 있지 아니한 것이라 그
칭찬이 사람에게서가 아니요 다만
하나님에게서니라

3 그런즉 유대인의 나음이 무엇이며
할례의 유익이 무엇이냐
2 범사에 많으니 우선은 그들이 하나
님의 말씀을 맡았음이니라
3 어떤 자들이 믿지 아니하였으면 어
찌하리요 그 믿지 아니함이 하나님
의 미쁘심을 폐하겠느냐
4 그럴 수 없느니라 사람은 다 거짓
되되 오직 하나님은 참되시다 할지
어다 기록된 바 주께서 주의 말씀
에 의롭다 함을 얻으시고 판단 받
으실 때에 이기려 하심이라 함과
같으니라
5 그러나 우리 불의가 하나님의 의를
드러나게 하면 무슨 말 하리요 [내
가 사람의 말하는 대로 말하노니]
진노를 내리시는 하나님이 불의하
시냐
6 결코 그렇지 아니하니라 만일 그러
하면 하나님께서 어찌 세상을 심판

하시리요
7 그러나 나의 거짓말로 하나님의 참
되심이 더 풍성하여 그의 영광이 되
었다면 어찌 내가 죄인처럼 심판을
받으리요
8 또는 그러면 선을 이루기 위하여 악
을 행하자 하지 않겠느냐 어떤 이
들이 이렇게 비방하여 우리가 이런
말을 한다고 하니 그들은 정죄 받
는 것이 마땅하니라
9 그러면 어떠하냐 우리는 나으냐 결
코 아니라 유대인이나 헬라인이나
다 죄 아래에 있다고 우리가 이미
선언하였느니라
10 기록된 바 의인은 없나니 하나도
없으며
11 깨닫는 자도 없고 하나님을 찾는
자도 없고
12 다 치우쳐 함께 무익하게 되고 선
을 행하는 자는 없나니 하나도 없
도다
13 그들의 목구멍은 열린 무덤이요 그
혀로는 속임을 일삼으며 그 입술에
는 독사의 독이 있고
14 그 입에는 저주와 악독이 가득하고
15 그 발은 피 흘리는 데 빠른지라
16 파멸과 고생이 그 길에 있어
17 평강의 길을 알지 못하였고
18 그들의 눈 앞에 하나님을 두려워함
이 없느니라 함과 같으니라
19 우리가 알거니와 무릇 율법이 말하
는 바는 율법 아래에 있는 자들에
게 말하는 것이니 이는 모든 입을
막고 온 세상으로 하나님의 심판
아래에 있게 하려 함이라
20 그러므로 율법의 행위로 그의 앞에
의롭다 하심을 얻을 육체가 없나니
율법으로는 죄를 깨달음이니라
21 이제는 율법 외에 하나님의 한 의
가 나타났으니 율법과 선지자들에
게 증거를 받은 것이라
22 곧 예수 그리스도를 믿음으로 말미
암아 모든 믿는 자에게 미치는 하
나님의 의니 차별이 없느니라
23 모든 사람이 죄를 범하였으매 하나
님의 영광에 이르지 못하더니
24 그리스도 예수 안에 있는 속량으로
말미암아 하나님의 은혜로 값 없이
의롭다 하심을 얻은 자 되었느니라
25 이 예수를 하나님이 그의 피로써
믿음으로 말미암는 화목제물로 세
우셨으니 이는 하나님께서 길이 참
으시는 중에 전에 지은 죄를 간과
하심으로 자기의 의로우심을 나타
내려 하심이니
26 곧 이 때에 자기의 의로우심을 나타
내사 자기도 의로우시며 또한 예수
믿는 자를 의롭다 하려 하심이라
27 그런즉 자랑할 데가 어디냐 있을 수
가 없느니라 무슨 법으로냐 행위로

기록일 : . . .

냐 아니라 오직 믿음의 법으로니라
28 그러므로 사람이 의롭다 하심을
얻는 것은 율법의 행위에 있지 않
고 믿음으로 되는 줄 우리가 인정하
노라
29 하나님은 다만 유대인의 하나님이
시냐 또한 이방인의 하나님은 아니
시냐 진실로 이방인의 하나님도 되
시느니라
30 할례자도 믿음으로 말미암아 또한
무할례자도 믿음으로 말미암아 의
롭다 하실 하나님은 한 분이시니라
31 그런즉 우리가 믿음으로 말미암아
율법을 파기하느냐 그럴 수 없느니
라 도리어 율법을 굳게 세우느니라

4

그런즉 육신으로 우리 조상인 아
브라함이 무엇을 얻었다 하리요
2 만일 아브라함이 행위로써 의롭다
하심을 받았으면 자랑할 것이 있으
려니와 하나님 앞에서는 없느니라
3 성경이 무엇을 말하느냐 아브라함
이 하나님을 믿으매 그것이 그에게
의로 여겨진 바 되었느니라
4 일하는 자에게는 그 삯이 은혜로
여겨지지 아니하고 보수로 여겨지
거니와
5 일을 아니할지라도 경건하지 아니
한 자를 의롭다 하시는 이를 믿는
자에게는 그의 믿음을 의로 여기시
나니
6 일한 것이 없이 하나님께 의로 여기
심을 받는 사람의 복에 대하여 다
윗이 말한 바
7 불법이 사함을 받고 죄가 가리어짐
을 받는 사람들은 복이 있고
8 주께서 그 죄를 인정하지 아니하실
사람은 복이 있도다 함과 같으니라
9 그런즉 이 복이 할례자에게냐 혹은
무할례자에게도냐 무릇 우리가 말
하기를 아브라함에게는 그 믿음이
의로 여겨졌다 하노라
10 그런즉 그것이 어떻게 여겨졌느냐
할례시냐 무할례시냐 할례시가 아
니요 무할례시니라
11 그가 할례의 표를 받은 것은 무할
례시에 믿음으로 된 의를 인친 것
이니 이는 무할례자로서 믿는 모든
자의 조상이 되어 그들도 의로 여
기심을 얻게 하려 하심이라
12 또한 할례자의 조상이 되었나니 곧
할례 받을 자에게뿐 아니라 우리
조상 아브라함이 무할례시에 가졌
던 믿음의 자취를 따르는 자들에게
도 그러하니라
13 아브라함이나 그 후손에게 세상의
상속자가 되리라고 하신 언약은 율
법으로 말미암은 것이 아니요 오직
믿음의 의로 말미암은 것이니라
14 만일 율법에 속한 자들이 상속자이
면 믿음은 헛것이 되고 약속은 파기

기록일 : . . .

되었느니라
15 율법은 진노를 이루게 하나니 율법
이 없는 곳에는 범법도 없느니라
16 그러므로 상속자가 되는 그것이 은
혜에 속하기 위하여 믿음으로 되나
니 이는 그 약속을 그 모든 후손에
게 굳게 하려 하심이라 율법에 속한
자에게뿐만 아니라 아브라함의 믿
음에 속한 자에게도 그러하니 아브
라함은 우리 모든 사람의 조상이라
17 기록된 바 내가 너를 많은 민족의
조상으로 세웠다 하심과 같으니 그
가 믿은 바 하나님은 죽은 자를 살
리시며 없는 것을 있는 것으로 부르
시는 이시니라
18 아브라함이 바랄 수 없는 중에 바
라고 믿었으니 이는 네 후손이 이같
으리라 하신 말씀대로 많은 민족의
조상이 되게 하려 하심이라
19 그가 백 세나 되어 자기 몸이 죽은
것 같고 사라의 태가 죽은 것 같음
을 알고도 믿음이 약하여지지 아니
하고
20 믿음이 없어 하나님의 약속을 의심
하지 않고 믿음으로 견고하여져서
하나님께 영광을 돌리며
21 약속하신 그것을 또한 능히 이루실
줄을 확신하였으니
22 그러므로 그것이 그에게 의로 여겨
졌느니라
23 그에게 의로 여겨졌다 기록된 것은
아브라함만 위한 것이 아니요
24 의로 여기심을 받을 우리도 위함이
니 곧 예수 우리 주를 죽은 자 가운
데서 살리신 이를 믿는 자니라
25 예수는 우리가 범죄한 것 때문에
내줌이 되고 또한 우리를 의롭다
하시기 위하여 살아나셨느니라

5 그러므로 우리가 믿음으로 의롭
다 하심을 받았으니 우리 주 예수
그리스도로 말미암아 하나님과 화
평을 누리자
2 또한 그로 말미암아 우리가 믿음으
로 서 있는 이 은혜에 들어감을 얻
었으며 하나님의 영광을 바라고 즐
거워하느니라
3 다만 이뿐 아니라 우리가 환난 중
에도 즐거워하나니 이는 환난은 인
내를,
4 인내는 연단을, 연단은 소망을 이루
는 줄 앎이로다
5 소망이 우리를 부끄럽게 하지 아니
함은 우리에게 주신 성령으로 말미
암아 하나님의 사랑이 우리 마음에
부은 바 됨이니
6 우리가 아직 연약할 때에 기약대로
그리스도께서 경건하지 않은 자를
위하여 죽으셨도다
7 의인을 위하여 죽는 자가 쉽지 않
고 선인을 위하여 용감히 죽는 자

기록일 : . . .

가 혹 있거니와
8 우리가 아직 죄인 되었을 때에 그
리스도께서 우리를 위하여 죽으심
으로 하나님께서 우리에 대한 자기
의 사랑을 확증하셨느니라
9 그러면 이제 우리가 그의 피로 말미
암아 의롭다 하심을 받았으니 더욱
그로 말미암아 진노하심에서 구원
을 받을 것이니
10 곧 우리가 원수 되었을 때에 그의
아들의 죽으심으로 말미암아 하나
님과 화목하게 되었은즉 화목하게
된 자로서는 더욱 그의 살아나심으
로 말미암아 구원을 받을 것이니라
11 그뿐 아니라 이제 우리로 화목하게
하신 우리 주 예수 그리스도로 말
미암아 하나님 안에서 또한 즐거워
하느니라
12 그러므로 한 사람으로 말미암아 죄
가 세상에 들어오고 죄로 말미암아
사망이 들어왔나니 이와 같이 모든
사람이 죄를 지었으므로 사망이 모
든 사람에게 이르렀느니라
13 죄가 율법 있기 전에도 세상에 있
었으나 율법이 없었을 때에는 죄를
죄로 여기지 아니하였느니라
14 그러나 아담으로부터 모세까지 아
담의 범죄와 같은 죄를 짓지 아니
한 자들까지도 사망이 왕 노릇 하
였나니 아담은 오실 자의 모형이라
15 그러나 이 은사는 그 범죄와 같지
아니하니 곧 한 사람의 범죄를 인
하여 많은 사람이 죽었은즉 더욱
하나님의 은혜와 또한 한 사람 예
수 그리스도의 은혜로 말미암은 선
물은 많은 사람에게 넘쳤느니라
16 또 이 선물은 범죄한 한 사람으로
말미암은 것과 같지 아니하니 심
판은 한 사람으로 말미암아 정죄
에 이르렀으나 은사는 많은 범죄
로 말미암아 의롭다 하심에 이름이
니라
17 한 사람의 범죄로 말미암아 사망이
그 한 사람을 통하여 왕 노릇 하였
은즉 더욱 은혜와 의의 선물을 넘
치게 받는 자들은 한 분 예수 그리
스도를 통하여 생명 안에서 왕 노
릇 하리로다
18 그런즉 한 범죄로 많은 사람이 정
죄에 이른 것 같이 한 의로운 행위
로 말미암아 많은 사람이 의롭다
하심을 받아 생명에 이르렀느니라
19 한 사람이 순종하지 아니함으로 많
은 사람이 죄인 된 것 같이 한 사람
이 순종하심으로 많은 사람이 의인
이 되리라
20 율법이 들어온 것은 범죄를 더하게
하려 함이라 그러나 죄가 더한 곳
에 은혜가 더욱 넘쳤나니
21 이는 죄가 사망 안에서 왕 노릇 한

기록일 : . . .

것 같이 은혜도 또한 의로 말미암
아 왕 노릇 하여 우리 주 예수 그리
스도로 말미암아 영생에 이르게 하
려 함이라

6 그런즉 우리가 무슨 말을 하리요
은혜를 더하게 하려고 죄에 거하겠
느냐
2 그럴 수 없느니라 죄에 대하여 죽은
우리가 어찌 그 가운데 더 살리요
3 무릇 그리스도 예수와 합하여 침례
를 받은 우리는 그의 죽으심과 합
하여 침례를 받은 줄을 알지 못하
느냐
4 그러므로 우리가 그의 죽으심과 합
하여 침례를 받음으로 그와 함께
장사되었나니 이는 아버지의 영광
으로 말미암아 그리스도를 죽은 자
가운데서 살리심과 같이 우리로 또
한 새 생명 가운데서 행하게 하려
함이라
5 만일 우리가 그의 죽으심과 같은
모양으로 연합한 자가 되었으면 또
한 그의 부활과 같은 모양으로 연
합한 자도 되리라
6 우리가 알거니와 우리의 옛 사람이
예수와 함께 십자가에 못 박힌 것
은 죄의 몸이 죽어 다시는 우리가
죄에게 종 노릇 하지 아니하려 함
이니
7 이는 죽은 자가 죄에서 벗어나 의
롭다 하심을 얻었음이라
8 만일 우리가 그리스도와 함께 죽
었으면 또한 그와 함께 살 줄을 믿
노니
9 이는 그리스도께서 죽은 자 가운
데서 살아나셨으매 다시 죽지 아니
하시고 사망이 다시 그를 주장하지
못할 줄을 앎이로라
10 그가 죽으심은 죄에 대하여 단번에
죽으심이요 그가 살아 계심은 하나
님께 대하여 살아 계심이니
11 이와 같이 너희도 너희 자신을 죄
에 대하여는 죽은 자요 그리스도
예수 안에서 하나님께 대하여는 살
아 있는 자로 여길지어다
12 그러므로 너희는 죄가 너희 죽을
몸을 지배하지 못하게 하여 몸의
사욕에 순종하지 말고
13 또한 너희 지체를 불의의 무기로 죄
에게 내주지 말고 오직 너희 자신을
죽은 자 가운데서 다시 살아난 자
같이 하나님께 드리며 너희 지체를
의의 무기로 하나님께 드리라
14 죄가 너희를 주장하지 못하리니 이
는 너희가 법 아래에 있지 아니하
고 은혜 아래에 있음이라
15 그런즉 어찌하리요 우리가 법 아래
에 있지 아니하고 은혜 아래에 있으
니 죄를 지으리요 그럴 수 없느니라
16 너희 자신을 종으로 내주어 누구에

기록일 : . . .

게 순종하든지 그 순종함을 받는
자의 종이 되는 줄을 너희가 알지
못하느냐 혹은 죄의 종으로 사망에
이르고 혹은 순종의 종으로 의에
이르느니라
17 하나님께 감사하리로다 너희가 본
래 죄의 종이더니 너희에게 전하여
준 바 교훈의 본을 마음으로 순종
하여
18 죄로부터 해방되어 의에게 종이 되
었느니라
19 너희 육신이 연약하므로 내가 사람
의 예대로 말하노니 전에 너희가
너희 지체를 부정과 불법에 내주어
불법에 이른 것 같이 이제는 너희
지체를 의에게 종으로 내주어 거룩
함에 이르라
20 너희가 죄의 종이 되었을 때에는
의에 대하여 자유로웠느니라
21 너희가 그 때에 무슨 열매를 얻었
느냐 이제는 너희가 그 일을 부끄
러워하나니 이는 그 마지막이 사망
임이라
22 그러나 이제는 너희가 죄로부터 해
방되고 하나님께 종이 되어 거룩함
에 이르는 열매를 맺었으니 그 마
지막은 영생이라
23 죄의 삯은 사망이요 하나님의 은사
는 그리스도 예수 우리 주 안에 있
는 영생이니라

7 형제들아 내가 법 아는 자들에게
말하노니 너희는 그 법이 사람이
살 동안만 그를 주관하는 줄 알지
못하느냐
2 남편 있는 여인이 그 남편 생전에는
법으로 그에게 매인 바 되나 만일
그 남편이 죽으면 남편의 법에서 벗
어나느니라
3 그러므로 만일 그 남편 생전에 다
른 남자에게 가면 음녀라 그러나
만일 남편이 죽으면 그 법에서 자유
롭게 되나니 다른 남자에게 갈지라
도 음녀가 되지 아니하느니라
4 그러므로 내 형제들아 너희도 그리
스도의 몸으로 말미암아 율법에 대
하여 죽임을 당하였으니 이는 다른
이 곧 죽은 자 가운데서 살아나신
이에게 가서 우리가 하나님을 위하
여 열매를 맺게 하려 함이라
5 우리가 육신에 있을 때에는 율법으
로 말미암는 죄의 정욕이 우리 지
체 중에 역사하여 우리로 사망을
위하여 열매를 맺게 하였더니
6 이제는 우리가 얽매였던 것에 대하
여 죽었으므로 율법에서 벗어났으
니 이러므로 우리가 영의 새로운 것
으로 섬길 것이요 율법 조문의 묵
은 것으로 아니할지니라
7 그런즉 우리가 무슨 말을 하리요
율법이 죄냐 그럴 수 없느니라 율

기록일 : . . .

법으로 말미암지 않고는 내가 죄를
알지 못하였으니 곧 율법이 탐내지
말라 하지 아니하였더라면 내가 탐
심을 알지 못하였으리라
8 그러나 죄가 기회를 타서 계명으로
말미암아 내 속에서 온갖 탐심을
이루었나니 이는 율법이 없으면 죄
가 죽은 것임이라
9 전에 율법을 깨닫지 못했을 때에는
내가 살았더니 계명이 이르매 죄는
살아나고 나는 죽었도다
10 생명에 이르게 할 그 계명이 내게
대하여 도리어 사망에 이르게 하는
것이 되었도다
11 죄가 기회를 타서 계명으로 말미암
아 나를 속이고 그것으로 나를 죽
였는지라
12 이로 보건대 율법은 거룩하고 계명
도 거룩하고 의로우며 선하도다
13 그런즉 선한 것이 내게 사망이 되었
느냐 그럴 수 없느니라 오직 죄가
죄로 드러나기 위하여 선한 그것으
로 말미암아 나를 죽게 만들었으니
이는 계명으로 말미암아 죄로 심히
죄 되게 하려 함이라
14 우리가 율법은 신령한 줄 알거니와
나는 육신에 속하여 죄 아래에 팔
렸도다
15 내가 행하는 것을 내가 알지 못하
노니 곧 내가 원하는 것은 행하지
아니하고 도리어 미워하는 것을 행
함이라
16 만일 내가 원하지 아니하는 그것을
행하면 내가 이로써 율법이 선한
것을 시인하노니
17 이제는 그것을 행하는 자가 내가
아니요 내 속에 거하는 죄니라
18 내 속 곧 내 육신에 선한 것이 거
하지 아니하는 줄을 아노니 원함은
내게 있으나 선을 행하는 것은 없
노라
19 내가 원하는 바 선은 행하지 아니
하고 도리어 원하지 아니하는 바
악을 행하는도다
20 만일 내가 원하지 아니하는 그것을
하면 이를 행하는 자는 내가 아니
요 내 속에 거하는 죄니라
21 그러므로 내가 한 법을 깨달았노니
곧 선을 행하기 원하는 나에게 악
이 함께 있는 것이로다
22 내 속사람으로는 하나님의 법을 즐
거워하되
23 내 지체 속에서 한 다른 법이 내 마
음의 법과 싸워 내 지체 속에 있는
죄의 법으로 나를 사로잡는 것을
보는도다
24 오호라 나는 곤고한 사람이로다 이
사망의 몸에서 누가 나를 건져내랴
25 우리 주 예수 그리스도로 말미암아
하나님께 감사하리로다 그런즉 내

기록일 : . . .

자신이 마음으로는 하나님의 법을
육신으로는 죄의 법을 섬기노라
8 그러므로 이제 그리스도 예수 안
에 있는 자에게는 결코 정죄함이
없나니
2 이는 그리스도 예수 안에 있는 생
명의 성령의 법이 죄와 사망의 법에
서 너를 해방하였음이라
3 율법이 육신으로 말미암아 연약하
여 할 수 없는 그것을 하나님은 하
시나니 곧 죄로 말미암아 자기 아
들을 죄 있는 육신의 모양으로 보
내어 육신에 죄를 정하사
4 육신을 따르지 않고 그 영을 따라
행하는 우리에게 율법의 요구가 이
루어지게 하려 하심이니라
5 육신을 따르는 자는 육신의 일을,
영을 따르는 자는 영의 일을 생각
하나니
6 육신의 생각은 사망이요 영의 생각
은 생명과 평안이니라
7 육신의 생각은 하나님과 원수가
되나니 이는 하나님의 법에 굴복하
지 아니할 뿐 아니라 할 수도 없음
이라
8 육신에 있는 자들은 하나님을 기쁘
시게 할 수 없느니라
9 만일 너희 속에 하나님의 영이 거하
시면 너희가 육신에 있지 아니하고
영에 있나니 누구든지 그리스도의
영이 없으면 그리스도의 사람이 아
니라
10 또 그리스도께서 너희 안에 계시면
몸은 죄로 말미암아 죽은 것이나
영은 의로 말미암아 살아 있는 것
이니라
11 예수를 죽은 자 가운데서 살리신
이의 영이 너희 안에 거하시면 그리
스도 예수를 죽은 자 가운데서 살
리신 이가 너희 안에 거하시는 그의
영으로 말미암아 너희 죽을 몸도
살리시리라
12 그러므로 형제들아 우리가 빚진 자
로되 육신에게 져서 육신대로 살
것이 아니니라
13 너희가 육신대로 살면 반드시 죽을
것이로되 영으로써 몸의 행실을 죽
이면 살리니
14 무릇 하나님의 영으로 인도함을 받
는 사람은 곧 하나님의 아들이라
15 너희는 다시 무서워하는 종의 영을
받지 아니하고 양자의 영을 받았으
므로 우리가 아빠 아버지라고 부르
짖느니라
16 성령이 친히 우리의 영과 더불어 우
리가 하나님의 자녀인 것을 증언하
시나니
17 자녀이면 또한 상속자 곧 하나님의
상속자요 그리스도와 함께 한 상속
자니 우리가 그와 함께 영광을 받

기록일 : . . .

기 위하여 고난도 함께 받아야 할
것이니라
18 생각하건대 현재의 고난은 장차 우
리에게 나타날 영광과 비교할 수
없도다
19 피조물이 고대하는 바는 하나님의
아들들이 나타나는 것이니
20 피조물이 허무한 데 굴복하는 것은
자기 뜻이 아니요 오직 굴복하게
하시는 이로 말미암음이라
21 그 바라는 것은 피조물도 썩어짐의
종 노릇 한 데서 해방되어 하나님
의 자녀들의 영광의 자유에 이르는
것이니라
22 피조물이 다 이제까지 함께 탄식하
며 함께 고통을 겪고 있는 것을 우
리가 아느니라
23 그뿐 아니라 또한 우리 곧 성령의
처음 익은 열매를 받은 우리까지도
속으로 탄식하여 양자 될 것 곧 우
리 몸의 속량을 기다리느니라
24 우리가 소망으로 구원을 얻었으매
보이는 소망이 소망이 아니니 보는
것을 누가 바라리요
25 만일 우리가 보지 못하는 것을 바
라면 참음으로 기다릴지니라
26 이와 같이 성령도 우리의 연약함을
도우시나니 우리는 마땅히 기도할
바를 알지 못하나 오직 성령이 말
할 수 없는 탄식으로 우리를 위하
여 친히 간구하시느니라
27 마음을 살피시는 이가 성령의 생각
을 아시나니 이는 성령이 하나님의
뜻대로 성도를 위하여 간구하심이
니라
28 우리가 알거니와 하나님을 사랑하
는 자 곧 그의 뜻대로 부르심을 입
은 자들에게는 모든 것이 합력하여
선을 이루느니라
29 하나님이 미리 아신 자들을 또한
그 아들의 형상을 본받게 하기 위
하여 미리 정하셨으니 이는 그로 많
은 형제 중에서 맏아들이 되게 하
려 하심이니라
30 또 미리 정하신 그들을 또한 부르
시고 부르신 그들을 또한 의롭다
하시고 의롭다 하신 그들을 또한
영화롭게 하셨느니라
31 그런즉 이 일에 대하여 우리가 무슨
말 하리요 만일 하나님이 우리를 위
하시면 누가 우리를 대적하리요
32 자기 아들을 아끼지 아니하시고 우
리 모든 사람을 위하여 내주신 이
가 어찌 그 아들과 함께 모든 것을
우리에게 주시지 아니하겠느냐
33 누가 능히 하나님께서 택하신 자들
을 고발하리요 의롭다 하신 이는
하나님이시니
34 누가 정죄하리요 죽으실 뿐 아니라
다시 살아나신 이는 그리스도 예수

기록일 : . . .

시니 그는 하나님 우편에 계신 자
요 우리를 위하여 간구하시는 자시
니라
35 누가 우리를 그리스도의 사랑에서
끊으리요 환난이나 곤고나 박해나
기근이나 적신이나 위험이나 칼이랴
36 기록된 바 우리가 종일 주를 위하
여 죽임을 당하게 되며 도살 당할
양 같이 여김을 받았나이다 함과
같으니라
37 그러나 이 모든 일에 우리를 사랑
하시는 이로 말미암아 우리가 넉넉
히 이기느니라
38 내가 확신하노니 사망이나 생명이
나 천사들이나 권세자들이나 현재
일이나 장래 일이나 능력이나
39 높음이나 깊음이나 다른 어떤 피조
물이라도 우리를 우리 주 그리스도
예수 안에 있는 하나님의 사랑에서
끊을 수 없으리라

9

1~2 내가 그리스도 안에서 참말
을 하고 거짓말을 아니하노라 나에
게 큰 근심이 있는 것과 마음에 그
치지 않는 고통이 있는 것을 내 양
심이 성령 안에서 나와 더불어 증언
하노니
3 나의 형제 곧 골육의 친척을 위하
여 내 자신이 저주를 받아 그리스
도에게서 끊어질지라도 원하는 바
로라
4 그들은 이스라엘 사람이라 그들에
게는 양자 됨과 영광과 언약들과
율법을 세우신 것과 예배와 약속들
이 있고
5 조상들도 그들의 것이요 육신으로
하면 그리스도가 그들에게서 나셨
으니 그는 만물 위에 계셔서 세세
에 찬양을 받으실 하나님이시니라
아멘
6 그러나 하나님의 말씀이 폐하여진
것 같지 않도다 이스라엘에게서 난
그들이 다 이스라엘이 아니요
7 또한 아브라함의 씨가 다 그의 자
녀가 아니라 오직 이삭으로부터 난
자라야 네 씨라 불리리라 하셨으니
8 곧 육신의 자녀가 하나님의 자녀가
아니요 오직 약속의 자녀가 씨로
여기심을 받느니라
9 약속의 말씀은 이것이니 명년 이 때
에 내가 이르리니 사라에게 아들이
있으리라 하심이라
10 그뿐 아니라 또한 리브가가 우리
조상 이삭 한 사람으로 말미암아
임신하였는데
11 그 자식들이 아직 나지도 아니하고
무슨 선이나 악을 행하지 아니한
때에 택하심을 따라 되는 하나님의
뜻이 행위로 말미암지 않고 오직
부르시는 이로 말미암아 서게 하려
하사

12 리브가에게 이르시되 큰 자가 어린
자를 섬기리라 하셨나니
13 기록된 바 내가 야곱은 사랑하고 에
서는 미워하였다 하심과 같으니라
14 그런즉 우리가 무슨 말을 하리요
하나님께 불의가 있느냐 그럴 수
없느니라
15 모세에게 이르시되 내가 긍휼히 여
길 자를 긍휼히 여기고 불쌍히 여길
자를 불쌍히 여기리라 하셨으니
16 그런즉 원하는 자로 말미암음도 아
니요 달음박질하는 자로 말미암음
도 아니요 오직 긍휼히 여기시는 하
나님으로 말미암음이니라
17 성경이 바로에게 이르시되 내가 이
일을 위하여 너를 세웠으니 곧 너
로 말미암아 내 능력을 보이고 내
이름이 온 땅에 전파되게 하려 함
이라 하셨으니
18 그런즉 하나님께서 하고자 하시는
자를 긍휼히 여기시고 하고자 하시
는 자를 완악하게 하시느니라
19 혹 네가 내게 말하기를 그러면 하
나님이 어찌하여 허물하시느냐 누
가 그 뜻을 대적하느냐 하리니
20 이 사람아 네가 누구이기에 감히
하나님께 반문하느냐 지음을 받은
물건이 지은 자에게 어찌 나를 이
같이 만들었느냐 말하겠느냐
21 토기장이가 진흙 한 덩이로 하나는
귀히 쓸 그릇을, 하나는 천히 쓸 그
릇을 만들 권한이 없느냐
22 만일 하나님이 그의 진노를 보이시
고 그의 능력을 알게 하고자 하사
멸하기로 준비된 진노의 그릇을 오
래 참으심으로 관용하시고
23 또한 영광 받기로 예비하신 바 긍
휼의 그릇에 대하여 그 영광의 풍
성함을 알게 하고자 하셨을지라도
무슨 말을 하리요
24 이 그릇은 우리니 곧 유대인 중에
서뿐 아니라 이방인 중에서도 부르
신 자니라
25 호세아의 글에도 이르기를 내가 내
백성 아닌 자를 내 백성이라, 사랑
하지 아니한 자를 사랑한 자라 부
르리라
26 너희는 내 백성이 아니라 한 그 곳
에서 그들이 살아 계신 하나님의
아들이라 일컬음을 받으리라 함과
같으니라
27 또 이사야가 이스라엘에 관하여 외
치되 이스라엘 자손들의 수가 비록
바다의 모래 같을지라도 남은 자만
구원을 받으리니
28 주께서 땅 위에서 그 말씀을 이루
고 속히 시행하시리라 하셨느니라
29 또한 이사야가 미리 말한 바 만일
만군의 주께서 우리에게 씨를 남겨
두지 아니하셨더라면 우리가 소돔

기록일 : . . .

과 같이 되고 고모라와 같았으리로
다 함과 같으니라
30 그런즉 우리가 무슨 말을 하리요
의를 따르지 아니한 이방인들이 의
를 얻었으니 곧 믿음에서 난 의요
31 의의 법을 따라간 이스라엘은 율법
에 이르지 못하였으니
32 어찌 그러하냐 이는 그들이 믿음을
의지하지 않고 행위를 의지함이라
부딪칠 돌에 부딪쳤느니라
33 기록된 바 보라 내가 걸림돌과 거
치는 바위를 시온에 두노니 그를
믿는 자는 부끄러움을 당하지 아니
하리라 함과 같으니라

10

형제들아 내 마음에 원하는 바와
하나님께 구하는 바는 이스라엘을
위함이니 곧 그들로 구원을 받게
함이라
2 내가 증언하노니 그들이 하나님께
열심이 있으나 올바른 지식을 따른
것이 아니니라
3 하나님의 의를 모르고 자기 의를
세우려고 힘써 하나님의 의에 복종
하지 아니하였느니라
4 그리스도는 모든 믿는 자에게 의를
이루기 위하여 율법의 마침이 되시
니라
5 모세가 기록하되 율법으로 말미암
는 의를 행하는 사람은 그 의로 살
리라 하였거니와
6 믿음으로 말미암는 의는 이같이 말
하되 네 마음에 누가 하늘에 올라
가겠느냐 하지 말라 하니 올라가겠
느냐 함은 그리스도를 모셔 내리려
는 것이요
7 혹은 누가 무저갱에 내려가겠느냐
하지 말라 하니 내려가겠느냐 함은
그리스도를 죽은 자 가운데서 모셔
올리려는 것이라
8 그러면 무엇을 말하느냐 말씀이 네
게 가까워 네 입에 있으며 네 마음
에 있다 하였으니 곧 우리가 전파
하는 믿음의 말씀이라
9 네가 만일 네 입으로 예수를 주로
시인하며 또 하나님께서 그를 죽은
자 가운데서 살리신 것을 네 마음
에 믿으면 구원을 받으리라
10 사람이 마음으로 믿어 의에 이르고
입으로 시인하여 구원에 이르느니라
11 성경에 이르되 누구든지 그를 믿는
자는 부끄러움을 당하지 아니하리
라 하니
12 유대인이나 헬라인이나 차별이 없
음이라 한 분이신 주께서 모든 사
람의 주가 되사 그를 부르는 모든
사람에게 부요하시도다
13 누구든지 주의 이름을 부르는 자는
구원을 받으리라
14 그런즉 그들이 믿지 아니하는 이를
어찌 부르리요 듣지도 못한 이를

기록일 : . . .

어찌 믿으리요 전파하는 자가 없이
어찌 들으리요
15 보내심을 받지 아니하였으면 어찌
전파하리요 기록된 바 아름답도다
좋은 소식을 전하는 자들의 발이여
함과 같으니라
16 그러나 그들이 다 복음을 순종하지
아니하였도다 이사야가 이르되 주
여 우리가 전한 것을 누가 믿었나이
까 하였으니
17 그러므로 믿음은 들음에서 나며 들
음은 그리스도의 말씀으로 말미암
았느니라
18 그러나 내가 말하노니 그들이 듣지
아니하였느냐 그렇지 아니하니 그
소리가 온 땅에 퍼졌고 그 말씀이
땅 끝까지 이르렀도다 하였느니라
19 그러나 내가 말하노니 이스라엘이
알지 못하였느냐 먼저 모세가 이르
되 내가 백성 아닌 자로써 너희를
시기하게 하며 미련한 백성으로써
너희를 노엽게 하리라 하였고
20 이사야는 매우 담대하여 내가 나를
찾지 아니한 자들에게 찾은 바 되
고 내게 묻지 아니한 자들에게 나
타났노라 말하였고
21 이스라엘에 대하여 이르되 순종하
지 아니하고 거슬러 말하는 백성에
게 내가 종일 내 손을 벌렸노라 하
였느니라

11 그러므로 내가 말하노니 하나님
이 자기 백성을 버리셨느냐 그럴 수
없느니라 나도 이스라엘인이요 아
브라함의 씨에서 난 자요 베냐민
지파라
2 하나님이 그 미리 아신 자기 백성을
버리지 아니하셨나니 너희가 성경
이 엘리야를 가리켜 말한 것을 알지
못하느냐 그가 이스라엘을 하나님
께 고발하되
3 주여 그들이 주의 선지자들을 죽
였으며 주의 제단들을 헐어 버렸고
나만 남았는데 내 목숨도 찾나이다
하니
4 그에게 하신 대답이 무엇이냐 내가
나를 위하여 바알에게 무릎을 꿇지
아니한 사람 칠천 명을 남겨 두었다
하셨으니
5 그런즉 이와 같이 지금도 은혜로
택하심을 따라 남은 자가 있느니라
6 만일 은혜로 된 것이면 행위로 말
미암지 않음이니 그렇지 않으면 은
혜가 은혜 되지 못하느니라
7 그런즉 어떠하냐 이스라엘이 구하
는 그것을 얻지 못하고 오직 택하
심을 입은 자가 얻었고 그 남은 자
들은 우둔하여졌느니라
8 기록된 바 하나님이 오늘까지 그들
에게 혼미한 심령과 보지 못할 눈
과 듣지 못할 귀를 주셨다 함과 같

기록일 : . . .

으니라
9 또 다윗이 이르되 그들의 밥상이
올무와 덫과 거치는 것과 보응이
되게 하시옵고
10 그들의 눈은 흐려 보지 못하고 그
들의 등은 항상 굽게 하옵소서 하
였느니라
11 그러므로 내가 말하노니 그들이 넘
어지기까지 실족하였느냐 그럴 수
없느니라 그들이 넘어짐으로 구원
이 이방인에게 이르러 이스라엘로
시기나게 함이니라
12 그들의 넘어짐이 세상의 풍성함이
되며 그들의 실패가 이방인의 풍성
함이 되거든 하물며 그들의 충만함
이리요
13 내가 이방인인 너희에게 말하노라
내가 이방인의 사도인 만큼 내 직
분을 영광스럽게 여기노니
14 이는 혹 내 골육을 아무쪼록 시기
하게 하여 그들 중에서 얼마를 구
원하려 함이라
15 그들을 버리는 것이 세상의 화목이
되거든 그 받아들이는 것이 죽은
자 가운데서 살아나는 것이 아니면
무엇이리요
16 제사하는 처음 익은 곡식 가루가
거룩한즉 떡덩이도 그러하고 뿌리
가 거룩한즉 가지도 그러하니라
17 또한 가지 얼마가 꺾이었는데 돌감
람나무인 네가 그들 중에 접붙임이
되어 참감람나무 뿌리의 진액을 함
께 받는 자가 되었은즉
18 그 가지들을 향하여 자랑하지 말라
자랑할지라도 네가 뿌리를 보전하
는 것이 아니요 뿌리가 너를 보전하
는 것이니라
19 그러면 네 말이 가지들이 꺾인 것은
나로 접붙임을 받게 하려 함이라
하리니
20 옳도다 그들은 믿지 아니하므로
꺾이고 너는 믿으므로 섰느니라 높
은 마음을 품지 말고 도리어 두려워
하라
21 하나님이 원 가지들도 아끼지 아니
하셨은즉 너도 아끼지 아니하시리라
22 그러므로 하나님의 인자하심과 준
엄하심을 보라 넘어지는 자들에게
는 준엄하심이 있으니 너희가 만
일 하나님의 인자하심에 머물러 있
으면 그 인자가 너희에게 있으리라
그렇지 않으면 너도 찍히는 바 되
리라
23 그들도 믿지 아니하는 데 머무르지
아니하면 접붙임을 받으리니 이는
그들을 접붙이실 능력이 하나님께
있음이라
24 네가 원 돌감람나무에서 찍힘을 받
고 본성을 거슬러 좋은 감람나무에
접붙임을 받았으니 원 가지인 이 사

기록일 : . . .

람들이야 얼마나 더 자기 감람나무
에 접붙이심을 받으랴
25 형제들아 너희가 스스로 지혜 있다
하면서 이 신비를 너희가 모르기를
내가 원하지 아니하노니 이 신비는
이방인의 충만한 수가 들어오기까
지 이스라엘의 더러는 우둔하게 된
것이라
26 그리하여 온 이스라엘이 구원을 받
으리라 기록된 바 구원자가 시온에
서 오사 야곱에게서 경건하지 않은
것을 돌이키시겠고
27 내가 그들의 죄를 없이 할 때에 그
들에게 이루어질 내 언약이 이것이
라 함과 같으니라
28 복음으로 하면 그들이 너희로 말미
암아 원수 된 자요 택하심으로 하
면 조상들로 말미암아 사랑을 입은
자라
29 하나님의 은사와 부르심에는 후회
하심이 없느니라
30 너희가 전에는 하나님께 순종하지
아니하더니 이스라엘이 순종하지 아
니함으로 이제 긍휼을 입었는지라
31 이와 같이 이 사람들이 순종하지
아니하니 이는 너희에게 베푸시는
긍휼로 이제 그들도 긍휼을 얻게
하려 하심이라
32 하나님이 모든 사람을 순종하지
아니하는 가운데 가두어 두심은 모
든 사람에게 긍휼을 베풀려 하심이
로다
33 깊도다 하나님의 지혜와 지식의 풍
성함이여, 그의 판단은 헤아리지 못
할 것이며 그의 길은 찾지 못할 것
이로다
34 누가 주의 마음을 알았느냐 누가
그의 모사가 되었느냐
35 누가 주께 먼저 드려서 갚으심을
받겠느냐
36 이는 만물이 주에게서 나오고 주
로 말미암고 주에게로 돌아감이라
그에게 영광이 세세에 있을지어다
아멘

12

그러므로 형제들아 내가 하나님
의 모든 자비하심으로 너희를 권하
노니 너희 몸을 하나님이 기뻐하시
는 거룩한 산 제물로 드리라 이는
너희가 드릴 영적 예배니라
2 너희는 이 세대를 본받지 말고 오
직 마음을 새롭게 함으로 변화를
받아 하나님의 선하시고 기뻐하시
고 온전하신 뜻이 무엇인지 분별하
도록 하라
3 내게 주신 은혜로 말미암아 너희
각 사람에게 말하노니 마땅히 생각
할 그 이상의 생각을 품지 말고 오
직 하나님께서 각 사람에게 나누어
주신 믿음의 분량대로 지혜롭게 생
각하라

기록일 : . . .

4 우리가 한 몸에 많은 지체를 가졌
으나 모든 지체가 같은 기능을 가
진 것이 아니니
5 이와 같이 우리 많은 사람이 그리
스도 안에서 한 몸이 되어 서로 지
체가 되었느니라
6 우리에게 주신 은혜대로 받은 은사
가 각각 다르니 혹 예언이면 믿음
의 분수대로,
7 혹 섬기는 일이면 섬기는 일로, 혹
가르치는 자면 가르치는 일로,
8 혹 위로하는 자면 위로하는 일로,
구제하는 자는 성실함으로, 다스리
는 자는 부지런함으로, 긍휼을 베
푸는 자는 즐거움으로 할 것이니라
9 사랑에는 거짓이 없나니 악을 미워
하고 선에 속하라
10 형제를 사랑하여 서로 우애하고 존
경하기를 서로 먼저 하며
11 부지런하여 게으르지 말고 열심을
품고 주를 섬기라
12 소망 중에 즐거워하며 환난 중에
참으며 기도에 항상 힘쓰며
13 성도들의 쓸 것을 공급하며 손 대
접하기를 힘쓰라
14 너희를 박해하는 자를 축복하라 축
복하고 저주하지 말라
15 즐거워하는 자들과 함께 즐거워하
고 우는 자들과 함께 울라
16 서로 마음을 같이하며 높은 데 마음
을 두지 말고 도리어 낮은 데 처하
며 스스로 지혜 있는 체 하지 말라
17 아무에게도 악을 악으로 갚지 말고
모든 사람 앞에서 선한 일을 도모
하라
18 할 수 있거든 너희로서는 모든 사
람과 더불어 화목하라
19 내 사랑하는 자들아 너희가 친히
원수를 갚지 말고 하나님의 진노하
심에 맡기라 기록되었으되 원수 갚
는 것이 내게 있으니 내가 갚으리
라고 주께서 말씀하시니라
20 네 원수가 주리거든 먹이고 목마르
거든 마시게 하라 그리함으로 네가
숯불을 그 머리에 쌓아 놓으리라
21 악에게 지지 말고 선으로 악을 이
기라

13

각 사람은 위에 있는 권세들에게
복종하라 권세는 하나님으로부터
나지 않음이 없나니 모든 권세는
다 하나님께서 정하신 바라
2 그러므로 권세를 거스르는 자는 하
나님의 명을 거스름이니 거스르는
자들은 심판을 자취하리라
3 다스리는 자들은 선한 일에 대하여
두려움이 되지 않고 악한 일에 대
하여 되나니 네가 권세를 두려워하
지 아니하려느냐 선을 행하라 그리
하면 그에게 칭찬을 받으리라
4 그는 하나님의 사역자가 되어 네게

선을 베푸는 자니라 그러나 네가
악을 행하거든 두려워하라 그가 공
연히 칼을 가지지 아니하였으니 곧
하나님의 사역자가 되어 악을 행하
는 자에게 진노하심을 따라 보응하
는 자니라
5 그러므로 복종하지 아니할 수 없으
니 진노 때문에 할 것이 아니라 양
심을 따라 할 것이라
6 너희가 조세를 바치는 것도 이로
말미암음이라 그들이 하나님의 일
꾼이 되어 바로 이 일에 항상 힘쓰
느니라
7 모든 자에게 줄 것을 주되 조세를
받을 자에게 조세를 바치고 관세를
받을 자에게 관세를 바치고 두려
워할 자를 두려워하며 존경할 자를
존경하라
8 피차 사랑의 빚 외에는 아무에게든
지 아무 빚도 지지 말라 남을 사랑
하는 자는 율법을 다 이루었느니라
9 간음하지 말라, 살인하지 말라, 도
둑질하지 말라, 탐내지 말라 한 것
과 그 외에 다른 계명이 있을지라
도 네 이웃을 네 자신과 같이 사랑
하라 하신 그 말씀 가운데 다 들었
느니라
10 사랑은 이웃에게 악을 행하지 아니
하나니 그러므로 사랑은 율법의 완
성이니라
11 또한 너희가 이 시기를 알거니와 자
다가 깰 때가 벌써 되었으니 이는
이제 우리의 구원이 처음 믿을 때
보다 가까웠음이라
12 밤이 깊고 낮이 가까웠으니 그러므
로 우리가 어둠의 일을 벗고 빛의
갑옷을 입자
13 낮에와 같이 단정히 행하고 방탕
하거나 술 취하지 말며 음란하거나
호색하지 말며 다투거나 시기하지
말고
14 오직 주 예수 그리스도로 옷 입고
정욕을 위하여 육신의 일을 도모하
지 말라

14

믿음이 연약한 자를 너희가 받되
그의 의견을 비판하지 말라
2 어떤 사람은 모든 것을 먹을 만한
믿음이 있고 믿음이 연약한 자는 채
소만 먹느니라
3 먹는 자는 먹지 않는 자를 업신여기
지 말고 먹지 않는 자는 먹는 자를
비판하지 말라 이는 하나님이 그를
받으셨음이라
4 남의 하인을 비판하는 너는 누구냐
그가 서 있는 것이나 넘어지는 것이
자기 주인에게 있으매 그가 세움을
받으리니 이는 그를 세우시는 권능
이 주께 있음이라
5 어떤 사람은 이 날을 저 날보다 낫
게 여기고 어떤 사람은 모든 날을

기록일 : . . .

같게 여기나니 각각 자기 마음으로
확정할지니라
6 날을 중히 여기는 자도 주를 위하
여 중히 여기고 먹는 자도 주를 위
하여 먹으니 이는 하나님께 감사함
이요 먹지 않는 자도 주를 위하여
먹지 아니하며 하나님께 감사하느
니라
7 우리 중에 누구든지 자기를 위하여
사는 자가 없고 자기를 위하여 죽
는 자도 없도다
8 우리가 살아도 주를 위하여 살고
죽어도 주를 위하여 죽나니 그러므
로 사나 죽으나 우리가 주의 것이
로다
9 이를 위하여 그리스도께서 죽었다
가 다시 살아나셨으니 곧 죽은 자
와 산 자의 주가 되려 하심이라
10 네가 어찌하여 네 형제를 비판하느
냐 어찌하여 네 형제를 업신여기느
냐 우리가 다 하나님의 심판대 앞
에 서리라
11 기록되었으되 주께서 이르시되 내
가 살았노니 모든 무릎이 내게 꿇
을 것이요 모든 혀가 하나님께 자
백하리라 하였느니라
12 이러므로 우리 각 사람이 자기 일을
하나님께 직고하리라
13 그런즉 우리가 다시는 서로 비판하
지 말고 도리어 부딪칠 것이나 거칠
것을 형제 앞에 두지 아니하도록
주의하라
14 내가 주 예수 안에서 알고 확신하
노니 무엇이든지 스스로 속된 것이
없으되 다만 속되게 여기는 그 사
람에게는 속되니라
15 만일 음식으로 말미암아 네 형제가
근심하게 되면 이는 네가 사랑으로
행하지 아니함이라 그리스도께서
대신하여 죽으신 형제를 네 음식으
로 망하게 하지 말라
16 그러므로 너희의 선한 것이 비방을
받지 않게 하라
17 하나님의 나라는 먹는 것과 마시는
것이 아니요 오직 성령 안에 있는
의와 평강과 희락이라
18 이로써 그리스도를 섬기는 자는 하
나님을 기쁘시게 하며 사람에게도
칭찬을 받느니라
19 그러므로 우리가 화평의 일과 서로
덕을 세우는 일을 힘쓰나니
20 음식으로 말미암아 하나님의 사업
을 무너지게 하지 말라 만물이 다
깨끗하되 거리낌으로 먹는 사람에
게는 악한 것이라
21 고기도 먹지 아니하고 포도주도 마
시지 아니하고 무엇이든지 네 형제
로 거리끼게 하는 일을 아니함이
아름다우니라
22 네게 있는 믿음을 하나님 앞에서

기록일 : . . .

스스로 가지고 있으라 자기가 옳다
하는 바로 자기를 정죄하지 아니하
는 자는 복이 있도다
23 의심하고 먹는 자는 정죄되었나니
이는 믿음을 따라 하지 아니하였기
때문이라 믿음을 따라 하지 아니하
는 것은 다 죄니라

15 믿음이 강한 우리는 마땅히 믿음
이 약한 자의 약점을 담당하고 자
기를 기쁘게 하지 아니할 것이라
2 우리 각 사람이 이웃을 기쁘게 하
되 선을 이루고 덕을 세우도록 할
지니라
3 그리스도께서도 자기를 기쁘게 하
지 아니하셨나니 기록된 바 주를 비
방하는 자들의 비방이 내게 미쳤나
이다 함과 같으니라
4 무엇이든지 전에 기록된 바는 우리
의 교훈을 위하여 기록된 것이니
우리로 하여금 인내로 또는 성경의
위로로 소망을 가지게 함이니라
5 이제 인내와 위로의 하나님이 너희
로 그리스도 예수를 본받아 서로
뜻이 같게 하여 주사
6 한마음과 한 입으로 하나님 곧 우
리 주 예수 그리스도의 아버지께
영광을 돌리게 하려 하노라
7 그러므로 그리스도께서 우리를 받
아 하나님께 영광을 돌리심과 같이
너희도 서로 받으라
8 내가 말하노니 그리스도께서 하나
님의 진실하심을 위하여 할례의 추
종자가 되셨으니 이는 조상들에게
주신 약속들을 견고하게 하시고
9 이방인들도 그 긍휼하심으로 말미
암아 하나님께 영광을 돌리게 하
려 하심이라 기록된 바 그러므로 내
가 열방 중에서 주께 감사하고 주
의 이름을 찬송하리로다 함과 같으
니라
10 또 이르되 열방들아 주의 백성과
함께 즐거워하라 하였으며
11 또 모든 열방들아 주를 찬양하며
모든 백성들아 그를 찬송하라 하였
으며
12 또 이사야가 이르되 이새의 뿌리
곧 열방을 다스리기 위하여 일어나
시는 이가 있으리니 열방이 그에게
소망을 두리라 하였느니라
13 소망의 하나님이 모든 기쁨과 평강
을 믿음 안에서 너희에게 충만하게
하사 성령의 능력으로 소망이 넘치
게 하시기를 원하노라
14 내 형제들아 너희가 스스로 선함이
가득하고 모든 지식이 차서 능히 서
로 권하는 자임을 나도 확신하노라
15 그러나 내가 너희로 다시 생각나게
하려고 하나님께서 내게 주신 은혜
로 말미암아 더욱 담대히 대략 너
희에게 썼노니

기록일 : . . .

16 이 은혜는 곧 나로 이방인을 위하
여 그리스도 예수의 일꾼이 되어
하나님의 복음의 제사장 직분을 하
게 하사 이방인을 제물로 드리는
것이 성령 안에서 거룩하게 되어 받
으실 만하게 하려 하심이라
17 그러므로 내가 그리스도 예수 안에
서 하나님의 일에 대하여 자랑하는
것이 있거니와
18 그리스도께서 이방인들을 순종하게
하기 위하여 나를 통하여 역사하신
것 외에는 내가 감히 말하지 아니
하노라 그 일은 말과 행위로
19 표적과 기사의 능력으로 성령의 능
력으로 이루어졌으며 그리하여 내
가 예루살렘으로부터 두루 행하여
일루리곤까지 그리스도의 복음을
편만하게 전하였노라
20 또 내가 그리스도의 이름을 부르는
곳에는 복음을 전하지 않기를 힘썼
노니 이는 남의 터 위에 건축하지
아니하려 함이라
21 기록된 바 주의 소식을 받지 못한
자들이 볼 것이요 듣지 못한 자들
이 깨달으리라 함과 같으니라
22 그러므로 또한 내가 너희에게 가려
하던 것이 여러 번 막혔더니
23 이제는 이 지방에 일할 곳이 없고
또 여러 해 전부터 언제든지 서바나
로 갈 때에 너희에게 가기를 바라
고 있었으니
24 이는 지나가는 길에 너희를 보고
먼저 너희와 사귐으로 얼마간 기쁨
을 가진 후에 너희가 그리로 보내
주기를 바람이라
25 그러나 이제는 내가 성도를 섬기는
일로 예루살렘에 가노니
26 이는 마게도냐와 아가야 사람들이
예루살렘 성도 중 가난한 자들을 위
하여 기쁘게 얼마를 연보하였음이라
27 저희가 기뻐서 하였거니와 또한 저
희는 그들에게 빚진 자니 만일 이
방인들이 그들의 영적인 것을 나눠
가졌으면 육적인 것으로 그들을 섬
기는 것이 마땅하니라
28 그러므로 내가 이 일을 마치고 이
열매를 그들에게 확증한 후에 너희
에게 들렀다가 서바나로 가리라
29 내가 너희에게 나아갈 때에 그리스
도의 충만한 복을 가지고 갈 줄을
아노라
30 형제들아 내가 우리 주 예수 그리
스도와 성령의 사랑으로 말미암아
너희를 권하노니 너희 기도에 나와
힘을 같이하여 나를 위하여 하나님
께 빌어
31 나로 유대에서 순종하지 아니하는
자들로부터 건짐을 받게 하고 또
예루살렘에 대하여 내가 섬기는 일
을 성도들이 받을 만하게 하고

기록일 : . . .

32 나로 하나님의 뜻을 따라 기쁨으로
너희에게 나아가 너희와 함께 편히
쉬게 하라
33 평강의 하나님께서 너희 모든 사람
과 함께 계실지어다 아멘

16 내가 겐그레아 교회의 일꾼으로
있는 우리 자매 뵈뵈를 너희에게
추천하노니
2 너희는 주 안에서 성도들의 합당한
예절로 그를 영접하고 무엇이든지
그에게 소용되는 바를 도와 줄지니
이는 그가 여러 사람과 나의 보호
자가 되었음이라
3 너희는 그리스도 예수 안에서 나의
동역자들인 브리스가와 아굴라에게
문안하라
4 그들은 내 목숨을 위하여 자기들의
목까지도 내놓았나니 나뿐 아니라
이방인의 모든 교회도 그들에게 감
사하느니라
5 또 저의 집에 있는 교회에도 문안
하라 내가 사랑하는 에배네도에게
문안하라 그는 아시아에서 그리스
도께 처음 맺은 열매니라
6 너희를 위하여 많이 수고한 마리아
에게 문안하라
7 내 친척이요 나와 함께 갇혔던 안
드로니고와 유니아에게 문안하라
그들은 사도들에게 존중히 여겨지
고 또한 나보다 먼저 그리스도 안
에 있는 자라
8 또 주 안에서 내 사랑하는 암블리
아에게 문안하라
9 그리스도 안에서 우리의 동역자인
우르바노와 나의 사랑하는 스다구
에게 문안하라
10 그리스도 안에서 인정함을 받은 아
벨레에게 문안하라 아리스도불로의
권속에게 문안하라
11 내 친척 헤로디온에게 문안하라 나
깃수의 가족 중 주 안에 있는 자들
에게 문안하라
12 주 안에서 수고한 드루배나와 드루
보사에게 문안하라 주 안에서 많이
수고하고 사랑하는 버시에게 문안
하라
13 주 안에서 택하심을 입은 루포와
그의 어머니에게 문안하라 그의 어
머니는 곧 내 어머니니라
14 아순그리도와 블레곤과 허메와 바
드로바와 허마와 및 그들과 함께
있는 형제들에게 문안하라
15 빌롤로고와 율리아와 또 네레오와
그의 자매와 올름바와 그들과 함께
있는 모든 성도에게 문안하라
16 너희가 거룩하게 입맞춤으로 서로
문안하라 그리스도의 모든 교회가
다 너희에게 문안하느니라
17 형제들아 내가 너희를 권하노니 너
희가 배운 교훈을 거슬러 분쟁을

기록일 : . . .

일으키거나 거치게 하는 자들을 살
피고 그들에게서 떠나라
18 이같은 자들은 우리 주 그리스도를
섬기지 아니하고 다만 자기들의 배
만 섬기나니 교활한 말과 아첨하는
말로 순진한 자들의 마음을 미혹하
느니라
19 너희의 순종함이 모든 사람에게 들
리는지라 그러므로 내가 너희로 말
미암아 기뻐하노니 너희가 선한 데
지혜롭고 악한 데 미련하기를 원하
노라
20 평강의 하나님께서 속히 사탄을 너
희 발 아래에서 상하게 하시리라
우리 주 예수의 은혜가 너희에게
있을지어다
21 나의 동역자 디모데와 나의 친척
누기오와 야손과 소시바더가 너희
에게 문안하느니라
22 이 편지를 기록하는 나 더디오도 주
안에서 너희에게 문안하노라
23 나와 온 교회를 돌보아 주는 가이
오도 너희에게 문안하고 이 성의
재무관 에라스도와 형제 구아도도
너희에게 문안하느니라
24 (없음)
25 나의 복음과 예수 그리스도를 전파
함은 영세 전부터 감추어졌다가
26 이제는 나타내신 바 되었으며 영원
하신 하나님의 명을 따라 선지자들
의 글로 말미암아 모든 민족이 믿
어 순종하게 하시려고 알게 하신
바 그 신비의 계시를 따라 된 것이
니 이 복음으로 너희를 능히 견고
하게 하실
27 지혜로우신 하나님께 예수 그리스
도로 말미암아 영광이 세세무궁하
도록 있을지어다 아멘

기록일 : . . .

CORINTHIANS

고린도전·후서

저 자 사도 바울

주 제 교회 내의 교리적, 도덕적인 문제의 해결과 그리스도 안에서의 성숙한 교회 확립

기록목적 바울은 자신의 사도권을 변호하고 교회 안에서 발생하는 분열과 도덕적인 타락, 불법 등 여러 가지 문제를 해결하기 위하여 본 서신을 기록하였다.

기록배경 에게 해와 아드리아 해 사이의 좁은 지형에 위치해 있던 고린도는 당시 중요한 상업 도시 중 하나로서 동서양 무역의 요충지였다. 바울은 제2차 전도 여행 기간 행 18:1-17 동안 고린도에 머물면서 교회를 세웠으나, 유대인들의 방해로 고린도를 떠나게 되었다. 제3차 전도 여행 중 에베소에 머물면서 고린도 교회에 나타난 문제들에 대하여 보고를 받고 그들의 잘못된 점을 바로잡기 위하여 본 서신을 기록하였다.

특 징
- 바울이 자신을 변호하고자 하는 자서전적인 특징을 지닌 서신이다.
- 교회 내의 실질적인 문제들을 다루고 있다. 바울은 독신 생활과 결혼, 우상에 드려진 제물, 머리에 수건을 쓰는 문제 등 당시 고린도 교회 내에서 생겨난 다양한 문제들에 대한 영적인 원리를 제시하고 있다.
- 초대 교회 당시의 생활상을 잘 드러내 주고 있다. 사도행전이 초대 교회의 외적인 발전사를 보여 주고 있는 반면, 본서는 교회의 내적인 문제와 실상을 보여 주고 있다.

나의 기도

고린도전서

1

1 하나님의 뜻을 따라 그리스도 예
수의 사도로 부르심을 받은 바울과
형제 소스데네는
2 고린도에 있는 하나님의 교회 곧
그리스도 예수 안에서 거룩하여지
고 성도라 부르심을 받은 자들과
또 각처에서 우리의 주 곧 그들과
우리의 주 되신 예수 그리스도의
이름을 부르는 모든 자들에게
3 하나님 우리 아버지와 주 예수 그
리스도로부터 은혜와 평강이 있기
를 원하노라
4 그리스도 예수 안에서 너희에게 주
신 하나님의 은혜로 말미암아 내가
너희를 위하여 항상 하나님께 감사
하노니
5 이는 너희가 그 안에서 모든 일 곧
모든 언변과 모든 지식에 풍족하
므로
6 그리스도의 증거가 너희 중에 견고
하게 되어
7 너희가 모든 은사에 부족함이 없이
우리 주 예수 그리스도의 나타나심
을 기다림이라
8 주께서 너희를 우리 주 예수 그리
스도의 날에 책망할 것이 없는 자
로 끝까지 견고하게 하시리라
9 너희를 불러 그의 아들 예수 그리
스도 우리 주와 더불어 교제하게
하시는 하나님은 미쁘시도다
10 형제들아 내가 우리 주 예수 그리
스도의 이름으로 너희를 권하노니
모두가 같은 말을 하고 너희 가운
데 분쟁이 없이 같은 마음과 같은
뜻으로 온전히 합하라
11 내 형제들아 글로에의 집 편으로
너희에 대한 말이 내게 들리니 곧
너희 가운데 분쟁이 있다는 것이라
12 내가 이것을 말하거니와 너희가 각
각 이르되 나는 바울에게, 나는 아
볼로에게, 나는 게바에게, 나는 그
리스도에게 속한 자라 한다는 것
이니
13 그리스도께서 어찌 나뉘었느냐 바
울이 너희를 위하여 십자가에 못
박혔으며 바울의 이름으로 너희가
침례를 받았느냐
14 나는 그리스보와 가이오 외에는 너
희 중 아무에게도 내가 침례를 베
풀지 아니한 것을 감사하노니
15 이는 아무도 나의 이름으로 침례를
받았다 말하지 못하게 하려 함이라
16 내가 또한 스데바나 집 사람에게
침례를 베풀었고 그 외에는 다른
누구에게 침례를 베풀었는지 알지
못하노라

기록일 : . . .

17 그리스도께서 나를 보내심은 침례
를 베풀게 하려 하심이 아니요 오
직 복음을 전하게 하려 하심이로되
말의 지혜로 하지 아니함은 그리스
도의 십자가가 헛되지 않게 하려
함이라
18 십자가의 도가 멸망하는 자들에게
는 미련한 것이요 구원을 받는 우
리에게는 하나님의 능력이라
19 기록된 바 내가 지혜 있는 자들의
지혜를 멸하고 총명한 자들의 총명
을 폐하리라 하였으니
20 지혜 있는 자가 어디 있느냐 선비가
어디 있느냐 이 세대에 변론가가 어
디 있느냐 하나님께서 이 세상의
지혜를 미련하게 하신 것이 아니냐
21 하나님의 지혜에 있어서는 이 세상
이 자기 지혜로 하나님을 알지 못
하므로 하나님께서 전도의 미련한
것으로 믿는 자들을 구원하시기를
기뻐하셨도다
22 유대인은 표적을 구하고 헬라인은
지혜를 찾으나
23 우리는 십자가에 못 박힌 그리스도
를 전하니 유대인에게는 거리끼는
것이요 이방인에게는 미련한 것이
로되
24 오직 부르심을 받은 자들에게는 유
대인이나 헬라인이나 그리스도는 하
나님의 능력이요 하나님의 지혜니라
25 하나님의 어리석음이 사람보다 지
혜롭고 하나님의 약하심이 사람보
다 강하니라
26 형제들아 너희를 부르심을 보라 육
체를 따라 지혜로운 자가 많지 아
니하며 능한 자가 많지 아니하며
문벌 좋은 자가 많지 아니하도다
27 그러나 하나님께서 세상의 미련한
것들을 택하사 지혜 있는 자들을
부끄럽게 하려 하시고 세상의 약한
것들을 택하사 강한 것들을 부끄럽
게 하려 하시며
28 하나님께서 세상의 천한 것들과 멸
시 받는 것들과 없는 것들을 택하
사 있는 것들을 폐하려 하시나니
29 이는 아무 육체도 하나님 앞에서
자랑하지 못하게 하려 하심이라
30 너희는 하나님으로부터 나서 그리
스도 예수 안에 있고 예수는 하나
님으로부터 나와서 우리에게 지혜
와 의로움과 거룩함과 구원함이 되
셨으니
31 기록된 바 자랑하는 자는 주 안에서
자랑하라 함과 같게 하려 함이라

2

형제들아 내가 너희에게 나아가
하나님의 증거를 전할 때에 말과 지
혜의 아름다운 것으로 아니하였나니
2 내가 너희 중에서 예수 그리스도와
그가 십자가에 못 박히신 것 외에
는 아무 것도 알지 아니하기로 작

기록일 : . . .

정하였음이라
3 내가 너희 가운데 거할 때에 약하
고 두려워하고 심히 떨었노라
4 내 말과 내 전도함이 설득력 있는
지혜의 말로 하지 아니하고 다만
성령의 나타나심과 능력으로 하여
5 너희 믿음이 사람의 지혜에 있지 아
니하고 다만 하나님의 능력에 있게
하려 하였노라
6 그러나 우리가 온전한 자들 중에서
는 지혜를 말하노니 이는 이 세상
의 지혜가 아니요 또 이 세상에서
없어질 통치자들의 지혜도 아니요
7 오직 은밀한 가운데 있는 하나님의
지혜를 말하는 것으로서 곧 감추어
졌던 것인데 하나님이 우리의 영광
을 위하여 만세 전에 미리 정하신
것이라
8 이 지혜는 이 세대의 통치자들이
한 사람도 알지 못하였나니 만일
알았더라면 영광의 주를 십자가에
못 박지 아니하였으리라
9 기록된 바 하나님이 자기를 사랑하
는 자들을 위하여 예비하신 모든
것은 눈으로 보지 못하고 귀로 듣
지 못하고 사람의 마음으로 생각하
지도 못하였다 함과 같으니라
10 오직 하나님이 성령으로 이것을 우
리에게 보이셨으니 성령은 모든 것
곧 하나님의 깊은 것까지도 통달하
시느니라
11 사람의 일을 사람의 속에 있는 영
외에 누가 알리요 이와 같이 하나
님의 일도 하나님의 영 외에는 아
무도 알지 못하느니라
12 우리가 세상의 영을 받지 아니하고
오직 하나님으로부터 온 영을 받았
으니 이는 우리로 하여금 하나님께
서 우리에게 은혜로 주신 것들을
알게 하려 하심이라
13 우리가 이것을 말하거니와 사람의
지혜가 가르친 말로 아니하고 오직
성령께서 가르치신 것으로 하니 영
적인 일은 영적인 것으로 분별하느
니라
14 육에 속한 사람은 하나님의 성령의
일들을 받지 아니하나니 이는 그것
들이 그에게는 어리석게 보임이요,
또 그는 그것들을 알 수도 없나니
그러한 일은 영적으로 분별되기 때
문이라
15 신령한 자는 모든 것을 판단하나
자기는 아무에게도 판단을 받지 아
니하느니라
16 누가 주의 마음을 알아서 주를 가
르치겠느냐 그러나 우리가 그리스
도의 마음을 가졌느니라

3 형제들아 내가 신령한 자들을 대
함과 같이 너희에게 말할 수 없어
서 육신에 속한 자 곧 그리스도 안

기록일 : . . .

에서 어린 아이들을 대함과 같이
하노라
2 내가 너희를 젖으로 먹이고 밥으로
아니하였노니 이는 너희가 감당하
지 못하였음이거니와 지금도 못하
리라
3 너희는 아직도 육신에 속한 자로다
너희 가운데 시기와 분쟁이 있으니
어찌 육신에 속하여 사람을 따라
행함이 아니리요
4 어떤 이는 말하되 나는 바울에게라
하고 다른 이는 나는 아볼로에게라
하니 너희가 육의 사람이 아니리요
5 그런즉 아볼로는 무엇이며 바울은
무엇이냐 그들은 주께서 각각 주신
대로 너희로 하여금 믿게 한 사역
자들이니라
6 나는 심었고 아볼로는 물을 주었으
되 오직 하나님께서 자라나게 하셨
나니
7 그런즉 심는 이나 물 주는 이는 아
무 것도 아니로되 오직 자라게 하
시는 이는 하나님뿐이니라
8 심는 이와 물 주는 이는 한가지이
나 각각 자기가 일한 대로 자기의
상을 받으리라
9 우리는 하나님의 동역자들이요 너
희는 하나님의 밭이요 하나님의 집
이니라
10 내게 주신 하나님의 은혜를 따라
내가 지혜로운 건축자와 같이 터를
닦아 두매 다른 이가 그 위에 세우
나 그러나 각각 어떻게 그 위에 세
울까를 조심할지니라
11 이 닦아 둔 것 외에 능히 다른 터를
닦아 둘 자가 없으니 이 터는 곧 예
수 그리스도라
12 만일 누구든지 금이나 은이나 보석
이나 나무나 풀이나 짚으로 이 터
위에 세우면
13 각 사람의 공적이 나타날 터인데
그 날이 공적을 밝히리니 이는 불로
나타내고 그 불이 각 사람의 공적
이 어떠한 것을 시험할 것임이라
14 만일 누구든지 그 위에 세운 공적
이 그대로 있으면 상을 받고
15 누구든지 그 공적이 불타면 해를
받으리니 그러나 자신은 구원을 받
되 불 가운데서 받은 것 같으리라
16 너희는 너희가 하나님의 성전인 것
과 하나님의 성령이 너희 안에 계시
는 것을 알지 못하느냐
17 누구든지 하나님의 성전을 더럽히
면 하나님이 그 사람을 멸하시리라
하나님의 성전은 거룩하니 너희도
그러하니라
18 아무도 자신을 속이지 말라 너희
중에 누구든지 이 세상에서 지혜
있는 줄로 생각하거든 어리석은 자
가 되라 그리하여야 지혜로운 자가

기록일 : . . .

되리라
19 이 세상 지혜는 하나님께 어리석은
것이니 기록된 바 하나님은 지혜 있
는 자들로 하여금 자기 꾀에 빠지
게 하시는 이라 하였고
20 또 주께서 지혜 있는 자들의 생각
을 헛것으로 아신다 하셨느니라
21 그런즉 누구든지 사람을 자랑하지
말라 만물이 다 너희 것임이라
22 바울이나 아볼로나 게바나 세계나
생명이나 사망이나 지금 것이나 장
래 것이나 다 너희의 것이요
23 너희는 그리스도의 것이요 그리스
도는 하나님의 것이니라

4 사람이 마땅히 우리를 그리스도
의 일꾼이요 하나님의 비밀을 맡은
자로 여길지어다
2 그리고 맡은 자들에게 구할 것은
충성이니라
3 너희에게나 다른 사람에게나 판단
받는 것이 내게는 매우 작은 일이
라 나도 나를 판단하지 아니하노니
4 내가 자책할 아무 것도 깨닫지 못
하나 이로 말미암아 의롭다 함을
얻지 못하노라 다만 나를 심판하실
이는 주시니라
5 그러므로 때가 이르기 전 곧 주께
서 오시기까지 아무 것도 판단하지
말라 그가 어둠에 감추인 것들을
드러내고 마음의 뜻을 나타내시리
니 그 때에 각 사람에게 하나님으
로부터 칭찬이 있으리라
6 형제들아 내가 너희를 위하여 이
일에 나와 아볼로를 들어서 본을
보였으니 이는 너희로 하여금 기록
된 말씀 밖으로 넘어가지 말라 한
것을 우리에게서 배워 서로 대적하
여 교만한 마음을 가지지 말게 하
려 함이라
7 누가 너를 남달리 구별하였느냐 네
게 있는 것 중에 받지 아니한 것이
무엇이냐 네가 받았은즉 어찌하여
받지 아니한 것 같이 자랑하느냐
8 너희가 이미 배 부르며 이미 풍성하
며 우리 없이도 왕이 되었도다 우리
가 너희와 함께 왕 노릇 하기 위하
여 참으로 너희가 왕이 되기를 원
하노라
9 내가 생각하건대 하나님이 사도인
우리를 죽이기로 작정된 자 같이
끄트머리에 두셨으매 우리는 세계
곧 천사와 사람에게 구경거리가 되
었노라
10 우리는 그리스도 때문에 어리석으
나 너희는 그리스도 안에서 지혜롭
고 우리는 약하나 너희는 강하고
너희는 존귀하나 우리는 비천하여
11 바로 이 시각까지 우리가 주리고
목마르며 헐벗고 매맞으며 정처가
없고

기록일 : . . .

12 또 수고하여 친히 손으로 일을 하
며 모욕을 당한즉 축복하고 박해를
받은즉 참고
13 비방을 받은즉 권면하니 우리가 지
금까지 세상의 더러운 것과 만물의
찌꺼기 같이 되었도다
14 내가 너희를 부끄럽게 하려고 이것
을 쓰는 것이 아니라 오직 너희를
내 사랑하는 자녀 같이 권하려 하
는 것이라
15 그리스도 안에서 일만 스승이 있으
되 아버지는 많지 아니하니 그리스
도 예수 안에서 내가 복음으로써
너희를 낳았음이라
16 그러므로 내가 너희에게 권하노니
너희는 나를 본받는 자가 되라
17 이로 말미암아 내가 주 안에서 내
사랑하고 신실한 아들 디모데를 너
희에게 보내었으니 그가 너희로 하
여금 그리스도 예수 안에서 나의
행사 곧 내가 각처 각 교회에서 가
르치는 것을 생각나게 하리라
18 어떤 이들은 내가 너희에게 나아가
지 아니할 것 같이 스스로 교만하
여졌으나
19 주께서 허락하시면 내가 너희에게
속히 나아가서 교만한 자들의 말
이 아니라 오직 그 능력을 알아보겠
으니
20 하나님의 나라는 말에 있지 아니하
고 오직 능력에 있음이라
21 너희가 무엇을 원하느냐 내가 매를
가지고 너희에게 나아가랴 사랑과
온유한 마음으로 나아가랴

5

너희 중에 심지어 음행이 있다 함
을 들으니 그런 음행은 이방인 중
에서도 없는 것이라 누가 그 아버지
의 아내를 취하였다 하는도다
2 그리하고도 너희가 오히려 교만하
여져서 어찌하여 통한히 여기지 아
니하고 그 일 행한 자를 너희 중에
서 쫓아내지 아니하였느냐
3 내가 실로 몸으로는 떠나 있으나
영으로는 함께 있어서 거기 있는 것
같이 이런 일 행한 자를 이미 판단
하였노라
4 주 예수의 이름으로 너희가 내 영
과 함께 모여서 우리 주 예수의 능
력으로
5 이런 자를 사탄에게 내주었으니 이
는 육신은 멸하고 영은 주 예수의
날에 구원을 받게 하려 함이라
6 너희가 자랑하는 것이 옳지 아니하
도다 적은 누룩이 온 덩어리에 퍼지
는 것을 알지 못하느냐
7 너희는 누룩 없는 자인데 새 덩어리
가 되기 위하여 묵은 누룩을 내버
리라 우리의 유월절 양 곧 그리스
도께서 희생되셨느니라
8 이러므로 우리가 명절을 지키되 묵

기록일 : . . .

은 누룩으로도 말고 악하고 악의에
찬 누룩으로도 말고 누룩이 없이 오
직 순전함과 진실함의 떡으로 하자
9 내가 너희에게 쓴 편지에 음행하는
자들을 사귀지 말라 하였거니와
10 이 말은 이 세상의 음행하는 자들
이나 탐하는 자들이나 속여 빼앗는
자들이나 우상 숭배하는 자들을 도
무지 사귀지 말라 하는 것이 아니니
만일 그리하려면 너희가 세상 밖으
로 나가야 할 것이라
11 이제 내가 너희에게 쓴 것은 만일
어떤 형제라 일컫는 자가 음행하거
나 탐욕을 부리거나 우상 숭배를
하거나 모욕하거나 술 취하거나 속
여 빼앗거든 사귀지도 말고 그런
자와는 함께 먹지도 말라 함이라
12 밖에 있는 사람들을 판단하는 것이
야 내게 무슨 상관이 있으리요마는
교회 안에 있는 사람들이야 너희가
판단하지 아니하랴
13 밖에 있는 사람들은 하나님이 심
판하시려니와 이 악한 사람은 너희
중에서 내쫓으라

6 너희 중에 누가 다른 이와 더불어
다툼이 있는데 구태여 불의한 자들
앞에서 고발하고 성도 앞에서 하지
아니하느냐
2 성도가 세상을 판단할 것을 너희가
알지 못하느냐 세상도 너희에게 판
단을 받겠거든 지극히 작은 일 판
단하기를 감당하지 못하겠느냐
3 우리가 천사를 판단할 것을 너희가
알지 못하느냐 그러하거든 하물며
세상 일이랴
4 그런즉 너희가 세상 사건이 있을
때에 교회에서 경히 여김을 받는
자들을 세우느냐
5 내가 너희를 부끄럽게 하려 하여
이 말을 하노니 너희 가운데 그 형
제간의 일을 판단할 만한 지혜 있
는 자가 이같이 하나도 없느냐
6 형제가 형제와 더불어 고발할 뿐더
러 믿지 아니하는 자들 앞에서 하
느냐
7 너희가 피차 고발함으로 너희 가운
데 이미 뚜렷한 허물이 있나니 차
라리 불의를 당하는 것이 낫지 아
니하며 차라리 속는 것이 낫지 아
니하냐
8 너희는 불의를 행하고 속이는구나
그는 너희 형제로다
9 불의한 자가 하나님의 나라를 유업
으로 받지 못할 줄을 알지 못하느
냐 미혹을 받지 말라 음행하는 자
나 우상 숭배하는 자나 간음하는
자나 탐색하는 자나 남색하는 자나
10 도적이나 탐욕을 부리는 자나 술
취하는 자나 모욕하는 자나 속여
빼앗는 자들은 하나님의 나라를 유

기록일 : . . .

업으로 받지 못하리라
11 너희 중에 이와 같은 자들이 있더니
주 예수 그리스도의 이름과 우리
하나님의 성령 안에서 씻음과 거룩
함과 의롭다 하심을 받았느니라
12 모든 것이 내게 가하나 다 유익한
것이 아니요 모든 것이 내게 가하
나 내가 무엇에든지 얽매이지 아니
하리라
13 음식은 배를 위하여 있고 배는 음
식을 위하여 있으나 하나님은 이것
저것을 다 폐하시리라 몸은 음란을
위하여 있지 않고 오직 주를 위하
여 있으며 주는 몸을 위하여 계시
느니라
14 하나님이 주를 다시 살리셨고 또한
그의 권능으로 우리를 다시 살리시
리라
15 너희 몸이 그리스도의 지체인 줄을
알지 못하느냐 내가 그리스도의 지
체를 가지고 창녀의 지체를 만들겠
느냐 결코 그럴 수 없느니라
16 창녀와 합하는 자는 그와 한 몸인
줄을 알지 못하느냐 일렀으되 둘이
한 육체가 된다 하셨나니
17 주와 합하는 자는 한 영이니라
18 음행을 피하라 사람이 범하는 죄마
다 몸 밖에 있거니와 음행하는 자
는 자기 몸에 죄를 범하느니라
19 너희 몸은 너희가 하나님께로부터
받은 바 너희 가운데 계신 성령의
전인 줄을 알지 못하느냐 너희는
너희 자신의 것이 아니라
20 값으로 산 것이 되었으니 그런즉 너
희 몸으로 하나님께 영광을 돌리라

7

너희가 쓴 문제에 대하여 말하면
남자가 여자를 가까이 아니함이 좋
으나
2 음행을 피하기 위하여 남자마다 자
기 아내를 두고 여자마다 자기 남
편을 두라
3 남편은 그 아내에 대한 의무를 다
하고 아내도 그 남편에게 그렇게
할지라
4 아내는 자기 몸을 주장하지 못하고
오직 그 남편이 하며 남편도 그와
같이 자기 몸을 주장하지 못하고
오직 그 아내가 하나니
5 서로 분방하지 말라 다만 기도할 틈
을 얻기 위하여 합의상 얼마 동안은
하되 다시 합하라 이는 너희가 절제
못함으로 말미암아 사탄이 너희를
시험하지 못하게 하려 함이라
6 그러나 내가 이 말을 함은 허락이
요 명령은 아니니라
7 나는 모든 사람이 나와 같기를 원
하노라 그러나 각각 하나님께 받은
자기의 은사가 있으니 이 사람은
이러하고 저 사람은 저러하니라
8 내가 결혼하지 아니한 자들과 과

기록일 : . . .

부들에게 이르노니 나와 같이 그냥
지내는 것이 좋으니라
9 만일 절제할 수 없거든 결혼하라 정
욕이 불 같이 타는 것보다 결혼하
는 것이 나으니라
10 결혼한 자들에게 내가 명하노니
(명하는 자는 내가 아니요 주시라)
여자는 남편에게서 갈라서지 말고
11 (만일 갈라섰으면 그대로 지내든지
다시 그 남편과 화합하든지 하라)
남편도 아내를 버리지 말라
12 그 나머지 사람들에게 내가 말하노
니 (이는 주의 명령이 아니라) 만일
어떤 형제에게 믿지 아니하는 아내
가 있어 남편과 함께 살기를 좋아
하거든 그를 버리지 말며
13 어떤 여자에게 믿지 아니하는 남편
이 있어 아내와 함께 살기를 좋아
하거든 그 남편을 버리지 말라
14 믿지 아니하는 남편이 아내로 말미
암아 거룩하게 되고 믿지 아니하는
아내가 남편으로 말미암아 거룩하
게 되나니 그렇지 아니하면 너희 자
녀도 깨끗하지 못하니라 그러나 이
제 거룩하니라
15 혹 믿지 아니하는 자가 갈리거든
갈리게 하라 형제나 자매나 이런
일에 구애될 것이 없느니라 그러나
하나님은 화평 중에서 너희를 부르
셨느니라
16 아내 된 자여 네가 남편을 구원할
는지 어찌 알 수 있으며 남편 된 자
여 네가 네 아내를 구원할는지 어
찌 알 수 있으리요
17 오직 주께서 각 사람에게 나눠 주
신 대로 하나님이 각 사람을 부르
신 그대로 행하라 내가 모든 교회
에서 이와 같이 명하노라
18 할례자로서 부르심을 받은 자가 있
느냐 무할례자가 되지 말며 무할
례자로 부르심을 받은 자가 있느냐
할례를 받지 말라
19 할례 받는 것도 아무 것도 아니요
할례 받지 아니하는 것도 아무 것
도 아니로되 오직 하나님의 계명을
지킬 따름이니라
20 각 사람은 부르심을 받은 그 부르
심 그대로 지내라
21 네가 종으로 있을 때에 부르심을
받았느냐 염려하지 말라 그러나 네
가 자유롭게 될 수 있거든 그것을
이용하라
22 주 안에서 부르심을 받은 자는 종
이라도 주께 속한 자유인이요 또
그와 같이 자유인으로 있을 때에
부르심을 받은 자는 그리스도의 종
이니라
23 너희는 값으로 사신 것이니 사람들
의 종이 되지 말라
24 형제들아 너희는 각각 부르심을 받

기록일 : . . .

은 그대로 하나님과 함께 거하라
25 처녀에 대하여는 내가 주께 받은
계명이 없으되 주의 자비하심을 받
아서 충성스러운 자가 된 내가 의
견을 말하노니
26 내 생각에는 이것이 좋으니 곧 임
박한 환난으로 말미암아 사람이 그
냥 지내는 것이 좋으니라
27 네가 아내에게 매였느냐 놓이기를
구하지 말며 아내에게서 놓였느냐
아내를 구하지 말라
28 그러나 장가 가도 죄 짓는 것이 아
니요 처녀가 시집 가도 죄 짓는 것
이 아니로되 이런 이들은 육신에
고난이 있으리니 나는 너희를 아끼
노라
29 형제들아 내가 이 말을 하노니 그
때가 단축하여진 고로 이 후부터 아
내 있는 자들은 없는 자 같이 하며
30 우는 자들은 울지 않는 자 같이 하
며 기쁜 자들은 기쁘지 않은 자 같
이 하며 매매하는 자들은 없는 자
같이 하며
31 세상 물건을 쓰는 자들은 다 쓰지
못하는 자 같이 하라 이 세상의 외
형은 지나감이니라
32 너희가 염려 없기를 원하노라 장가
가지 않은 자는 주의 일을 염려하
여 어찌하여야 주를 기쁘시게 할까
하되
33 장가 간 자는 세상 일을 염려하여
어찌하여야 아내를 기쁘게 할까
하여
34 마음이 갈라지며 시집 가지 않은 자
와 처녀는 주의 일을 염려하여 몸
과 영을 다 거룩하게 하려 하되 시
집 간 자는 세상 일을 염려하여 어
찌하여야 남편을 기쁘게 할까 하느
니라
35 내가 이것을 말함은 너희의 유익을
위함이요 너희에게 올무를 놓으려
함이 아니니 오직 너희로 하여금 이
치에 합당하게 하여 흐트러짐이 없
이 주를 섬기게 하려 함이라
36 그러므로 만일 누가 자기의 약혼녀
에 대한 행동이 합당하지 못한 줄
로 생각할 때에 그 약혼녀의 혼기
도 지나고 그같이 할 필요가 있거
든 원하는 대로 하라 그것은 죄 짓
는 것이 아니니 그들로 결혼하게
하라
37 그러나 그가 마음을 정하고 또 부
득이한 일도 없고 자기 뜻대로 할
권리가 있어서 그 약혼녀를 그대로
두기로 하여도 잘하는 것이니라
38 그러므로 결혼하는 자도 잘하거니
와 결혼하지 아니하는 자는 더 잘
하는 것이니라
39 아내는 그 남편이 살아 있는 동안
에 매여 있다가 남편이 죽으면 자

기록일 : . . .

유로워 자기 뜻대로 시집 갈 것이
나 주 안에서만 할 것이니라
40 그러나 내 뜻에는 그냥 지내는 것
이 더욱 복이 있으리로다 나도 또
한 하나님의 영을 받은 줄로 생각
하노라

8 우상의 제물에 대하여는 우리가
다 지식이 있는 줄을 아나 지식은
교만하게 하며 사랑은 덕을 세우
나니
2 만일 누구든지 무엇을 아는 줄로
생각하면 아직도 마땅히 알 것을
알지 못하는 것이요
3 또 누구든지 하나님을 사랑하면 그
사람은 하나님도 알아 주시느니라
4 그러므로 우상의 제물을 먹는 일에
대하여는 우리가 우상은 세상에 아
무 것도 아니며 또한 하나님은 한
분밖에 없는 줄 아노라
5 비록 하늘에나 땅에나 신이라 불리
는 자가 있어 많은 신과 많은 주가
있으나
6 그러나 우리에게는 한 하나님 곧
아버지가 계시니 만물이 그에게서
났고 우리도 그를 위하여 있고 또
한 한 주 예수 그리스도께서 계시
니 만물이 그로 말미암고 우리도
그로 말미암아 있느니라
7 그러나 이 지식은 모든 사람에게
있는 것은 아니므로 어떤 이들은
지금까지 우상에 대한 습관이 있어
우상의 제물로 알고 먹는 고로 그
들의 양심이 약하여지고 더러워지
느니라
8 음식은 우리를 하나님 앞에 내세
우지 못하나니 우리가 먹지 않는다
고 해서 더 못사는 것도 아니고 먹
는다고 해서 더 잘사는 것도 아니
니라
9 그런즉 너희의 자유가 믿음이 약한
자들에게 걸려 넘어지게 하는 것이
되지 않도록 조심하라
10 지식 있는 네가 우상의 집에 앉아
먹는 것을 누구든지 보면 그 믿음
이 약한 자들의 양심이 담력을 얻어
우상의 제물을 먹게 되지 않겠느냐
11 그러면 네 지식으로 그 믿음이 약한
자가 멸망하나니 그는 그리스도께
서 위하여 죽으신 형제라
12 이같이 너희가 형제에게 죄를 지어
그 약한 양심을 상하게 하는 것이
곧 그리스도에게 죄를 짓는 것이
니라
13 그러므로 만일 음식이 내 형제를 실
족하게 한다면 나는 영원히 고기를
먹지 아니하여 내 형제를 실족하지
않게 하리라

9 내가 자유인이 아니냐 사도가 아
니냐 예수 우리 주를 보지 못하였
느냐 주 안에서 행한 나의 일이 너

희가 아니냐
2 다른 사람들에게는 내가 사도가 아
닐지라도 너희에게는 사도이니 나
의 사도 됨을 주 안에서 인친 것이
너희라
3 나를 비판하는 자들에게 변명할 것
이 이것이니
4 우리가 먹고 마실 권리가 없겠느냐
5 우리가 다른 사도들과 주의 형제들
과 게바와 같이 믿음의 자매 된 아
내를 데리고 다닐 권리가 없겠느냐
6 어찌 나와 바나바만 일하지 아니할
권리가 없겠느냐
7 누가 자기 비용으로 군 복무를 하겠
느냐 누가 포도를 심고 그 열매를
먹지 않겠느냐 누가 양 떼를 기르고
그 양 떼의 젖을 먹지 않겠느냐
8 내가 사람의 예대로 이것을 말하
느냐 율법도 이것을 말하지 아니하
느냐
9 모세의 율법에 곡식을 밟아 떠는
소에게 망을 씌우지 말라 기록하였
으니 하나님께서 어찌 소들을 위하
여 염려하심이냐
10 오로지 우리를 위하여 말씀하심이
아니냐 과연 우리를 위하여 기록된
것이니 밭 가는 자는 소망을 가지
고 갈며 곡식 떠는 자는 함께 얻을
소망을 가지고 떠는 것이라
11 우리가 너희에게 신령한 것을 뿌렸
은즉 너희의 육적인 것을 거두기로
과하다 하겠느냐
12 다른 이들도 너희에게 이런 권리를
가졌거든 하물며 우리일까보냐 그
러나 우리가 이 권리를 쓰지 아니
하고 범사에 참는 것은 그리스도의
복음에 아무 장애가 없게 하려 함
이로다
13 성전의 일을 하는 이들은 성전에서
나는 것을 먹으며 제단에서 섬기는
이들은 제단과 함께 나누는 것을
너희가 알지 못하느냐
14 이와 같이 주께서도 복음 전하는
자들이 복음으로 말미암아 살리라
명하셨느니라
15 그러나 내가 이것을 하나도 쓰지
아니하였고 또 이 말을 쓰는 것은
내게 이같이 하여 달라는 것이 아니
라 내가 차라리 죽을지언정 누구든
지 내 자랑하는 것을 헛된 데로 돌
리지 못하게 하리라
16 내가 복음을 전할지라도 자랑할 것
이 없음은 내가 부득불 할 일임이
라 만일 복음을 전하지 아니하면
내게 화가 있을 것이로다
17 내가 내 자의로 이것을 행하면 상
을 얻으려니와 내가 자의로 아니한
다 할지라도 나는 사명을 받았노라
18 그런즉 내 상이 무엇이냐 내가 복
음을 전할 때에 값없이 전하고 복

기록일 : . . .

음으로 말미암아 내게 있는 권리를
다 쓰지 아니하는 이것이로다
19 내가 모든 사람에게서 자유로우나
스스로 모든 사람에게 종이 된 것
은 더 많은 사람을 얻고자 함이라
20 유대인들에게 내가 유대인과 같이
된 것은 유대인들을 얻고자 함이요
율법 아래에 있는 자들에게는 내가
율법 아래에 있지 아니하나 율법
아래에 있는 자 같이 된 것은 율법
아래에 있는 자들을 얻고자 함이요
21 율법 없는 자에게는 내가 하나님께
는 율법 없는 자가 아니요 도리어
그리스도의 율법 아래에 있는 자이
나 율법 없는 자와 같이 된 것은 율
법 없는 자들을 얻고자 함이라
22 약한 자들에게 내가 약한 자와 같
이 된 것은 약한 자들을 얻고자 함
이요 내가 여러 사람에게 여러 모
습이 된 것은 아무쪼록 몇 사람이
라도 구원하고자 함이니
23 내가 복음을 위하여 모든 것을 행
함은 복음에 참여하고자 함이라
24 운동장에서 달음질하는 자들이 다
달릴지라도 오직 상을 받는 사람은
한 사람인 줄을 너희가 알지 못하
느냐 너희도 상을 받도록 이와 같
이 달음질하라
25 이기기를 다투는 자마다 모든 일에
절제하나니 그들은 썩을 승리자의
관을 얻고자 하되 우리는 썩지 아
니할 것을 얻고자 하노라
26 그러므로 나는 달음질하기를 향방
없는 것 같이 아니하고 싸우기를
허공을 치는 것 같이 아니하며
27 내가 내 몸을 쳐 복종하게 함은 내
가 남에게 전파한 후에 자신이 도리
어 버림을 당할까 두려워함이로다

10 형제들아 나는 너희가 알지 못하
기를 원하지 아니하노니 우리 조상
들이 다 구름 아래에 있고 바다 가
운데로 지나며
2 모세에게 속하여 다 구름과 바다에
서 침례를 받고
3 다 같은 신령한 음식을 먹으며
4 다 같은 신령한 음료를 마셨으니
이는 그들을 따르는 신령한 반석으
로부터 마셨으매 그 반석은 곧 그
리스도시라
5 그러나 그들의 다수를 하나님이 기
뻐하지 아니하셨으므로 그들이 광
야에서 멸망을 받았느니라
6 이러한 일은 우리의 본보기가 되어
우리로 하여금 그들이 악을 즐겨
한 것 같이 즐겨 하는 자가 되지 않
게 하려 함이니
7 그들 가운데 어떤 사람들과 같이
너희는 우상 숭배하는 자가 되지
말라 기록된 바 백성이 앉아서 먹
고 마시며 일어나서 뛰논다 함과

기록일 : . . .

같으니라
8 그들 중의 어떤 사람들이 음행하다
가 하루에 이만 삼천 명이 죽었나니
우리는 그들과 같이 음행하지 말자
9 그들 가운데 어떤 사람들이 주를
시험하다가 뱀에게 멸망하였나니
우리는 그들과 같이 시험하지 말자
10 그들 가운데 어떤 사람들이 원망하
다가 멸망시키는 자에게 멸망하였
나니 너희는 그들과 같이 원망하지
말라
11 그들에게 일어난 이런 일은 본보기
가 되고 또한 말세를 만난 우리를
깨우치기 위하여 기록되었느니라
12 그런즉 선 줄로 생각하는 자는 넘
어질까 조심하라
13 사람이 감당할 시험 밖에는 너희가
당한 것이 없나니 오직 하나님은 미
쁘사 너희가 감당하지 못할 시험
당함을 허락하지 아니하시고 시험
당할 즈음에 또한 피할 길을 내사
너희로 능히 감당하게 하시느니라
14 그런즉 내 사랑하는 자들아 우상
숭배하는 일을 피하라
15 나는 지혜 있는 자들에게 말함과
같이 하노니 너희는 내가 이르는
말을 스스로 판단하라
16 우리가 축복하는 바 축복의 잔은
그리스도의 피에 참여함이 아니며
우리가 떼는 떡은 그리스도의 몸에
참여함이 아니냐
17 떡이 하나요 많은 우리가 한 몸이
니 이는 우리가 다 한 떡에 참여함
이라
18 육신을 따라 난 이스라엘을 보라
제물을 먹는 자들이 제단에 참여하
는 자들이 아니냐
19 그런즉 내가 무엇을 말하느냐 우
상의 제물은 무엇이며 우상은 무엇
이냐
20 무릇 이방인이 제사하는 것은 귀신
에게 하는 것이요 하나님께 제사하
는 것이 아니니 나는 너희가 귀신과
교제하는 자가 되기를 원하지 아니
하노라
21 너희가 주의 잔과 귀신의 잔을 겸
하여 마시지 못하고 주의 식탁과
귀신의 식탁에 겸하여 참여하지 못
하리라
22 그러면 우리가 주를 노여워하시게
하겠느냐 우리가 주보다 강한 자냐
23 모든 것이 가하나 모든 것이 유익
한 것은 아니요 모든 것이 가하나
모든 것이 덕을 세우는 것은 아니니
24 누구든지 자기의 유익을 구하지 말
고 남의 유익을 구하라
25 무릇 시장에서 파는 것은 양심을
위하여 묻지 말고 먹으라
26 이는 땅과 거기 충만한 것이 주의
것임이라

기록일 : . . .

27 불신자 중 누가 너희를 청할 때에
너희가 가고자 하거든 너희 앞에
차려 놓은 것은 무엇이든지 양심을
위하여 묻지 말고 먹으라

28 누가 너희에게 이것이 제물이라 말
하거든 알게 한 자와 그 양심을 위
하여 먹지 말라

29 내가 말한 양심은 너희의 것이 아
니요 남의 것이니 어찌하여 내 자
유가 남의 양심으로 말미암아 판단
을 받으리요

30 만일 내가 감사함으로 참여하면 어
찌하여 내가 감사하는 것에 대하여
비방을 받으리요

31 그런즉 너희가 먹든지 마시든지 무
엇을 하든지 다 하나님의 영광을
위하여 하라

32 유대인에게나 헬라인에게나 하나님
의 교회에나 거치는 자가 되지 말고

33 나와 같이 모든 일에 모든 사람을
기쁘게 하여 자신의 유익을 구하지
아니하고 많은 사람의 유익을 구하
여 그들로 구원을 받게 하라

11

내가 그리스도를 본받는 자가 된
것 같이 너희는 나를 본받는 자가
되라

2 너희가 모든 일에 나를 기억하고
또 내가 너희에게 전하여 준 대로
그 전통을 너희가 지키므로 너희를
칭찬하노라

3 그러나 나는 너희가 알기를 원하
노니 각 남자의 머리는 그리스도요
여자의 머리는 남자요 그리스도의
머리는 하나님이시라

4 무릇 남자로서 머리에 무엇을 쓰고
기도나 예언을 하는 자는 그 머리
를 욕되게 하는 것이요

5 무릇 여자로서 머리에 쓴 것을 벗고
기도나 예언을 하는 자는 그 머리
를 욕되게 하는 것이니 이는 머리를
민 것과 다름이 없음이라

6 만일 여자가 머리를 가리지 않거든
깎을 것이요 만일 깎거나 미는 것
이 여자에게 부끄러움이 되거든 가
릴지니라

7 남자는 하나님의 형상과 영광이니
그 머리를 마땅히 가리지 않거니와
여자는 남자의 영광이니라

8 남자가 여자에게서 난 것이 아니요
여자가 남자에게서 났으며

9 또 남자가 여자를 위하여 지음을
받지 아니하고 여자가 남자를 위하
여 지음을 받은 것이니

10 그러므로 여자는 천사들로 말미암
아 권세 아래에 있는 표를 그 머리
위에 둘지니라

11 그러나 주 안에는 남자 없이 여자
만 있지 않고 여자 없이 남자만 있
지 아니하니라

12 이는 여자가 남자에게서 난 것 같

기록일 : . . .

이 남자도 여자로 말미암아 났음이
라 그리고 모든 것은 하나님에게서
났느니라
13 너희는 스스로 판단하라 여자가 머
리를 가리지 않고 하나님께 기도하
는 것이 마땅하냐
14 만일 남자에게 긴 머리가 있으면 자
기에게 부끄러움이 되는 것을 본성
이 너희에게 가르치지 아니하느냐
15 만일 여자가 긴 머리가 있으면 자
기에게 영광이 되나니 긴 머리는
가리는 것을 대신하여 주셨기 때문
이니라
16 논쟁하려는 생각을 가진 자가 있을
지라도 우리에게나 하나님의 모든
교회에는 이런 관례가 없느니라
17 내가 명하는 이 일에 너희를 칭찬하
지 아니하나니 이는 너희의 모임이
유익이 못되고 도리어 해로움이라
18 먼저 너희가 교회에 모일 때에 너
희 중에 분쟁이 있다 함을 듣고 어
느 정도 믿거니와
19 너희 중에 파당이 있어야 너희 중
에 옳다 인정함을 받은 자들이 나
타나게 되리라
20 그런즉 너희가 함께 모여서 주의
만찬을 먹을 수 없으니
21 이는 먹을 때에 각각 자기의 만찬
을 먼저 갖다 먹으므로 어떤 사람
은 시장하고 어떤 사람은 취함이라
22 너희가 먹고 마실 집이 없느냐 너희
가 하나님의 교회를 업신여기고 빈
궁한 자들을 부끄럽게 하느냐 내가
너희에게 무슨 말을 하랴 너희를 칭
찬하랴 이것으로 칭찬하지 않노라
23 내가 너희에게 전한 것은 주께 받
은 것이니 곧 주 예수께서 잡히시던
밤에 떡을 가지사
24 축사하시고 떼어 이르시되 이것은
너희를 위하는 내 몸이니 이것을
행하여 나를 기념하라 하시고
25 식후에 또한 그와 같이 잔을 가지
시고 이르시되 이 잔은 내 피로 세
운 새 언약이니 이것을 행하여 마실
때마다 나를 기념하라 하셨으니
26 너희가 이 떡을 먹으며 이 잔을 마
실 때마다 주의 죽으심을 그가 오
실 때까지 전하는 것이니라
27 그러므로 누구든지 주의 떡이나 잔
을 합당하지 않게 먹고 마시는 자
는 주의 몸과 피에 대하여 죄를 짓
는 것이니라
28 사람이 자기를 살피고 그 후에야
이 떡을 먹고 이 잔을 마실지니
29 주의 몸을 분별하지 못하고 먹고
마시는 자는 자기의 죄를 먹고 마
시는 것이니라
30 그러므로 너희 중에 약한 자와 병
든 자가 많고 잠자는 자도 적지 아
니하니

기록일 : . . .

31 우리가 우리를 살폈으면 판단을 받
지 아니하려니와
32 우리가 판단을 받는 것은 주께 징
계를 받는 것이니 이는 우리로 세
상과 함께 정죄함을 받지 않게 하
려 하심이라
33 그런즉 내 형제들아 먹으러 모일
때에 서로 기다리라
34 만일 누구든지 시장하거든 집에서
먹을지니 이는 너희의 모임이 판
단 받는 모임이 되지 않게 하려 함
이라 그밖의 일들은 내가 언제든지
갈 때에 바로잡으리라

12 형제들아 신령한 것에 대하여 나
는 너희가 알지 못하기를 원하지
아니하노니
2 너희도 알거니와 너희가 이방인으
로 있을 때에 말 못하는 우상에게
로 끄는 그대로 끌려 갔느니라
3 그러므로 내가 너희에게 알리노니
하나님의 영으로 말하는 자는 누구
든지 예수를 저주할 자라 하지 아
니하고 또 성령으로 아니하고는 누
구든지 예수를 주시라 할 수 없느
니라
4 은사는 여러 가지나 성령은 같고
5 직분은 여러 가지나 주는 같으며
6 또 사역은 여러 가지나 모든 것을
모든 사람 가운데서 이루시는 하나
님은 같으니
7 각 사람에게 성령을 나타내심은 유
익하게 하려 하심이라
8 어떤 사람에게는 성령으로 말미암
아 지혜의 말씀을, 어떤 사람에게는
같은 성령을 따라 지식의 말씀을,
9 다른 사람에게는 같은 성령으로 믿
음을, 어떤 사람에게는 한 성령으
로 병 고치는 은사를,
10 어떤 사람에게는 능력 행함을, 어
떤 사람에게는 예언함을, 어떤 사
람에게는 영들 분별함을, 다른 사
람에게는 각종 방언 말함을, 어떤
사람에게는 방언들 통역함을 주시
나니
11 이 모든 일은 같은 한 성령이 행하
사 그의 뜻대로 각 사람에게 나누
어 주시는 것이니라
12 몸은 하나인데 많은 지체가 있고
몸의 지체가 많으나 한 몸임과 같
이 그리스도도 그러하니라
13 우리가 유대인이나 헬라인이나 종
이나 자유인이나 다 한 성령으로 침
례를 받아 한 몸이 되었고 또 다 한
성령을 마시게 하셨느니라
14 몸은 한 지체뿐만 아니요 여럿이니
15 만일 발이 이르되 나는 손이 아니
니 몸에 붙지 아니하였다 할지라도
이로써 몸에 붙지 아니한 것이 아
니요
16 또 귀가 이르되 나는 눈이 아니니

기록일 : . . .

몸에 붙지 아니하였다 할지라도 이
로써 몸에 붙지 아니한 것이 아니니
17 만일 온 몸이 눈이면 듣는 곳은 어
디며 온 몸이 듣는 곳이면 냄새 맡
는 곳은 어디냐
18 그러나 이제 하나님이 그 원하시는
대로 지체를 각각 몸에 두셨으니
19 만일 다 한 지체뿐이면 몸은 어디냐
20 이제 지체는 많으나 몸은 하나라
21 눈이 손더러 내가 너를 쓸 데가 없
다 하거나 또한 머리가 발더러 내가
너를 쓸 데가 없다 하지 못하리라
22 그뿐 아니라 더 약하게 보이는 몸
의 지체가 도리어 요긴하고
23 우리가 몸의 덜 귀히 여기는 그것
들을 더욱 귀한 것들로 입혀 주며
우리의 아름답지 못한 지체는 더욱
아름다운 것을 얻느니라 그런즉
24 우리의 아름다운 지체는 그럴 필
요가 없느니라 오직 하나님이 몸을
고르게 하여 부족한 지체에게 귀중
함을 더하사
25 몸 가운데서 분쟁이 없고 오직 여
러 지체가 서로 같이 돌보게 하셨느
니라
26 만일 한 지체가 고통을 받으면 모
든 지체가 함께 고통을 받고 한 지
체가 영광을 얻으면 모든 지체가
함께 즐거워하느니라
27 너희는 그리스도의 몸이요 지체의
각 부분이라
28 하나님이 교회 중에 몇을 세우셨으
니 첫째는 사도요 둘째는 선지자요
셋째는 교사요 그 다음은 능력을
행하는 자요 그 다음은 병 고치는
은사와 서로 돕는 것과 다스리는
것과 각종 방언을 말하는 것이라
29 다 사도이겠느냐 다 선지자이겠느
냐 다 교사이겠느냐 다 능력을 행
하는 자이겠느냐
30 다 병 고치는 은사를 가진 자이겠
느냐 다 방언을 말하는 자이겠느냐
다 통역하는 자이겠느냐
31 너희는 더욱 큰 은사를 사모하라
내가 또한 가장 좋은 길을 너희에
게 보이리라

13 내가 사람의 방언과 천사의 말을
할지라도 사랑이 없으면 소리 나는
구리와 울리는 꽹과리가 되고
2 내가 예언하는 능력이 있어 모든 비
밀과 모든 지식을 알고 또 산을 옮
길 만한 모든 믿음이 있을지라도
사랑이 없으면 내가 아무 것도 아
니요
3 내가 내게 있는 모든 것으로 구제
하고 또 내 몸을 불사르게 내줄지
라도 사랑이 없으면 내게 아무 유
익이 없느니라
4 사랑은 오래 참고 사랑은 온유하며
시기하지 아니하며 사랑은 자랑하

기록일 : . . .

지 아니하며 교만하지 아니하며
5 무례히 행하지 아니하며 자기의 유
익을 구하지 아니하며 성내지 아니
하며 악한 것을 생각하지 아니하며
6 불의를 기뻐하지 아니하며 진리와
함께 기뻐하고
7 모든 것을 참으며 모든 것을 믿으
며 모든 것을 바라며 모든 것을 견
디느니라
8 사랑은 언제까지나 떨어지지 아니
하되 예언도 폐하고 방언도 그치고
지식도 폐하리라
9 우리는 부분적으로 알고 부분적으
로 예언하니
10 온전한 것이 올 때에는 부분적으로
하던 것이 폐하리라
11 내가 어렸을 때에는 말하는 것이
어린 아이와 같고 깨닫는 것이 어
린 아이와 같고 생각하는 것이 어린
아이와 같다가 장성한 사람이 되어
서는 어린 아이의 일을 버렸노라
12 우리가 지금은 거울로 보는 것 같
이 희미하나 그 때에는 얼굴과 얼
굴을 대하여 볼 것이요 지금은 내
가 부분적으로 아나 그 때에는 주
께서 나를 아신 것 같이 내가 온전
히 알리라
13 그런즉 믿음, 소망, 사랑, 이 세 가
지는 항상 있을 것인데 그 중의 제
일은 사랑이라

14 사랑을 추구하며 신령한 것들을
사모하되 특별히 예언을 하려고
하라
2 방언을 말하는 자는 사람에게 하지
아니하고 하나님께 하나니 이는 알
아 듣는 자가 없고 영으로 비밀을
말함이라
3 그러나 예언하는 자는 사람에게 말
하여 덕을 세우며 권면하며 위로하
는 것이요
4 방언을 말하는 자는 자기의 덕을
세우고 예언하는 자는 교회의 덕을
세우나니
5 나는 너희가 다 방언 말하기를 원
하나 특별히 예언하기를 원하노라
만일 방언을 말하는 자가 통역하여
교회의 덕을 세우지 아니하면 예언
하는 자만 못하니라
6 그런즉 형제들아 내가 너희에게 나
아가서 방언으로 말하고 계시나 지
식이나 예언이나 가르치는 것으로
말하지 아니하면 너희에게 무엇이
유익하리요
7 혹 피리나 거문고와 같이 생명 없는
것이 소리를 낼 때에 그 음의 분별
을 나타내지 아니하면 피리 부는 것
인지 거문고 타는 것인지 어찌 알게
되리요
8 만일 나팔이 분명하지 못한 소리를
내면 누가 전투를 준비하리요

9 이와 같이 너희도 혀로써 알아 듣
기 쉬운 말을 하지 아니하면 그 말
하는 것을 어찌 알리요 이는 허공
에다 말하는 것이라
10 이같이 세상에 소리의 종류가 많으
나 뜻 없는 소리는 없나니
11 그러므로 내가 그 소리의 뜻을 알
지 못하면 내가 말하는 자에게 외
국인이 되고 말하는 자도 내게 외
국인이 되리니
12 그러므로 너희도 영적인 것을 사모
하는 자인즉 교회의 덕을 세우기
위하여 그것이 풍성하기를 구하라
13 그러므로 방언을 말하는 자는 통역
하기를 기도할지니
14 내가 만일 방언으로 기도하면 나의
영이 기도하거니와 나의 마음은 열
매를 맺지 못하리라
15 그러면 어떻게 할까 내가 영으로
기도하고 또 마음으로 기도하며 내
가 영으로 찬송하고 또 마음으로
찬송하리라
16 그렇지 아니하면 네가 영으로 축복
할 때에 알지 못하는 처지에 있는
자가 네가 무슨 말을 하는지 알지
못하고 네 감사에 어찌 아멘 하리요
17 너는 감사를 잘하였으나 그러나 다
른 사람은 덕 세움을 받지 못하리라
18 내가 너희 모든 사람보다 방언을
더 말하므로 하나님께 감사하노라

19 그러나 교회에서 네가 남을 가르
치기 위하여 깨달은 마음으로 다섯
마디 말을 하는 것이 일만 마디 방
언으로 말하는 것보다 나으니라
20 형제들아 지혜에는 아이가 되지 말
고 악에는 어린 아이가 되라 지혜
에는 장성한 사람이 되라
21 율법에 기록된 바 주께서 이르시되
내가 다른 방언을 말하는 자와 다
른 입술로 이 백성에게 말할지라도
그들이 여전히 듣지 아니하리라 하
였으니
22 그러므로 방언은 믿는 자들을 위하
지 아니하고 믿지 아니하는 자들을
위하는 표적이나 예언은 믿지 아니
하는 자들을 위하지 않고 믿는 자
들을 위함이니라
23 그러므로 온 교회가 함께 모여 다
방언으로 말하면 알지 못하는 자
들이나 믿지 아니하는 자들이 들어
와서 너희를 미쳤다 하지 아니하겠
느냐
24 그러나 다 예언을 하면 믿지 아니
하는 자들이나 알지 못하는 자들이
들어와서 모든 사람에게 책망을 들
으며 모든 사람에게 판단을 받고
25 그 마음의 숨은 일들이 드러나게
되므로 엎드리어 하나님께 경배하
며 하나님이 참으로 너희 가운데
계신다 전파하리라

기록일 : . . .

26 그런즉 형제들아 어찌할까 너희가
모일 때에 각각 찬송시도 있으며 가
르치는 말씀도 있으며 계시도 있으
며 방언도 있으며 통역함도 있나니
모든 것을 덕을 세우기 위하여 하라
27 만일 누가 방언으로 말하거든 두 사
람이나 많아야 세 사람이 차례를 따
라 하고 한 사람이 통역할 것이요
28 만일 통역하는 자가 없으면 교회에
서는 잠잠하고 자기와 하나님께 말
할 것이요
29 예언하는 자는 둘이나 셋이나 말하
고 다른 이들은 분별할 것이요
30 만일 곁에 앉아 있는 다른 이에게
계시가 있으면 먼저 하던 자는 잠잠
할지니라
31 너희는 다 모든 사람으로 배우게
하고 모든 사람으로 권면을 받게
하기 위하여 하나씩 하나씩 예언할
수 있느니라
32 예언하는 자들의 영은 예언하는 자
들에게 제재를 받나니
33 하나님은 무질서의 하나님이 아니
시요 오직 화평의 하나님이시니라
모든 성도가 교회에서 함과 같이
34 여자는 교회에서 잠잠하라 그들에
게는 말하는 것을 허락함이 없나니
율법에 이른 것 같이 오직 복종할
것이요
35 만일 무엇을 배우려거든 집에서 자
기 남편에게 물을지니 여자가 교회
에서 말하는 것은 부끄러운 것이라
36 하나님의 말씀이 너희로부터 난 것
이냐 또는 너희에게만 임한 것이냐
37 만일 누구든지 자기를 선지자나 혹
은 신령한 자로 생각하거든 내가
너희에게 편지하는 이 글이 주의 명
령인 줄 알라
38 만일 누구든지 알지 못하면 그는
알지 못한 자니라
39 그런즉 내 형제들아 예언하기를 사
모하며 방언 말하기를 금하지 말라
40 모든 것을 품위 있게 하고 질서 있
게 하라

15 형제들아 내가 너희에게 전한 복
음을 너희에게 알게 하노니 이는
너희가 받은 것이요 또 그 가운데
선 것이라
2 너희가 만일 내가 전한 그 말을 굳
게 지키고 헛되이 믿지 아니하였으
면 그로 말미암아 구원을 받으리라
3 내가 받은 것을 먼저 너희에게 전
하였노니 이는 성경대로 그리스도
께서 우리 죄를 위하여 죽으시고
4 장사 지낸 바 되셨다가 성경대로
사흘 만에 다시 살아나사
5 게바에게 보이시고 후에 열두 제자
에게와
6 그 후에 오백여 형제에게 일시에
보이셨나니 그 중에 지금까지 대다

기록일 : . . .

수는 살아 있고 어떤 사람은 잠들
었으며
7 그 후에 야고보에게 보이셨으며 그
후에 모든 사도에게와
8 맨 나중에 만삭되지 못하여 난 자
같은 내게도 보이셨느니라
9 나는 사도 중에 가장 작은 자라 나
는 하나님의 교회를 박해하였으므
로 사도라 칭함 받기를 감당하지
못할 자니라
10 그러나 내가 나 된 것은 하나님의
은혜로 된 것이니 내게 주신 그의
은혜가 헛되지 아니하여 내가 모든
사도보다 더 많이 수고하였으나 내
가 한 것이 아니요 오직 나와 함께
하신 하나님의 은혜로라
11 그러므로 나나 그들이나 이같이 전
파하매 너희도 이같이 믿었느니라
12 그리스도께서 죽은 자 가운데서 다
시 살아나셨다 전파되었거늘 너희
중에서 어떤 사람들은 어찌하여 죽
은 자 가운데서 부활이 없다 하느냐
13 만일 죽은 자의 부활이 없으면 그리
스도도 다시 살아나지 못하셨으리라
14 그리스도께서 만일 다시 살아나지
못하셨으면 우리가 전파하는 것도
헛것이요 또 너희 믿음도 헛것이며
15 또 우리가 하나님의 거짓 증인으로
발견되리니 우리가 하나님이 그리
스도를 다시 살리셨다고 증언하였
음이라 만일 죽은 자가 다시 살아
나는 일이 없으면 하나님이 그리스
도를 다시 살리지 아니하셨으리라
16 만일 죽은 자가 다시 살아나는 일
이 없으면 그리스도도 다시 살아나
신 일이 없었을 터이요
17 그리스도께서 다시 살아나신 일이
없으면 너희의 믿음도 헛되고 너희
가 여전히 죄 가운데 있을 것이요
18 또한 그리스도 안에서 잠자는 자도
망하였으리니
19 만일 그리스도 안에서 우리가 바라
는 것이 다만 이 세상의 삶뿐이면
모든 사람 가운데 우리가 더욱 불
쌍한 자이리라
20 그러나 이제 그리스도께서 죽은 자
가운데서 다시 살아나사 잠자는 자
들의 첫 열매가 되셨도다
21 사망이 한 사람으로 말미암았으니
죽은 자의 부활도 한 사람으로 말
미암는도다
22 아담 안에서 모든 사람이 죽은 것
같이 그리스도 안에서 모든 사람이
삶을 얻으리라
23 그러나 각각 자기 차례대로 되리니
먼저는 첫 열매인 그리스도요 다음
에는 그가 강림하실 때에 그리스도
에게 속한 자요
24 그 후에는 마지막이니 그가 모든 통
치와 모든 권세와 능력을 멸하시고

기록일 : . . .

나라를 아버지 하나님께 바칠 때라
25 그가 모든 원수를 그 발 아래에 둘
때까지 반드시 왕 노릇 하시리니
26 맨 나중에 멸망 받을 원수는 사망
이니라
27 만물을 그의 발 아래에 두셨다 하
셨으니 만물을 아래에 둔다 말씀하
실 때에 만물을 그의 아래에 두신
이가 그 중에 들지 아니한 것이 분
명하도다
28 만물을 그에게 복종하게 하실 때에
는 아들 자신도 그 때에 만물을 자
기에게 복종하게 하신 이에게 복종
하게 되리니 이는 하나님이 만유의
주로서 만유 안에 계시려 하심이라
29 만일 죽은 자들이 도무지 다시 살
아나지 못하면 죽은 자들을 위하여
침례를 받는 자들이 무엇을 하겠느
냐 어찌하여 그들을 위하여 침례를
받느냐
30 또 어찌하여 우리가 언제나 위험을
무릅쓰리요
31 형제들아 내가 그리스도 예수 우리
주 안에서 가진 바 너희에 대한 나
의 자랑을 두고 단언하노니 나는
날마다 죽노라
32 내가 사람의 방법으로 에베소에서
맹수와 더불어 싸웠다면 내게 무슨
유익이 있으리요 죽은 자가 다시
살아나지 못한다면 내일 죽을 터이
니 먹고 마시자 하리라
33 속지 말라 악한 동무들은 선한 행
실을 더럽히나니
34 깨어 의를 행하고 죄를 짓지 말라
하나님을 알지 못하는 자가 있기로
내가 너희를 부끄럽게 하기 위하여
말하노라
35 누가 묻기를 죽은 자들이 어떻게
다시 살아나며 어떠한 몸으로 오느
냐 하리니
36 어리석은 자여 네가 뿌리는 씨가
죽지 않으면 살아나지 못하겠고
37 또 네가 뿌리는 것은 장래의 형체
를 뿌리는 것이 아니요 다만 밀이나
다른 것의 알맹이 뿐이로되
38 하나님이 그 뜻대로 그에게 형체를
주시되 각 종자에게 그 형체를 주
시느니라
39 육체는 다 같은 육체가 아니니 하
나는 사람의 육체요 하나는 짐승의
육체요 하나는 새의 육체요 하나는
물고기의 육체라
40 하늘에 속한 형체도 있고 땅에 속
한 형체도 있으나 하늘에 속한 것
의 영광이 따로 있고 땅에 속한 것
의 영광이 따로 있으니
41 해의 영광이 다르고 달의 영광이
다르며 별의 영광도 다른데 별과
별의 영광이 다르도다
42 죽은 자의 부활도 그와 같으니 썩

기록일 : . . .

을 것으로 심고 썩지 아니할 것으
로 다시 살아나며
43 욕된 것으로 심고 영광스러운 것으
로 다시 살아나며 약한 것으로 심
고 강한 것으로 다시 살아나며
44 육의 몸으로 심고 신령한 몸으로
다시 살아나나니 육의 몸이 있은즉
또 영의 몸도 있느니라
45 기록된 바 첫 사람 아담은 생령이
되었다 함과 같이 마지막 아담은
살려 주는 영이 되었나니
46 그러나 먼저는 신령한 사람이 아니
요 육의 사람이요 그 다음에 신령
한 사람이니라
47 첫 사람은 땅에서 났으니 흙에 속
한 자이거니와 둘째 사람은 하늘에
서 나셨느니라
48 무릇 흙에 속한 자들은 저 흙에 속
한 자와 같고 무릇 하늘에 속한 자
들은 저 하늘에 속한 이와 같으니
49 우리가 흙에 속한 자의 형상을 입
은 것 같이 또한 하늘에 속한 이의
형상을 입으리라
50 형제들아 내가 이것을 말하노니 혈
과 육은 하나님 나라를 이어 받을
수 없고 또한 썩는 것은 썩지 아니하
는 것을 유업으로 받지 못하느니라
51 보라 내가 너희에게 비밀을 말하노
니 우리가 다 잠 잘 것이 아니요 마
지막 나팔에 순식간에 홀연히 다
변화되리니
52 나팔 소리가 나매 죽은 자들이 썩
지 아니할 것으로 다시 살아나고
우리도 변화되리라
53 이 썩을 것이 반드시 썩지 아니할
것을 입겠고 이 죽을 것이 죽지 아
니함을 입으리로다
54 이 썩을 것이 썩지 아니함을 입고
이 죽을 것이 죽지 아니함을 입을
때에는 사망을 삼키고 이기리라고
기록된 말씀이 이루어지리라
55 사망아 너의 승리가 어디 있느냐 사
망아 네가 쏘는 것이 어디 있느냐
56 사망이 쏘는 것은 죄요 죄의 권능
은 율법이라
57 우리 주 예수 그리스도로 말미암아
우리에게 승리를 주시는 하나님께
감사하노니
58 그러므로 내 사랑하는 형제들아 견
실하며 흔들리지 말고 항상 주의
일에 더욱 힘쓰는 자들이 되라 이
는 너희 수고가 주 안에서 헛되지
않은 줄 앎이라

16 성도를 위하는 연보에 관하여는
내가 갈라디아 교회들에게 명한 것
같이 너희도 그렇게 하라
2 매주 첫날에 너희 각 사람이 수입
에 따라 모아 두어서 내가 갈 때에
연보를 하지 않게 하라
3 내가 이를 때에 너희가 인정한 사

기록일 :   .   .   .

람에게 편지를 주어 너희의 은혜를
예루살렘으로 가지고 가게 하리니
4 만일 나도 가는 것이 합당하면 그
들이 나와 함께 가리라
5 내가 마게도냐를 지날 터이니 마게
도냐를 지난 후에 너희에게 가서
6 혹 너희와 함께 머물며 겨울을 지낼
듯도 하니 이는 너희가 나를 내가
갈 곳으로 보내어 주게 하려 함이라
7 이제는 지나는 길에 너희 보기를
원하지 아니하노니 이는 만일 주께
서 허락하시면 얼마 동안 너희와 함
께 머물기를 바람이라
8 내가 오순절까지 에베소에 머물려
함은
9 내게 광대하고 유효한 문이 열렸으
나 대적하는 자가 많음이라
10 디모데가 이르거든 너희는 조심하
여 그로 두려움이 없이 너희 가운데
있게 하라 이는 그도 나와 같이 주
의 일을 힘쓰는 자임이라
11 그러므로 누구든지 그를 멸시하지
말고 평안히 보내어 내게로 오게
하라 나는 그가 형제들과 함께 오
기를 기다리노라
12 형제 아볼로에 대하여는 그에게 형
제들과 함께 너희에게 가라고 내가
많이 권하였으되 지금은 갈 뜻이
전혀 없으나 기회가 있으면 가리라
13 깨어 믿음에 굳게 서서 남자답게
강건하라
14 너희 모든 일을 사랑으로 행하라
15 형제들아 스데바나의 집은 곧 아가
야의 첫 열매요 또 성도 섬기기로
작정한 줄을 너희가 아는지라 내가
너희를 권하노니
16 이같은 사람들과 또 함께 일하며
수고하는 모든 사람에게 순종하라
17 내가 스데바나와 브드나도와 아가
이고가 온 것을 기뻐하노니 그들이
너희의 부족한 것을 채웠음이라
18 그들이 나와 너희 마음을 시원하게
하였으니 그러므로 너희는 이런 사
람들을 알아 주라
19 아시아의 교회들이 너희에게 문안
하고 아굴라와 브리스가와 그 집에
있는 교회가 주 안에서 너희에게
간절히 문안하고
20 모든 형제도 너희에게 문안하니 너
희는 거룩하게 입맞춤으로 서로 문
안하라
21 나 바울은 친필로 너희에게 문안하
노니
22 만일 누구든지 주를 사랑하지 아니
하면 저주를 받을지어다 우리 주여
오시옵소서
23 주 예수 그리스도의 은혜가 너희와
함께 하고
24 나의 사랑이 그리스도 예수 안에서
너희 무리와 함께 할지어다

기록일 : . . .

고린도후서

1 하나님의 뜻으로 말미암아 그리
스도 예수의 사도 된 바울과 형제
디모데는 고린도에 있는 하나님의
교회와 또 온 아가야에 있는 모든
성도에게
2 하나님 우리 아버지와 주 예수 그
리스도로부터 은혜와 평강이 있기
를 원하노라
3 찬송하리로다 그는 우리 주 예수
그리스도의 하나님이시요 자비의
아버지시요 모든 위로의 하나님이
시며
4 우리의 모든 환난 중에서 우리를
위로하사 우리로 하여금 하나님께
받는 위로로써 모든 환난 중에 있
는 자들을 능히 위로하게 하시는
이시로다
5 그리스도의 고난이 우리에게 넘친
것 같이 우리가 받는 위로도 그리
스도로 말미암아 넘치는도다
6 우리가 환난 당하는 것도 너희가
위로와 구원을 받게 하려는 것이
요 우리가 위로를 받는 것도 너희
가 위로를 받게 하려는 것이니 이
위로가 너희 속에 역사하여 우리가
받는 것 같은 고난을 너희도 견디
게 하느니라
7 너희를 위한 우리의 소망이 견고함
은 너희가 고난에 참여하는 자가
된 것 같이 위로에도 그러할 줄을
앎이라
8 형제들아 우리가 아시아에서 당한
환난을 너희가 모르기를 원하지 아
니하노니 힘에 겹도록 심한 고난을
당하여 살 소망까지 끊어지고
9 우리는 우리 자신이 사형 선고를 받
은 줄 알았으니 이는 우리로 자기
를 의지하지 말고 오직 죽은 자를
다시 살리시는 하나님만 의지하게
하심이라
10 그가 이같이 큰 사망에서 우리를
건지셨고 또 건지실 것이며 이 후에
도 건지시기를 그에게 바라노라
11 너희도 우리를 위하여 간구함으로
도우라 이는 우리가 많은 사람의
기도로 얻은 은사로 말미암아 많은
사람이 우리를 위하여 감사하게 하
려 함이라
12 우리가 세상에서 특별히 너희에 대
하여 하나님의 거룩함과 진실함으
로 행하되 육체의 지혜로 하지 아
니하고 하나님의 은혜로 행함은 우
리 양심이 증언하는 바니 이것이 우
리의 자랑이라
13 오직 너희가 읽고 아는 것 외에 우
리가 다른 것을 쓰지 아니하노니 너

기록일 : . . .

희가 완전히 알기를 내가 바라는
것은
14 너희가 우리를 부분적으로 알았으
나 우리 주 예수의 날에는 너희가
우리의 자랑이 되고 우리가 너희의
자랑이 되는 그것이라
15 내가 이 확신을 가지고 너희로 두
번 은혜를 얻게 하기 위하여 먼저
너희에게 이르렀다가
16 너희를 지나 마게도냐로 갔다가 다
시 마게도냐에서 너희에게 가서 너
희의 도움으로 유대로 가기를 계획
하였으니
17 이렇게 계획할 때에 어찌 경솔히 하
였으리요 혹 계획하기를 육체를 따
라 계획하여 예 예 하면서 아니라
아니라 하는 일이 내게 있겠느냐
18 하나님은 미쁘시니라 우리가 너희
에게 한 말은 예 하고 아니라 함이
없노라
19 우리 곧 나와 실루아노와 디모데로
말미암아 너희 가운데 전파된 하나
님의 아들 예수 그리스도는 예 하
고 아니라 함이 되지 아니하셨으니
그에게는 예만 되었느니라
20 하나님의 약속은 얼마든지 그리스
도 안에서 예가 되니 그런즉 그로
말미암아 우리가 아멘 하여 하나님
께 영광을 돌리게 되느니라
21 우리를 너희와 함께 그리스도 안에
서 굳건하게 하시고 우리에게 기름
을 부으신 이는 하나님이시니
22 그가 또한 우리에게 인치시고 보
증으로 우리 마음에 성령을 주셨느
니라
23 내가 내 목숨을 걸고 하나님을 불
러 증언하시게 하노니 내가 다시
고린도에 가지 아니한 것은 너희를
아끼려 함이라
24 우리가 너희 믿음을 주관하려는 것
이 아니요 오직 너희 기쁨을 돕는
자가 되려 함이니 이는 너희가 믿음
에 섰음이라

2

내가 다시는 너희에게 근심 중에
나아가지 아니하기로 스스로 결심
하였노니
2 내가 너희를 근심하게 한다면 내가
근심하게 한 자밖에 나를 기쁘게
할 자가 누구냐
3 내가 이같이 쓴 것은 내가 갈 때
에 마땅히 나를 기쁘게 할 자로부
터 도리어 근심을 얻을까 염려함이
요 또 너희 모두에 대한 나의 기쁨
이 너희 모두의 기쁨인 줄 확신함이
로라
4 내가 마음에 큰 눌림과 걱정이 있어
많은 눈물로 너희에게 썼노니 이는
너희로 근심하게 하려 한 것이 아니
요 오직 내가 너희를 향하여 넘치
는 사랑이 있음을 너희로 알게 하

려 함이라
5 근심하게 한 자가 있었을지라도 나
를 근심하게 한 것이 아니요 어느
정도 너희 모두를 근심하게 한 것
이니 어느 정도라 함은 내가 너무
지나치게 말하지 아니하려 함이라
6 이러한 사람은 많은 사람에게서 벌
받는 것이 마땅하도다
7 그런즉 너희는 차라리 그를 용서하
고 위로할 것이니 그가 너무 많은
근심에 잠길까 두려워하노라
8 그러므로 너희를 권하노니 사랑을
그들에게 나타내라
9 너희가 범사에 순종하는지 그 증거
를 알고자 하여 내가 이것을 너희
에게 썼노라
10 너희가 무슨 일에든지 누구를 용서
하면 나도 그리하고 내가 만일 용
서한 일이 있으면 용서한 그것은 너
희를 위하여 그리스도 앞에서 한
것이니
11 이는 우리로 사탄에게 속지 않게
하려 함이라 우리는 그 계책을 알
지 못하는 바가 아니로라
12 내가 그리스도의 복음을 위하여 드
로아에 이르매 주 안에서 문이 내
게 열렸으되
13 내가 내 형제 디도를 만나지 못하
므로 내 심령이 편하지 못하여 그들
을 작별하고 마게도냐로 갔노라
14 항상 우리를 그리스도 안에서 이기
게 하시고 우리로 말미암아 각처에
서 그리스도를 아는 냄새를 나타내
시는 하나님께 감사하노라
15 우리는 구원 받는 자들에게나 망하
는 자들에게나 하나님 앞에서 그리
스도의 향기니
16 이 사람에게는 사망으로부터 사망
에 이르는 냄새요 저 사람에게는
생명으로부터 생명에 이르는 냄새
라 누가 이 일을 감당하리요
17 우리는 수많은 사람들처럼 하나님
의 말씀을 혼잡하게 하지 아니하고
곧 순전함으로 하나님께 받은 것
같이 하나님 앞에서와 그리스도 안
에서 말하노라

3 우리가 다시 자천하기를 시작하
겠느냐 우리가 어찌 어떤 사람처럼
추천서를 너희에게 부치거나 혹은
너희에게 받거나 할 필요가 있느냐
2 너희는 우리의 편지라 우리 마음에
썼고 뭇 사람이 알고 읽는 바라
3 너희는 우리로 말미암아 나타난 그
리스도의 편지니 이는 먹으로 쓴 것
이 아니요 오직 살아 계신 하나님
의 영으로 쓴 것이며 또 돌판에 쓴
것이 아니요 오직 육의 마음판에
쓴 것이라
4 우리가 그리스도로 말미암아 하나
님을 향하여 이같은 확신이 있으니

기록일 : . . .

5 우리가 무슨 일이든지 우리에게서
난 것 같이 스스로 만족할 것이 아
니니 우리의 만족은 오직 하나님으
로부터 나느니라
6 그가 또한 우리를 새 언약의 일꾼
되기에 만족하게 하셨으니 율법 조
문으로 하지 아니하고 오직 영으로
함이니 율법 조문은 죽이는 것이요
영은 살리는 것이니라
7 돌에 써서 새긴 죽게 하는 율법 조
문의 직분도 영광이 있어 이스라엘
자손들은 모세의 얼굴의 없어질 영
광 때문에도 그 얼굴을 주목하지
못하였거든
8 하물며 영의 직분은 더욱 영광이 있
지 아니하겠느냐
9 정죄의 직분도 영광이 있은즉 의의
직분은 영광이 더욱 넘치리라
10 영광되었던 것이 더 큰 영광으로 말
미암아 이에 영광될 것이 없으나
11 없어질 것도 영광으로 말미암았은
즉 길이 있을 것은 더욱 영광 가운
데 있느니라
12 우리가 이같은 소망이 있으므로 담
대히 말하노니
13 우리는 모세가 이스라엘 자손들에
게 장차 없어질 것의 결국을 주목
하지 못하게 하려고 수건을 그 얼
굴에 쓴 것 같이 아니하노라
14 그러나 그들의 마음이 완고하여 오
늘까지도 구약을 읽을 때에 그 수
건이 벗겨지지 아니하고 있으니 그
수건은 그리스도 안에서 없어질 것
이라
15 오늘까지 모세의 글을 읽을 때에
수건이 그 마음을 덮었도다
16 그러나 언제든지 주께로 돌아가면
그 수건이 벗겨지리라
17 주는 영이시니 주의 영이 계신 곳에
는 자유가 있느니라
18 우리가 다 수건을 벗은 얼굴로 거
울을 보는 것 같이 주의 영광을 보
매 그와 같은 형상으로 변화하여
영광에서 영광에 이르니 곧 주의 영
으로 말미암음이니라

4 그러므로 우리가 이 직분을 받아
긍휼하심을 입은 대로 낙심하지 아
니하고
2 이에 숨은 부끄러움의 일을 버리고
속임으로 행하지 아니하며 하나님
의 말씀을 혼잡하게 하지 아니하고
오직 진리를 나타냄으로 하나님 앞
에서 각 사람의 양심에 대하여 스
스로 추천하노라
3 만일 우리의 복음이 가리었으면 망
하는 자들에게 가리어진 것이라
4 그 중에 이 세상의 신이 믿지 아니
하는 자들의 마음을 혼미하게 하여
그리스도의 영광의 복음의 광채가
비치지 못하게 함이니 그리스도는

하나님의 형상이니라
5 우리는 우리를 전파하는 것이 아니
라 오직 그리스도 예수의 주 되신
것과 또 예수를 위하여 우리가 너
희의 종 된 것을 전파함이라
6 어두운 데에 빛이 비치라 말씀하셨
던 그 하나님께서 예수 그리스도의
얼굴에 있는 하나님의 영광을 아는
빛을 우리 마음에 비추셨느니라
7 우리가 이 보배를 질그릇에 가졌으
니 이는 심히 큰 능력은 하나님께
있고 우리에게 있지 아니함을 알게
하려 함이라
8 우리가 사방으로 욱여쌈을 당하여
도 싸이지 아니하며 답답한 일을
당하여도 낙심하지 아니하며
9 박해를 받아도 버린 바 되지 아니
하며 거꾸러뜨림을 당하여도 망하
지 아니하고
10 우리가 항상 예수의 죽음을 몸에
짊어짐은 예수의 생명이 또한 우리
몸에 나타나게 하려 함이라
11 우리 살아 있는 자가 항상 예수를
위하여 죽음에 넘겨짐은 예수의 생
명이 또한 우리 죽을 육체에 나타
나게 하려 함이라
12 그런즉 사망은 우리 안에서 역사하고
생명은 너희 안에서 역사하느니라
13 기록된 바 내가 믿었으므로 말하였
다 한 것 같이 우리가 같은 믿음의
마음을 가졌으니 우리도 믿었으므
로 또한 말하노라
14 주 예수를 다시 살리신 이가 예수
와 함께 우리도 다시 살리사 너희
와 함께 그 앞에 서게 하실 줄을 아
노라
15 이는 모든 것이 너희를 위함이니 많
은 사람의 감사로 말미암아 은혜가
더하여 넘쳐서 하나님께 영광을 돌
리게 하려 함이라
16 그러므로 우리가 낙심하지 아니하
노니 우리의 겉사람은 낡아지나 우
리의 속사람은 날로 새로워지도다
17 우리가 잠시 받는 환난의 경한 것
이 지극히 크고 영원한 영광의 중
한 것을 우리에게 이루게 함이니
18 우리가 주목하는 것은 보이는 것이
아니요 보이지 않는 것이니 보이는
것은 잠깐이요 보이지 않는 것은
영원함이라

5 만일 땅에 있는 우리의 장막 집이
무너지면 하나님께서 지으신 집 곧
손으로 지은 것이 아니요 하늘에
있는 영원한 집이 우리에게 있는 줄
아느니라
2 참으로 우리가 여기 있어 탄식하며
하늘로부터 오는 우리 처소로 덧입
기를 간절히 사모하노라
3 이렇게 입음은 우리가 벗은 자들로
발견되지 않으려 함이라

기록일 : . . .

4 참으로 이 장막에 있는 우리가 짐
진 것 같이 탄식하는 것은 벗고자
함이 아니요 오히려 덧입고자 함이
니 죽을 것이 생명에 삼킨 바 되게
하려 함이라
5 곧 이것을 우리에게 이루게 하시고
보증으로 성령을 우리에게 주신 이
는 하나님이시니라
6 그러므로 우리가 항상 담대하여 몸
으로 있을 때에는 주와 따로 있는
줄을 아노니
7 이는 우리가 믿음으로 행하고 보는
것으로 행하지 아니함이로라
8 우리가 담대하여 원하는 바는 차라
리 몸을 떠나 주와 함께 있는 그것
이라
9 그런즉 우리는 몸으로 있든지 떠나
든지 주를 기쁘시게 하는 자가 되
기를 힘쓰노라
10 이는 우리가 다 반드시 그리스도의
심판대 앞에 나타나게 되어 각각
선악간에 그 몸으로 행한 것을 따
라 받으려 함이라
11 우리는 주의 두려우심을 알므로 사
람들을 권면하거니와 우리가 하나
님 앞에 알리어졌으니 또 너희의 양
심에도 알리어지기를 바라노라
12 우리가 다시 너희에게 자천하는 것
이 아니요 오직 우리로 말미암아 자
랑할 기회를 너희에게 주어 마음으
로 하지 않고 외모로 자랑하는 자들
에게 대답하게 하려 하는 것이라
13 우리가 만일 미쳤어도 하나님을 위
한 것이요 정신이 온전하여도 너희
를 위한 것이니
14 그리스도의 사랑이 우리를 강권하
시는도다 우리가 생각하건대 한 사
람이 모든 사람을 대신하여 죽었은
즉 모든 사람이 죽은 것이라
15 그가 모든 사람을 대신하여 죽으심
은 살아 있는 자들로 하여금 다시
는 그들 자신을 위하여 살지 않고
오직 그들을 대신하여 죽었다가 다
시 살아나신 이를 위하여 살게 하
려 함이라
16 그러므로 우리가 이제부터는 어떤
사람도 육신을 따라 알지 아니하노
라 비록 우리가 그리스도도 육신을
따라 알았으나 이제부터는 그같이
알지 아니하노라
17 그런즉 누구든지 그리스도 안에 있
으면 새로운 피조물이라 이전 것은
지나갔으니 보라 새 것이 되었도다
18 모든 것이 하나님께로서 났으며 그
가 그리스도로 말미암아 우리를 자
기와 화목하게 하시고 또 우리에게
화목하게 하는 직분을 주셨으니
19 곧 하나님께서 그리스도 안에 계시
사 세상을 자기와 화목하게 하시며
그들의 죄를 그들에게 돌리지 아니

기록일 :   .   .   .

하시고 화목하게 하는 말씀을 우리
에게 부탁하셨느니라
20 그러므로 우리가 그리스도를 대신
하여 사신이 되어 하나님이 우리를
통하여 너희를 권면하시는 것 같이
그리스도를 대신하여 간청하노니
너희는 하나님과 화목하라
21 하나님이 죄를 알지도 못하신 이를
우리를 대신하여 죄로 삼으신 것은
우리로 하여금 그 안에서 하나님의
의가 되게 하려 하심이라

6 우리가 하나님과 함께 일하는 자
로서 너희를 권하노니 하나님의 은
혜를 헛되이 받지 말라
2 이르시되 내가 은혜 베풀 때에 너
에게 듣고 구원의 날에 너를 도왔
다 하셨으니 보라 지금은 은혜 받
을 만한 때요 보라 지금은 구원의
날이로다
3 우리가 이 직분이 비방을 받지 않게
하려고 무엇에든지 아무에게도 거
리끼지 않게 하고
4 오직 모든 일에 하나님의 일꾼으로
자천하여 많이 견디는 것과 환난과
궁핍과 고난과
5 매 맞음과 갇힘과 난동과 수고로움
과 자지 못함과 먹지 못함 가운데
서도
6 깨끗함과 지식과 오래 참음과 자
비함과 성령의 감화와 거짓이 없는
사랑과
7 진리의 말씀과 하나님의 능력으로
의의 무기를 좌우에 가지고
8 영광과 욕됨으로 그러했으며 악한
이름과 아름다운 이름으로 그러했
느니라 우리는 속이는 자 같으나
참되고
9 무명한 자 같으나 유명한 자요 죽
은 자 같으나 보라 우리가 살아 있
고 징계를 받는 자 같으나 죽임을
당하지 아니하고
10 근심하는 자 같으나 항상 기뻐하고
가난한 자 같으나 많은 사람을 부
요하게 하고 아무 것도 없는 자 같
으나 모든 것을 가진 자로다
11 고린도인들이여 너희를 향하여 우
리의 입이 열리고 우리의 마음이 넓
어졌으니
12 너희가 우리 안에서 좁아진 것이 아
니라 오직 너희 심정에서 좁아진 것
이니라
13 내가 자녀에게 말하듯 하노니 보답
하는 것으로 너희도 마음을 넓히라
14 너희는 믿지 않는 자와 멍에를 함
께 메지 말라 의와 불법이 어찌 함
께 하며 빛과 어둠이 어찌 사귀며
15 그리스도와 벨리알이 어찌 조화되
며 믿는 자와 믿지 않는 자가 어찌
상관하며
16 하나님의 성전과 우상이 어찌 일치

기록일 : . . .

가 되리요 우리는 살아 계신 하나
님의 성전이라 이와 같이 하나님께
서 이르시되 내가 그들 가운데 거
하며 두루 행하여 나는 그들의 하
나님이 되고 그들은 나의 백성이
되리라
17 그러므로 너희는 그들 중에서 나와
서 따로 있고 부정한 것을 만지지
말라 내가 너희를 영접하여
18 너희에게 아버지가 되고 너희는 내
게 자녀가 되리라 전능하신 주의
말씀이니라 하셨느니라

7 그런즉 사랑하는 자들아 이 약속
을 가진 우리는 하나님을 두려워하
는 가운데서 거룩함을 온전히 이루
어 육과 영의 온갖 더러운 것에서
자신을 깨끗하게 하자
2 마음으로 우리를 영접하라 우리는
아무에게도 불의를 행하지 않고 아
무에게도 해롭게 하지 않고 아무에
게서도 속여 빼앗은 일이 없노라
3 내가 이 말을 하는 것은 너희를 정
죄하려고 하는 것이 아니라 내가
이전에 말하였거니와 너희가 우리
마음에 있어 함께 죽고 함께 살게
하고자 함이라
4 나는 너희를 향하여 담대한 것도
많고 너희를 위하여 자랑하는 것도
많으니 내가 우리의 모든 환난 가
운데서도 위로가 가득하고 기쁨이
넘치는도다
5 우리가 마게도냐에 이르렀을 때에
도 우리 육체가 편하지 못하였고
사방으로 환난을 당하여 밖으로는
다툼이요 안으로는 두려움이었노라
6 그러나 낙심한 자들을 위로하시는
하나님이 디도가 옴으로 우리를 위
로하셨으니
7 그가 온 것뿐 아니요 오직 그가 너
희에게서 받은 그 위로로 위로하고
너희의 사모함과 애통함과 나를 위
하여 열심 있는 것을 우리에게 보
고함으로 나를 더욱 기쁘게 하였느
니라
8 그러므로 내가 편지로 너희를 근심
하게 한 것을 후회하였으나 지금은
후회하지 아니함은 그 편지가 너희
로 잠시만 근심하게 한 줄을 앎이라
9 내가 지금 기뻐함은 너희로 근심하
게 한 까닭이 아니요 도리어 너희
가 근심함으로 회개함에 이른 까닭
이라 너희가 하나님의 뜻대로 근심
하게 된 것은 우리에게서 아무 해
도 받지 않게 하려 함이라
10 하나님의 뜻대로 하는 근심은 후회
할 것이 없는 구원에 이르게 하는
회개를 이루는 것이요 세상 근심은
사망을 이루는 것이니라
11 보라 하나님의 뜻대로 하게 된 이
근심이 너희로 얼마나 간절하게 하

기록일 : . . .

며 얼마나 변증하게 하며 얼마나
분하게 하며 얼마나 두렵게 하며
얼마나 사모하게 하며 얼마나 열심
있게 하며 얼마나 벌하게 하였는가
너희가 그 일에 대하여 일체 너희
자신의 깨끗함을 나타내었느니라
12 그런즉 내가 너희에게 쓴 것은 그
불의를 행한 자를 위한 것도 아니
요 그 불의를 당한 자를 위한 것도
아니요 오직 우리를 위한 너희의
간절함이 하나님 앞에서 너희에게
나타나게 하려 함이로라
13 이로 말미암아 우리가 위로를 받았
고 우리가 받은 위로 위에 디도의
기쁨으로 우리가 더욱 많이 기뻐함
은 그의 마음이 너희 무리로 말미
암아 안심함을 얻었음이라
14 내가 그에게 너희를 위하여 자랑한
것이 있더라도 부끄럽지 아니하니
우리가 너희에게 이른 말이 다 참
된 것 같이 디도 앞에서 우리가 자
랑한 것도 참되게 되었도다
15 그가 너희 모든 사람들이 두려움과
떪으로 자기를 영접하여 순종한 것
을 생각하고 너희를 향하여 그의
심정이 더욱 깊었으니
16 내가 범사에 너희를 신뢰하게 된
것을 기뻐하노라

8

형제들아 하나님께서 마게도냐
교회들에게 주신 은혜를 우리가 너
희에게 알리노니
2 환난의 많은 시련 가운데서 그들의
넘치는 기쁨과 극심한 가난이 그들
의 풍성한 연보를 넘치도록 하게
하였느니라
3 내가 증언하노니 그들이 힘대로 할
뿐 아니라 힘에 지나도록 자원하여
4 이 은혜와 성도 섬기는 일에 참여함
에 대하여 우리에게 간절히 구하니
5 우리가 바라던 것뿐 아니라 그들이
먼저 자신을 주께 드리고 또 하나
님의 뜻을 따라 우리에게 주었도다
6 그러므로 우리가 디도를 권하여 그
가 이미 너희 가운데서 시작하였은
즉 이 은혜를 그대로 성취하게 하
라 하였노라
7 오직 너희는 믿음과 말과 지식과
모든 간절함과 우리를 사랑하는 이
모든 일에 풍성한 것 같이 이 은혜
에도 풍성하게 할지니라
8 내가 명령으로 하는 말이 아니요
오직 다른 이들의 간절함을 가지고
너희의 사랑의 진실함을 증명하고
자 함이로라
9 우리 주 예수 그리스도의 은혜를
너희가 알거니와 부요하신 이로서
너희를 위하여 가난하게 되심은 그
의 가난함으로 말미암아 너희를 부
요하게 하려 하심이라
10 이 일에 관하여 나의 뜻을 알리노

기록일 : . . .

니 이 일은 너희에게 유익함이라 너
희가 일 년 전에 행하기를 먼저 시
작할 뿐 아니라 원하기도 하였은즉
11 이제는 하던 일을 성취할지니 마음
에 원하던 것과 같이 완성하되 있
는 대로 하라
12 할 마음만 있으면 있는 대로 받으
실 터이요 없는 것은 받지 아니하시
리라
13 이는 다른 사람들은 평안하게 하고
너희는 곤고하게 하려는 것이 아니
요 균등하게 하려 함이니
14 이제 너희의 넉넉한 것으로 그들의
부족한 것을 보충함은 후에 그들의
넉넉한 것으로 너희의 부족한 것을
보충하여 균등하게 하려 함이라
15 기록된 것 같이 많이 거둔 자도 남
지 아니하였고 적게 거둔 자도 모
자라지 아니하였느니라
16 너희를 위하여 같은 간절함을 디도
의 마음에도 주시는 하나님께 감사
하노니
17 그가 권함을 받고 더욱 간절함으로
자원하여 너희에게 나아갔고
18 또 그와 함께 그 형제를 보내었으
니 이 사람은 복음으로써 모든 교
회에서 칭찬을 받는 자요
19 이뿐 아니라 그는 동일한 주의 영
광과 우리의 원을 나타내기 위하여
여러 교회의 택함을 받아 우리가
맡은 은혜의 일로 우리와 동행하는
자라
20 이것을 조심함은 우리가 맡은 이 거
액의 연보에 대하여 아무도 우리를
비방하지 못하게 하려 함이니
21 이는 우리가 주 앞에서뿐 아니라
사람 앞에서도 선한 일에 조심하려
함이라
22 또 그들과 함께 우리의 한 형제를
보내었노니 우리는 그가 여러 가지
일에 간절한 것을 여러 번 확인하였
거니와 이제 그가 너희를 크게 믿
으므로 더욱 간절하니라
23 디도로 말하면 나의 동료요 너희를
위한 나의 동역자요 우리 형제들로
말하면 여러 교회의 사자들이요 그
리스도의 영광이니라
24 그러므로 너희는 여러 교회 앞에서
너희의 사랑과 너희에 대한 우리
자랑의 증거를 그들에게 보이라

9 성도를 섬기는 일에 대하여는 내
가 너희에게 쓸 필요가 없나니
2 이는 내가 너희의 원함을 앎이라
내가 너희를 위하여 마게도냐인들
에게 아가야에서는 일 년 전부터
준비하였다는 것을 자랑하였는데
과연 너희의 열심이 퍽 많은 사람들
을 분발하게 하였느니라
3 그런데 이 형제들을 보낸 것은 이
일에 너희를 위한 우리의 자랑이

기록일 :   .   .   .

헛되지 않고 내가 말한 것 같이 준
비하게 하려 함이라
4 혹 마게도냐인들이 나와 함께 가서
너희가 준비하지 아니한 것을 보면
너희는 고사하고 우리가 이 믿던
것에 부끄러움을 당할까 두려워하
노라
5 그러므로 내가 이 형제들로 먼저 너
희에게 가서 너희가 전에 약속한
연보를 미리 준비하게 하도록 권면
하는 것이 필요한 줄 생각하였노니
이렇게 준비하여야 참 연보답고 억
지가 아니니라
6 이것이 곧 적게 심는 자는 적게 거
두고 많이 심는 자는 많이 거둔다
하는 말이로다
7 각각 그 마음에 정한 대로 할 것이
요 인색함으로나 억지로 하지 말지
니 하나님은 즐겨 내는 자를 사랑
하시느니라
8 하나님이 능히 모든 은혜를 너희에
게 넘치게 하시나니 이는 너희로 모
든 일에 항상 모든 것이 넉넉하여
모든 착한 일을 넘치게 하게 하려
하심이라
9 기록된 바 그가 흩어 가난한 자들
에게 주었으니 그의 의가 영원토록
있느니라 함과 같으니라
10 심는 자에게 씨와 먹을 양식을 주
시는 이가 너희 심을 것을 주사 풍
성하게 하시고 너희 의의 열매를
더하게 하시리니
11 너희가 모든 일에 넉넉하여 너그럽
게 연보를 함은 그들이 우리로 말
미암아 하나님께 감사하게 하는 것
이라
12 이 봉사의 직무가 성도들의 부족한
것을 보충할 뿐 아니라 사람들이
하나님께 드리는 많은 감사로 말미
암아 넘쳤느니라
13 이 직무로 증거를 삼아 너희가 그
리스도의 복음을 진실히 믿고 복종
하는 것과 그들과 모든 사람을 섬
기는 너희의 후한 연보로 말미암아
하나님께 영광을 돌리고
14 또 그들이 너희를 위하여 간구하며
하나님이 너희에게 주신 지극한 은
혜로 말미암아 너희를 사모하느니라
15 말할 수 없는 그의 은사로 말미암
아 하나님께 감사하노라

10

너희를 대면하면 유순하고 떠나
있으면 너희에 대하여 담대한 나
바울은 이제 그리스도의 온유와 관
용으로 친히 너희를 권하고
2 또한 우리를 육신에 따라 행하는
자로 여기는 자들에 대하여 내가
담대히 대하는 것 같이 너희와 함
께 있을 때에 나로 하여금 이 담대
한 태도로 대하지 않게 하기를 구
하노라

기록일 : . . .

3 우리가 육신으로 행하나 육신에 따
라 싸우지 아니하노니
4 우리의 싸우는 무기는 육신에 속한
것이 아니요 오직 어떤 견고한 진도
무너뜨리는 하나님의 능력이라 모
든 이론을 무너뜨리며
5 하나님 아는 것을 대적하여 높아진
것을 다 무너뜨리고 모든 생각을
사로잡아 그리스도에게 복종하게
하니
6 너희의 복종이 온전하게 될 때에
모든 복종하지 않는 것을 벌하려고
준비하는 중에 있노라
7 너희는 외모만 보는도다 만일 사람
이 자기가 그리스도에게 속한 줄을
믿을진대 자기가 그리스도에게 속
한 것 같이 우리도 그러한 줄을 자
기 속으로 다시 생각할 것이라
8 주께서 주신 권세는 너희를 무너뜨
리려고 하신 것이 아니요 세우려고
하신 것이니 내가 이에 대하여 지나
치게 자랑하여도 부끄럽지 아니하
리라
9 이는 내가 편지들로 너희를 놀라게
하려는 것 같이 생각하지 않게 함
이라
10 그들의 말이 그의 편지들은 무게가
있고 힘이 있으나 그가 몸으로 대
할 때는 약하고 그 말도 시원하지
않다 하니
11 이런 사람은 우리가 떠나 있을 때
에 편지들로 말하는 것과 함께 있
을 때에 행하는 일이 같은 것임을
알지라
12 우리는 자기를 칭찬하는 어떤 자와
더불어 감히 짝하며 비교할 수 없
노라 그러나 그들이 자기로써 자기
를 헤아리고 자기로써 자기를 비교
하니 지혜가 없도다
13 그러나 우리는 분수 이상의 자랑을
하지 않고 오직 하나님이 우리에게
나누어 주신 그 범위의 한계를 따
라 하노니 곧 너희에게까지 이른
것이라
14 우리가 너희에게 미치지 못할 자로
서 스스로 지나쳐 나아간 것이 아니
요 그리스도의 복음으로 너희에게
까지 이른 것이라
15 우리는 남의 수고를 가지고 분수
이상의 자랑을 하는 것이 아니라
오직 너희 믿음이 자랄수록 우리의
규범을 따라 너희 가운데서 더욱
풍성하여지기를 바라노라
16 이는 남의 규범으로 이루어 놓은
것으로 자랑하지 아니하고 너희 지
역을 넘어 복음을 전하려 함이라
17 자랑하는 자는 주 안에서 자랑할지
니라
18 옳다 인정함을 받는 자는 자기를
칭찬하는 자가 아니요 오직 주께서

기록일 : . . .

칭찬하시는 자니라

11

원하건대 너희는 나의 좀 어리석
은 것을 용납하라 청하건대 나를
용납하라
2 내가 하나님의 열심으로 너희를 위
하여 열심을 내노니 내가 너희를
정결한 처녀로 한 남편인 그리스도
께 드리려고 중매함이로다 그러나
나는
3 뱀이 그 간계로 하와를 미혹한 것
같이 너희 마음이 그리스도를 향하
는 진실함과 깨끗함에서 떠나 부패
할까 두려워하노라
4 만일 누가 가서 우리가 전파하지
아니한 다른 예수를 전파하거나 혹
은 너희가 받지 아니한 다른 영을
받게 하거나 혹은 너희가 받지 아
니한 다른 복음을 받게 할 때에는
너희가 잘 용납하는구나
5 나는 지극히 크다는 사도들보다 부
족한 것이 조금도 없는 줄로 생각
하노라
6 내가 비록 말에는 부족하나 지식에
는 그렇지 아니하니 이것을 우리가
모든 사람 가운데서 모든 일로 너
희에게 나타내었노라
7 내가 너희를 높이려고 나를 낮추어
하나님의 복음을 값없이 너희에게
전함으로 죄를 지었느냐
8 내가 너희를 섬기기 위하여 다른 여
러 교회에서 비용을 받은 것은 탈
취한 것이라
9 또 내가 너희와 함께 있을 때 비용
이 부족하였으되 아무에게도 누를
끼치지 아니하였음은 마게도냐에서
온 형제들이 나의 부족한 것을 보
충하였음이라 내가 모든 일에 너희
에게 폐를 끼치지 않기 위하여 스
스로 조심하였고 또 조심하리라
10 그리스도의 진리가 내 속에 있으니
아가야 지방에서 나의 이 자랑이
막히지 아니하리라
11 어떠한 까닭이냐 내가 너희를 사랑
하지 아니함이냐 하나님이 아시느
니라
12 나는 내가 해 온 그대로 앞으로도
하리니 기회를 찾는 자들이 그 자
랑하는 일로 우리와 같이 인정 받
으려는 그 기회를 끊으려 함이라
13 그런 사람들은 거짓 사도요 속이는
일꾼이니 자기를 그리스도의 사도
로 가장하는 자들이니라
14 이것은 이상한 일이 아니니라 사탄
도 자기를 광명의 천사로 가장하
나니
15 그러므로 사탄의 일꾼들도 자기를
의의 일꾼으로 가장하는 것이 또한
대단한 일이 아니니라 그들의 마지
막은 그 행위대로 되리라
16 내가 다시 말하노니 누구든지 나를

기록일 : . . .

어리석은 자로 여기지 말라 만일 그
러하더라도 내가 조금 자랑할 수
있도록 어리석은 자로 받으라
17 내가 말하는 것은 주를 따라 하는
말이 아니요 오직 어리석은 자와 같
이 기탄 없이 자랑하노라
18 여러 사람이 육신을 따라 자랑하니
나도 자랑하겠노라
19 너희는 지혜로운 자로서 어리석은
자들을 기쁘게 용납하는구나
20 누가 너희를 종으로 삼거나 잡아먹
거나 빼앗거나 스스로 높이거나 뺨
을 칠지라도 너희가 용납하는도다
21 나는 우리가 약한 것 같이 욕되게
말하노라 그러나 누가 무슨 일에
담대하면 어리석은 말이나마 나도
담대하리라
22 그들이 히브리인이냐 나도 그러하
며 그들이 이스라엘인이냐 나도 그
러하며 그들이 아브라함의 후손이
냐 나도 그러하며
23 그들이 그리스도의 일꾼이냐 정신
없는 말을 하거니와 나는 더욱 그
러하도다 내가 수고를 넘치도록 하
고 옥에 갇히기도 더 많이 하고 매
도 수없이 맞고 여러 번 죽을 뻔하
였으니
24 유대인들에게 사십에서 하나 감한
매를 다섯 번 맞았으며
25 세 번 태장으로 맞고 한 번 돌로 맞
고 세 번 파선하고 일 주야를 깊은
바다에서 지냈으며
26 여러 번 여행하면서 강의 위험과 강
도의 위험과 동족의 위험과 이방
인의 위험과 시내의 위험과 광야의
위험과 바다의 위험과 거짓 형제
중의 위험을 당하고
27 또 수고하며 애쓰고 여러 번 자지
못하고 주리며 목마르고 여러 번
굶고 춥고 헐벗었노라
28 이 외의 일은 고사하고 아직도 날
마다 내 속에 눌리는 일이 있으니
곧 모든 교회를 위하여 염려하는
것이라
29 누가 약하면 내가 약하지 아니하며
누가 실족하게 되면 내가 애타지
아니하더냐
30 내가 부득불 자랑할진대 내가 약한
것을 자랑하리라
31 주 예수의 아버지 영원히 찬송할
하나님이 내가 거짓말 아니하는 것
을 아시느니라
32 다메섹에서 아레다 왕의 고관이 나
를 잡으려고 다메섹 성을 지켰으나
33 나는 광주리를 타고 들창문으로 성
벽을 내려가 그 손에서 벗어났노라

12 무익하나마 내가 부득불 자랑하
노니 주의 환상과 계시를 말하리라
2 내가 그리스도 안에 있는 한 사람
을 아노니 그는 십사 년 전에 셋째

기록일 : . . .

하늘에 이끌려 간 자라 (그가 몸 안
에 있었는지 몸 밖에 있었는지 나는
모르거니와 하나님은 아시느니라)
3 내가 이런 사람을 아노니 (그가 몸
안에 있었는지 몸 밖에 있었는지
나는 모르거니와 하나님은 아시느
니라)
4 그가 낙원으로 이끌려 가서 말로
표현할 수 없는 말을 들었으니 사
람이 가히 이르지 못할 말이로다
5 내가 이런 사람을 위하여 자랑하겠
으나 나를 위하여는 약한 것들 외
에 자랑하지 아니하리라
6 내가 만일 자랑하고자 하여도 어리
석은 자가 되지 아니할 것은 내가
참말을 함이라 그러나 누가 나를 보
는 바와 내게 듣는 바에 지나치게
생각할까 두려워하여 그만두노라
7 여러 계시를 받은 것이 지극히 크
므로 너무 자만하지 않게 하시려고
내 육체에 가시 곧 사탄의 사자를
주셨으니 이는 나를 쳐서 너무 자만
하지 않게 하려 하심이라
8 이것이 내게서 떠나가게 하기 위하
여 내가 세 번 주께 간구하였더니
9 나에게 이르시기를 내 은혜가 네게
족하도다 이는 내 능력이 약한 데
서 온전하여짐이라 하신지라 그러
므로 도리어 크게 기뻐함으로 나의
여러 약한 것들에 대하여 자랑하리
니 이는 그리스도의 능력이 내게 머
물게 하려 함이라
10 그러므로 내가 그리스도를 위하여
약한 것들과 능욕과 궁핍과 박해와
곤고를 기뻐하노니 이는 내가 약한
그 때에 강함이라
11 내가 어리석은 자가 되었으나 너희
가 억지로 시킨 것이니 나는 너희
에게 칭찬을 받아야 마땅하도다 내
가 아무 것도 아니나 지극히 크다
는 사도들보다 조금도 부족하지 아
니하니라
12 사도의 표가 된 것은 내가 너희 가
운데서 모든 참음과 표적과 기사와
능력을 행한 것이라
13 내 자신이 너희에게 폐를 끼치지
아니한 일밖에 다른 교회보다 부족
하게 한 것이 무엇이 있느냐 너희는
나의 이 공평하지 못한 것을 용서
하라
14 보라 내가 이제 세 번째 너희에게
가기를 준비하였으나 너희에게 폐
를 끼치지 아니하리라 내가 구하는
것은 너희의 재물이 아니요 오직 너
희니라 어린 아이가 부모를 위하여
재물을 저축하는 것이 아니요 부모
가 어린 아이를 위하여 하느니라
15 내가 너희 영혼을 위하여 크게 기
뻐하므로 재물을 사용하고 또 내
자신까지도 내어 주리니 너희를 더

기록일 : . . .

욱 사랑할수록 나는 사랑을 덜 받
겠느냐
16 하여간 어떤 이의 말이 내가 너희
에게 짐을 지우지는 아니하였을지
라도 교활한 자가 되어 너희를 속
임수로 취하였다 하니
17 내가 너희에게 보낸 자 중에 누구
로 너희의 이득을 취하더냐
18 내가 디도를 권하고 함께 한 형제
를 보내었으니 디도가 너희의 이득
을 취하더냐 우리가 동일한 성령으
로 행하지 아니하더냐 동일한 보조
로 하지 아니하더냐
19 너희는 이 때까지 우리가 자기 변명
을 하는 줄로 생각하는구나 우리는
그리스도 안에서 하나님 앞에 말하
노라 사랑하는 자들아 이 모든 것은
너희의 덕을 세우기 위함이니라
20 내가 갈 때에 너희를 내가 원하는
것과 같이 보지 못하고 또 내가 너
희에게 너희가 원하지 않는 것과
같이 보일까 두려워하며 또 다툼과
시기와 분냄과 당 짓는 것과 비방
과 수군거림과 거만함과 혼란이 있
을까 두려워하고
21 또 내가 다시 갈 때에 내 하나님이
나를 너희 앞에서 낮추실까 두려워
하고 또 내가 전에 죄를 지은 여러
사람의 그 행한 바 더러움과 음란
함과 호색함을 회개하지 아니함 때
문에 슬퍼할까 두려워하노라

13

내가 이제 세 번째 너희에게 가리
니 두세 증인의 입으로 말마다 확
정하리라
2 내가 이미 말하였거니와 지금 떠나
있으나 두 번째 대면하였을 때와
같이 전에 죄 지은 자들과 그 남은
모든 사람에게 미리 말하노니 내가
다시 가면 용서하지 아니하리라
3 이는 그리스도께서 내 안에서 말씀
하시는 증거를 너희가 구함이니 그
는 너희에게 대하여 약하지 않고
도리어 너희 안에서 강하시니라
4 그리스도께서 약하심으로 십자가에
못 박히셨으나 하나님의 능력으로
살아 계시니 우리도 그 안에서 약
하나 너희에게 대하여 하나님의 능
력으로 그와 함께 살리라
5 너희는 믿음 안에 있는가 너희 자
신을 시험하고 너희 자신을 확증하
라 예수 그리스도께서 너희 안에
계신 줄을 너희가 스스로 알지 못
하느냐 그렇지 않으면 너희는 버림
받은 자니라
6 우리가 버림 받은 자 되지 아니한
것을 너희가 알기를 내가 바라고
7 우리가 하나님께서 너희로 악을 조
금도 행하지 않게 하시기를 구하
노니 이는 우리가 옳은 자임을 나
타내고자 함이 아니라 오직 우리는

기록일 : . . .

버림 받은 자 같을지라도 너희는
선을 행하게 하고자 함이라
8 우리는 진리를 거슬러 아무 것도 할
수 없고 오직 진리를 위할 뿐이니
9 우리가 약할 때에 너희가 강한 것
을 기뻐하고 또 이것을 위하여 구
하니 곧 너희가 온전하게 되는 것
이라
10 그러므로 내가 떠나 있을 때에 이
렇게 쓰는 것은 대면할 때에 주께
서 너희를 넘어뜨리려 하지 않고 세
우려 하여 내게 주신 그 권한을 따
라 엄하지 않게 하려 함이라
11 마지막으로 말하노니 형제들아 기
뻐하라 온전하게 되며 위로를 받으
며 마음을 같이하며 평안할지어다
또 사랑과 평강의 하나님이 너희와
함께 계시리라 거룩하게 입맞춤으
로 서로 문안하라
12 모든 성도가 너희에게 문안하느니라
13 주 예수 그리스도의 은혜와 하나님
의 사랑과 성령의 교통하심이 너희
무리와 함께 있을지어다

기록일 : . . .

GALATIANS

갈라디아서

저　자	사도 바울
주　제	예수 그리스도를 믿음으로 얻는 구원과 자유
기록목적	'구원이 율법의 행위로 말미암아 이루어진다'는 잘못된 가르침에 대하여 '구원은 오직 믿음을 통해서만 이루어진다'는 참된 복음을 선포하기 위해 기록되었다. 아울러 그리스도의 복음은 율법의 얽매임에서 우리를 해방시키고 사랑의 법 안에서 자유를 준다는 진리를 변증하고 있다.
기록배경	갈라디아 교회는 사도 바울이 떠난 후 얼마 안 되어 율법을 강조하는 유대인들이 들어와서 율법을 지켜야 구원받는다는 잘못된 교리를 전함으로 혼돈에 빠져 있었다. 거짓 교사들은 바울의 사도권을 부정하고 믿음으로 의롭다 함을 얻는 십자가 신앙을 반대함으로써 복음을 왜곡하고 있었다. 이러한 갈라디아 교회의 상황을 전해 들은 바울은 제3차 전도 여행 도중 마게도냐에서 본서를 기록하였다.
특　징	본 서신은 '믿음으로 말미암아 의롭다 하심을 얻는다'는 이신득의以信得義의 진리를 집중적으로 선포하고 있다. 또한 율법과 복음을 대조함으로써 믿음을 가진 이후에 율법주의로 되돌아가려는 경향에 대하여 경고하고 있다.

나의 기도

갈라디아서

1 사람들에게서 난 것도 아니요 사
람으로 말미암은 것도 아니요 오직
예수 그리스도와 그를 죽은 자 가
운데서 살리신 하나님 아버지로 말
미암아 사도 된 바울은
2 함께 있는 모든 형제와 더불어 갈
라디아 여러 교회들에게
3 우리 하나님 아버지와 주 예수 그
리스도로부터 은혜와 평강이 있기
를 원하노라
4 그리스도께서 하나님 곧 우리 아버
지의 뜻을 따라 이 악한 세대에서
우리를 건지시려고 우리 죄를 대속
하기 위하여 자기 몸을 주셨으니
5 영광이 그에게 세세토록 있을지어
다 아멘
6 그리스도의 은혜로 너희를 부르신
이를 이같이 속히 떠나 다른 복음
을 따르는 것을 내가 이상하게 여
기노라
7 다른 복음은 없나니 다만 어떤 사
람들이 너희를 교란하여 그리스도
의 복음을 변하게 하려 함이라
8 그러나 우리나 혹은 하늘로부터 온
천사라도 우리가 너희에게 전한 복
음 외에 다른 복음을 전하면 저주
를 받을지어다
9 우리가 전에 말하였거니와 내가 지
금 다시 말하노니 만일 누구든지
너희가 받은 것 외에 다른 복음을
전하면 저주를 받을지어다
10 이제 내가 사람들에게 좋게 하랴
하나님께 좋게 하랴 사람들에게 기
쁨을 구하랴 내가 지금까지 사람들
의 기쁨을 구하였다면 그리스도의
종이 아니니라
11 형제들아 내가 너희에게 알게 하노
니 내가 전한 복음은 사람의 뜻을
따라 된 것이 아니니라
12 이는 내가 사람에게서 받은 것도
아니요 배운 것도 아니요 오직 예
수 그리스도의 계시로 말미암은 것
이라
13 내가 이전에 유대교에 있을 때에
행한 일을 너희가 들었거니와 하나
님의 교회를 심히 박해하여 멸하고
14 내가 내 동족 중 여러 연갑자보다
유대교를 지나치게 믿어 내 조상
의 전통에 대하여 더욱 열심이 있었
으나
15 그러나 내 어머니의 태로부터 나를
택정하시고 그의 은혜로 나를 부르
신 이가
16 그의 아들을 이방에 전하기 위하여
그를 내 속에 나타내시기를 기뻐하
셨을 때에 내가 곧 혈육과 의논하

기록일 : . . .

지 아니하고
17 또 나보다 먼저 사도 된 자들을 만
나려고 예루살렘으로 가지 아니하
고 아라비아로 갔다가 다시 다메섹
으로 돌아갔노라
18 그 후 삼 년 만에 내가 게바를 방문
하려고 예루살렘에 올라가서 그와
함께 십오 일을 머무는 동안
19 주의 형제 야고보 외에 다른 사도
들을 보지 못하였노라
20 보라 내가 너희에게 쓰는 것은 하
나님 앞에서 거짓말이 아니로다
21 그 후에 내가 수리아와 길리기아
지방에 이르렀으나
22 그리스도 안에 있는 유대의 교회들
이 나를 얼굴로는 알지 못하고
23 다만 우리를 박해하던 자가 전에
멸하려던 그 믿음을 지금 전한다 함
을 듣고
24 나로 말미암아 하나님께 영광을 돌
리니라

2 십사 년 후에 내가 바나바와 함께
디도를 데리고 다시 예루살렘에 올
라갔나니
2 계시를 따라 올라가 내가 이방 가
운데서 전파하는 복음을 그들에게
제시하되 유력한 자들에게 사사로
이 한 것은 내가 달음질하는 것이
나 달음질한 것이 헛되지 않게 하려
함이라
3 그러나 나와 함께 있는 헬라인 디
도까지도 억지로 할례를 받게 하지
아니하였으니
4 이는 가만히 들어온 거짓 형제들
때문이라 그들이 가만히 들어온 것
은 그리스도 예수 안에서 우리가
가진 자유를 엿보고 우리를 종으로
삼고자 함이로되
5 그들에게 우리가 한시도 복종하지
아니하였으니 이는 복음의 진리가
항상 너희 가운데 있게 하려 함이라
6 유력하다는 이들 중에 (본래 어떤
이들이든지 내게 상관이 없으며 하
나님은 사람을 외모로 취하지 아니
하시나니) 저 유력한 이들은 내게
의무를 더하여 준 것이 없고
7 도리어 그들은 내가 무할례자에게
복음 전함을 맡은 것이 베드로가 할
례자에게 맡음과 같은 것을 보았고
8 베드로에게 역사하사 그를 할례자
의 사도로 삼으신 이가 또한 내게
역사하사 나를 이방인의 사도로 삼
으셨느니라
9 또 기둥 같이 여기는 야고보와 게
바와 요한도 내게 주신 은혜를 알
므로 나와 바나바에게 친교의 악수
를 하였으니 우리는 이방인에게로,
그들은 할례자에게로 가게 하려 함
이라
10 다만 우리에게 가난한 자들을 기억

하도록 부탁하였으니 이것은 나도
본래부터 힘써 행하여 왔노라
11 게바가 안디옥에 이르렀을 때에 책
망 받을 일이 있기로 내가 그를 대
면하여 책망하였노라
12 야고보에게서 온 어떤 이들이 이르
기 전에 게바가 이방인과 함께 먹
다가 그들이 오매 그가 할례자들을
두려워하여 떠나 물러가매
13 남은 유대인들도 그와 같이 외식하
므로 바나바도 그들의 외식에 유혹
되었느니라
14 그러므로 나는 그들이 복음의 진리
를 따라 바르게 행하지 아니함을
보고 모든 자 앞에서 게바에게 이
르되 네가 유대인으로서 이방인을
따르고 유대인답게 살지 아니하면
서 어찌하여 억지로 이방인을 유대
인답게 살게 하려느냐 하였노라
15 우리는 본래 유대인이요 이방 죄인
이 아니로되
16 사람이 의롭게 되는 것은 율법의
행위로 말미암음이 아니요 오직 예
수 그리스도를 믿음으로 말미암는
줄 알므로 우리도 그리스도 예수를
믿나니 이는 우리가 율법의 행위로
써가 아니고 그리스도를 믿음으로
써 의롭다 함을 얻으려 함이라 율
법의 행위로써는 의롭다 함을 얻을
육체가 없느니라
17 만일 우리가 그리스도 안에서 의롭
게 되려 하다가 죄인으로 드러나면
그리스도께서 죄를 짓게 하는 자냐
결코 그럴 수 없느니라
18 만일 내가 헐었던 것을 다시 세우면
내가 나를 범법한 자로 만드는 것
이라
19 내가 율법으로 말미암아 율법에 대
하여 죽었나니 이는 하나님에 대하
여 살려 함이라
20 내가 그리스도와 함께 십자가에 못
박혔나니 그런즉 이제는 내가 사
는 것이 아니요 오직 내 안에 그리
스도께서 사시는 것이라 이제 내가
육체 가운데 사는 것은 나를 사랑
하사 나를 위하여 자기 자신을 버
리신 하나님의 아들을 믿는 믿음
안에서 사는 것이라
21 내가 하나님의 은혜를 폐하지 아니
하노니 만일 의롭게 되는 것이 율
법으로 말미암으면 그리스도께서
헛되이 죽으셨느니라

3 어리석도다 갈라디아 사람들아
예수 그리스도께서 십자가에 못 박
히신 것이 너희 눈 앞에 밝히 보이
거늘 누가 너희를 꾀더냐
2 내가 너희에게서 다만 이것을 알려
하노니 너희가 성령을 받은 것이
율법의 행위로냐 혹은 듣고 믿음으
로냐

기록일 : . . .

3 너희가 이같이 어리석으냐 성령으
로 시작하였다가 이제는 육체로 마
치겠느냐
4 너희가 이같이 많은 괴로움을 헛되
이 받았느냐 과연 헛되냐
5 너희에게 성령을 주시고 너희 가운
데서 능력을 행하시는 이의 일이 율
법의 행위에서냐 혹은 듣고 믿음에
서냐
6 아브라함이 하나님을 믿으매 그것
을 그에게 의로 정하셨다 함과 같
으니라
7 그런즉 믿음으로 말미암은 자들은
아브라함의 자손인 줄 알지어다
8 또 하나님이 이방을 믿음으로 말미
암아 의로 정하실 것을 성경이 미리
알고 먼저 아브라함에게 복음을 전
하되 모든 이방인이 너로 말미암아
복을 받으리라 하였느니라
9 그러므로 믿음으로 말미암은 자는
믿음이 있는 아브라함과 함께 복을
받느니라
10 무릇 율법 행위에 속한 자들은 저
주 아래에 있나니 기록된 바 누구
든지 율법 책에 기록된 대로 모든
일을 항상 행하지 아니하는 자는
저주 아래에 있는 자라 하였음이라
11 또 하나님 앞에서 아무도 율법으로
말미암아 의롭게 되지 못할 것이
분명하니 이는 의인은 믿음으로 살
리라 하였음이라
12 율법은 믿음에서 난 것이 아니니 율
법을 행하는 자는 그 가운데서 살
리라 하였느니라
13 그리스도께서 우리를 위하여 저주
를 받은 바 되사 율법의 저주에서
우리를 속량하셨으니 기록된 바 나
무에 달린 자마다 저주 아래에 있
는 자라 하였음이라
14 이는 그리스도 예수 안에서 아브라
함의 복이 이방인에게 미치게 하고
또 우리로 하여금 믿음으로 말미암
아 성령의 약속을 받게 하려 함이라
15 형제들아 내가 사람의 예대로 말하
노니 사람의 언약이라도 정한 후에
는 아무도 폐하거나 더하거나 하지
못하느니라
16 이 약속들은 아브라함과 그 자손에
게 말씀하신 것인데 여럿을 가리켜
그 자손들이라 하지 아니하시고 오
직 한 사람을 가리켜 네 자손이라
하셨으니 곧 그리스도라
17 내가 이것을 말하노니 하나님께서
미리 정하신 언약을 사백삼십 년 후
에 생긴 율법이 폐기하지 못하고
그 약속을 헛되게 하지 못하리라
18 만일 그 유업이 율법에서 난 것이면
약속에서 난 것이 아니리라 그러나
하나님이 약속으로 말미암아 아브
라함에게 주신 것이라

기록일 : . . .

19 그런즉 율법은 무엇이냐 범법하므
로 더하여진 것이라 천사들을 통하
여 한 중보자의 손으로 베푸신 것
인데 약속하신 자손이 오시기까지
있을 것이라
20 그 중보자는 한 편만 위한 자가 아
니나 하나님은 한 분이시니라
21 그러면 율법이 하나님의 약속들과
반대되는 것이냐 결코 그럴 수 없
느니라 만일 능히 살게 하는 율법
을 주셨더라면 의가 반드시 율법으
로 말미암았으리라
22 그러나 성경이 모든 것을 죄 아래
에 가두었으니 이는 예수 그리스도
를 믿음으로 말미암는 약속을 믿는
자들에게 주려 함이라
23 믿음이 오기 전에 우리는 율법 아래
에 매인 바 되고 계시될 믿음의 때
까지 갇혔느니라
24 이같이 율법이 우리를 그리스도께
로 인도하는 초등교사가 되어 우리
로 하여금 믿음으로 말미암아 의롭
다 함을 얻게 하려 함이라
25 믿음이 온 후로는 우리가 초등교사
아래에 있지 아니하도다
26 너희가 다 믿음으로 말미암아 그리
스도 예수 안에서 하나님의 아들이
되었으니
27 누구든지 그리스도와 합하기 위하
여 침례를 받은 자는 그리스도로
옷 입었느니라
28 너희는 유대인이나 헬라인이나 종
이나 자유인이나 남자나 여자나 다
그리스도 예수 안에서 하나이니라
29 너희가 그리스도의 것이면 곧 아브
라함의 자손이요 약속대로 유업을
이을 자니라

4 내가 또 말하노니 유업을 이을 자
가 모든 것의 주인이나 어렸을 동
안에는 종과 다름이 없어서
2 그 아버지가 정한 때까지 후견인과
청지기 아래에 있나니
3 이와 같이 우리도 어렸을 때에 이
세상의 초등학문 아래에 있어서 종
노릇 하였더니
4 때가 차매 하나님이 그 아들을 보
내사 여자에게서 나게 하시고 율법
아래에 나게 하신 것은
5 율법 아래에 있는 자들을 속량하시
고 우리로 아들의 명분을 얻게 하
려 하심이라
6 너희가 아들이므로 하나님이 그 아
들의 영을 우리 마음 가운데 보내
사 아빠 아버지라 부르게 하셨느
니라
7 그러므로 네가 이 후로는 종이 아
니요 아들이니 아들이면 하나님으
로 말미암아 유업을 받을 자니라
8 그러나 너희가 그 때에는 하나님을
알지 못하여 본질상 하나님이 아닌

기록일 : . . .

자들에게 종 노릇 하였더니
9 이제는 너희가 하나님을 알 뿐 아
니라 더욱이 하나님이 아신 바 되었
거늘 어찌하여 다시 약하고 천박한
초등학문으로 돌아가서 다시 그들
에게 종 노릇 하려 하느냐
10 너희가 날과 달과 절기와 해를 삼
가 지키니
11 내가 너희를 위하여 수고한 것이
헛될까 두려워하노라
12 형제들아 내가 너희와 같이 되었은
즉 너희도 나와 같이 되기를 구하
노라 너희가 내게 해롭게 하지 아
니하였느니라
13 내가 처음에 육체의 약함으로 말
미암아 너희에게 복음을 전한 것을
너희가 아는 바라
14 너희를 시험하는 것이 내 육체에
있으되 이것을 너희가 업신여기지
도 아니하며 버리지도 아니하고 오
직 나를 하나님의 천사와 같이 또
는 그리스도 예수와 같이 영접하였
도다
15 너희의 복이 지금 어디 있느냐 내가
너희에게 증언하노니 너희가 할 수
만 있었더라면 너희의 눈이라도 빼
어 나에게 주었으리라
16 그런즉 내가 너희에게 참된 말을
하므로 원수가 되었느냐
17 그들이 너희에게 대하여 열심 내는
것은 좋은 뜻이 아니요 오직 너희
를 이간시켜 너희로 그들에게 대하
여 열심을 내게 하려 함이라
18 좋은 일에 대하여 열심으로 사모함
을 받음은 내가 너희를 대하였을
때뿐 아니라 언제든지 좋으니라
19 나의 자녀들아 너희 속에 그리스도
의 형상을 이루기까지 다시 너희를
위하여 해산하는 수고를 하노니
20 내가 이제라도 너희와 함께 있어
내 언성을 높이려 함은 너희에 대
하여 의혹이 있음이라
21 내게 말하라 율법 아래에 있고자 하
는 자들아 율법을 듣지 못하였느냐
22 기록된 바 아브라함에게 두 아들
이 있으니 하나는 여종에게서, 하나
는 자유 있는 여자에게서 났다 하였
으며
23 여종에게서는 육체를 따라 났고 자
유 있는 여자에게서는 약속으로 말
미암았느니라
24 이것은 비유니 이 여자들은 두 언약
이라 하나는 시내 산으로부터 종을
낳은 자니 곧 하갈이라
25 이 하갈은 아라비아에 있는 시내
산으로서 지금 있는 예루살렘과 같
은 곳이니 그가 그 자녀들과 더불
어 종 노릇 하고
26 오직 위에 있는 예루살렘은 자유자
니 곧 우리 어머니라

기록일 : . . .

27 기록된 바 잉태하지 못한 자여 즐
거워하라 산고를 모르는 자여 소리
질러 외치라 이는 홀로 사는 자의
자녀가 남편 있는 자의 자녀보다
많음이라 하였으니
28 형제들아 너희는 이삭과 같이 약속
의 자녀라
29 그러나 그 때에 육체를 따라 난 자
가 성령을 따라 난 자를 박해한 것
같이 이제도 그러하도다
30 그러나 성경이 무엇을 말하느냐 여
종과 그 아들을 내쫓으라 여종의
아들이 자유 있는 여자의 아들과
더불어 유업을 얻지 못하리라 하였
느니라
31 그런즉 형제들아 우리는 여종의 자
녀가 아니요 자유 있는 여자의 자
녀니라

5 그리스도께서 우리를 자유롭게
하려고 자유를 주셨으니 그러므로
굳건하게 서서 다시는 종의 멍에를
메지 말라
2 보라 나 바울은 너희에게 말하노니
너희가 만일 할례를 받으면 그리스
도께서 너희에게 아무 유익이 없으
리라
3 내가 할례를 받는 각 사람에게 다
시 증언하노니 그는 율법 전체를
행할 의무를 가진 자라
4 율법 안에서 의롭다 함을 얻으려
하는 너희는 그리스도에게서 끊어
지고 은혜에서 떨어진 자로다
5 우리가 성령으로 믿음을 따라 의의
소망을 기다리노니
6 그리스도 예수 안에서는 할례나 무
할례나 효력이 없으되 사랑으로써
역사하는 믿음뿐이니라
7 너희가 달음질을 잘 하더니 누가
너희를 막아 진리를 순종하지 못하
게 하더냐
8 그 권면은 너희를 부르신 이에게서
난 것이 아니니라
9 적은 누룩이 온 덩이에 퍼지느니라
10 나는 너희가 아무 다른 마음을 품
지 아니할 줄을 주 안에서 확신하
노라 그러나 너희를 요동하게 하는
자는 누구든지 심판을 받으리라
11 형제들아 내가 지금까지 할례를 전
한다면 어찌하여 지금까지 박해를
받으리요 그리하였으면 십자가의
걸림돌이 제거되었으리니
12 너희를 어지럽게 하는 자들은 스스
로 베어 버리기를 원하노라
13 형제들아 너희가 자유를 위하여 부
르심을 입었으나 그러나 그 자유로
육체의 기회를 삼지 말고 오직 사
랑으로 서로 종 노릇 하라
14 온 율법은 네 이웃 사랑하기를 네
자신 같이 하라 하신 한 말씀에서
이루어졌나니

기록일 : . . .

15 만일 서로 물고 먹으면 피차 멸망할
까 조심하라
16 내가 이르노니 너희는 성령을 따라
행하라 그리하면 육체의 욕심을 이
루지 아니하리라
17 육체의 소욕은 성령을 거스르고 성
령은 육체를 거스르나니 이 둘이 서
로 대적함으로 너희가 원하는 것을
하지 못하게 하려 함이니라
18 너희가 만일 성령의 인도하시는 바
가 되면 율법 아래에 있지 아니하
리라
19 육체의 일은 분명하니 곧 음행과
더러운 것과 호색과
20 우상 숭배와 주술과 원수 맺는 것
과 분쟁과 시기와 분냄과 당 짓는
것과 분열함과 이단과
21 투기와 술 취함과 방탕함과 또 그
와 같은 것들이라 전에 너희에게
경계한 것 같이 경계하노니 이런 일
을 하는 자들은 하나님의 나라를
유업으로 받지 못할 것이요
22 오직 성령의 열매는 사랑과 희락과
화평과 오래 참음과 자비와 양선과
충성과
23 온유와 절제니 이같은 것을 금지할
법이 없느니라
24 그리스도 예수의 사람들은 육체와
함께 그 정욕과 탐심을 십자가에
못 박았느니라
25 만일 우리가 성령으로 살면 또한 성
령으로 행할지니
26 헛된 영광을 구하여 서로 노엽게
하거나 서로 투기하지 말지니라

6

형제들아 사람이 만일 무슨 범죄
한 일이 드러나거든 신령한 너희는
온유한 심령으로 그러한 자를 바로
잡고 너 자신을 살펴보아 너도 시험
을 받을까 두려워하라
2 너희가 짐을 서로 지라 그리하여 그
리스도의 법을 성취하라
3 만일 누가 아무 것도 되지 못하고
된 줄로 생각하면 스스로 속임이라
4 각각 자기의 일을 살피라 그리하면
자랑할 것이 자기에게는 있어도 남
에게는 있지 아니하리니
5 각각 자기의 짐을 질 것이라
6 가르침을 받는 자는 말씀을 가르치
는 자와 모든 좋은 것을 함께 하라
7 스스로 속이지 말라 하나님은 업신
여김을 받지 아니하시나니 사람이
무엇으로 심든지 그대로 거두리라
8 자기의 육체를 위하여 심는 자는
육체로부터 썩어질 것을 거두고 성
령을 위하여 심는 자는 성령으로부
터 영생을 거두리라
9 우리가 선을 행하되 낙심하지 말지
니 포기하지 아니하면 때가 이르매
거두리라
10 그러므로 우리는 기회 있는 대로

기록일 : . . .

모든 이에게 착한 일을 하되 더욱
믿음의 가정들에게 할지니라
11 내 손으로 너희에게 이렇게 큰 글
자로 쓴것을 보라
12 무릇 육체의 모양을 내려 하는 자
들이 억지로 너희에게 할례를 받게
함은 그들이 그리스도의 십자가로
말미암아 박해를 면하려 함뿐이라
13 할례를 받은 그들이라도 스스로 율
법은 지키지 아니하고 너희에게 할
례를 받게 하려 하는 것은 그들이
너희의 육체로 자랑하려 함이라
14 그러나 내게는 우리 주 예수 그리
스도의 십자가 외에 결코 자랑할
것이 없으니 그리스도로 말미암아
세상이 나를 대하여 십자가에 못
박히고 내가 또한 세상을 대하여
그러하니라
15 할례나 무할례가 아무 것도 아니로
되 오직 새로 지으심을 받는 것만
이 중요하니라
16 무릇 이 규례를 행하는 자에게와
하나님의 이스라엘에게 평강과 긍
휼이 있을지어다
17 이 후로는 누구든지 나를 괴롭게
하지 말라 내가 내 몸에 예수의 흔
적을 지니고 있노라
18 형제들아 우리 주 예수 그리스도
의 은혜가 너희 심령에 있을지어다
아멘

기록일 : . . .

EPHESIANS

에베소서

저 자 사도 바울

주 제 그리스도의 몸 된 교회

기록목적 교회의 의미를 설명하고, 그리스도의 몸 된 교회를 이루는 성도들이 하나님의 뜻을 이루기 위해 어떻게 생활해야 할 것인가를 가르쳐 주기 위해 기록되었다.

기록배경 주전 11세기에 건설된 에베소는 소아시아의 항구 도시로서 정치, 상업, 문화, 교통의 중심지였으며 여신 아데미의 신전이 있어서 우상 숭배가 성행하던 지역이었다행 19:26-28. 바울은 제3차 전도 여행 중 에베소의 두란노 서원에서 2년간 매일 하나님의 말씀을 강론함으로써행 19:8-20 에베소 교회를 세웠다. 이 서신은 그 후 에베소를 떠나 로마로 간 바울이 감옥에 갇혀 있는 동안에 기록하였다엡 3:1; 4:1; 6:20.

특 징 에베소서의 특징은 교회론이다. 본 서신에는 '교회란 머리 되신 그리스도를 중심으로 하여 유대인이나 이방인이나 모든 믿는 자들이 연합되어 있는 그리스도의 몸이다' 라는 교회관이 뚜렷이 나타나고 있다.

나의 기도

에베소서

1 하나님의 뜻으로 말미암아 그리
스도 예수의 사도 된 바울은 에베
소에 있는 성도들과 그리스도 예수
안에 있는 신실한 자들에게 편지하
노니
2 하나님 우리 아버지와 주 예수 그
리스도로부터 은혜와 평강이 너희
에게 있을지어다
3 찬송하리로다 하나님 곧 우리 주
예수 그리스도의 아버지께서 그리
스도 안에서 하늘에 속한 모든 신
령한 복을 우리에게 주시되
4 곧 창세 전에 그리스도 안에서 우
리를 택하사 우리로 사랑 안에서
그 앞에 거룩하고 흠이 없게 하시
려고
5 그 기쁘신 뜻대로 우리를 예정하사
예수 그리스도로 말미암아 자기의
아들들이 되게 하셨으니
6 이는 그가 사랑하시는 자 안에서 우
리에게 거저 주시는 바 그의 은혜의
영광을 찬송하게 하려는 것이라
7 우리는 그리스도 안에서 그의 은혜
의 풍성함을 따라 그의 피로 말미암
아 속량 곧 죄 사함을 받았느니라
8 이는 그가 모든 지혜와 총명을 우
리에게 넘치게 하사
9 그 뜻의 비밀을 우리에게 알리신 것
이요 그의 기뻐하심을 따라 그리스
도 안에서 때가 찬 경륜을 위하여
예정하신 것이니
10 하늘에 있는 것이나 땅에 있는 것
이 다 그리스도 안에서 통일되게
하려 하심이라
11 모든 일을 그의 뜻의 결정대로 일
하시는 이의 계획을 따라 우리가
예정을 입어 그 안에서 기업이 되었
으니
12 이는 우리가 그리스도 안에서 전부
터 바라던 그의 영광의 찬송이 되
게 하려 하심이라
13 그 안에서 너희도 진리의 말씀 곧
너희의 구원의 복음을 듣고 그 안
에서 또한 믿어 약속의 성령으로 인
치심을 받았으니
14 이는 우리 기업의 보증이 되사 그
얻으신 것을 속량하시고 그의 영광
을 찬송하게 하려 하심이라
15 이로 말미암아 주 예수 안에서 너
희 믿음과 모든 성도를 향한 사랑
을 나도 듣고
16 내가 기도할 때에 기억하며 너희로
말미암아 감사하기를 그치지 아니
하고
17 우리 주 예수 그리스도의 하나님,
영광의 아버지께서 지혜와 계시의

기록일 : . . .

영을 너희에게 주사 하나님을 알게
하시고
18 너희 마음의 눈을 밝히사 그의 부
르심의 소망이 무엇이며 성도 안에
서 그 기업의 영광의 풍성함이 무엇
이며
19 그의 힘의 위력으로 역사하심을 따
라 믿는 우리에게 베푸신 능력의
지극히 크심이 어떠한 것을 너희로
알게 하시기를 구하노라
20 그의 능력이 그리스도 안에서 역사
하사 죽은 자들 가운데서 다시 살
리시고 하늘에서 자기의 오른편에
앉히사
21 모든 통치와 권세와 능력과 주권과
이 세상뿐 아니라 오는 세상에 일
컫는 모든 이름 위에 뛰어나게 하
시고
22 또 만물을 그의 발 아래에 복종하
게 하시고 그를 만물 위에 교회의
머리로 삼으셨느니라
23 교회는 그의 몸이니 만물 안에서
만물을 충만하게 하시는 이의 충만
함이니라

2

그는 허물과 죄로 죽었던 너희를
살리셨도다
2 그 때에 너희는 그 가운데서 행하
여 이 세상 풍조를 따르고 공중의
권세 잡은 자를 따랐으니 곧 지금
불순종의 아들들 가운데서 역사하
는 영이라
3 전에는 우리도 다 그 가운데서 우
리 육체의 욕심을 따라 지내며 육
체와 마음의 원하는 것을 하여 다
른 이들과 같이 본질상 진노의 자
녀이었더니
4 긍휼이 풍성하신 하나님이 우리를
사랑하신 그 큰 사랑을 인하여
5 허물로 죽은 우리를 그리스도와 함
께 살리셨고 (너희는 은혜로 구원
을 받은 것이라)
6 또 함께 일으키사 그리스도 예수
안에서 함께 하늘에 앉히시니
7 이는 그리스도 예수 안에서 우리에
게 자비하심으로써 그 은혜의 지극
히 풍성함을 오는 여러 세대에 나
타내려 하심이라
8 너희는 그 은혜에 의하여 믿음으로
말미암아 구원을 받았으니 이것은
너희에게서 난 것이 아니요 하나님
의 선물이라
9 행위에서 난 것이 아니니 이는 누구
든지 자랑하지 못하게 함이라
10 우리는 그가 만드신 바라 그리스도
예수 안에서 선한 일을 위하여 지
으심을 받은 자니 이 일은 하나님이
전에 예비하사 우리로 그 가운데서
행하게 하려 하심이니라
11 그러므로 생각하라 너희는 그 때
에 육체로는 이방인이요 손으로 육

기록일 : . . .

체에 행한 할례를 받은 무리라 칭
하는 자들로부터 할례를 받지 않은
무리라 칭함을 받는 자들이라
12 그 때에 너희는 그리스도 밖에 있
었고 이스라엘 나라 밖의 사람이라
약속의 언약들에 대하여는 외인이
요 세상에서 소망이 없고 하나님도
없는 자이더니
13 이제는 전에 멀리 있던 너희가 그리
스도 예수 안에서 그리스도의 피로
가까워졌느니라
14 그는 우리의 화평이신지라 둘로 하
나를 만드사 원수 된 것 곧 중간에
막힌 담을 자기 육체로 허시고
15 법조문으로 된 계명의 율법을 폐하
셨으니 이는 이 둘로 자기 안에서
한 새 사람을 지어 화평하게 하시고
16 또 십자가로 이 둘을 한 몸으로 하
나님과 화목하게 하려 하심이라 원
수 된 것을 십자가로 소멸하시고
17 또 오셔서 먼 데 있는 너희에게 평
안을 전하시고 가까운 데 있는 자
들에게 평안을 전하셨으니
18 이는 그로 말미암아 우리 둘이 한
성령 안에서 아버지께 나아감을 얻
게 하려 하심이라
19 그러므로 이제부터 너희는 외인도
아니요 나그네도 아니요 오직 성도
들과 동일한 시민이요 하나님의 권
속이라
20 너희는 사도들과 선지자들의 터 위
에 세우심을 입은 자라 그리스도
예수께서 친히 모퉁잇돌이 되셨느
니라
21 그의 안에서 건물마다 서로 연결하
여 주 안에서 성전이 되어 가고
22 너희도 성령 안에서 하나님이 거하
실 처소가 되기 위하여 그리스도
예수 안에서 함께 지어져 가느니라

3

이러므로 그리스도 예수의 일로
너희 이방인을 위하여 갇힌 자 된
나 바울이 말하거니와
2 너희를 위하여 내게 주신 하나님의
그 은혜의 경륜을 너희가 들었을
터이라
3 곧 계시로 내게 비밀을 알게 하신
것은 내가 먼저 간단히 기록함과
같으니
4 그것을 읽으면 내가 그리스도의 비
밀을 깨달은 것을 너희가 알 수 있
으리라
5 이제 그의 거룩한 사도들과 선지자
들에게 성령으로 나타내신 것 같이
다른 세대에서는 사람의 아들들에
게 알리지 아니하셨으니
6 이는 이방인들이 복음으로 말미암
아 그리스도 예수 안에서 함께 상
속자가 되고 함께 지체가 되고 함
께 약속에 참여하는 자가 됨이라
7 이 복음을 위하여 그의 능력이 역

기록일 : . . .

사하시는 대로 내게 주신 하나님의
은혜의 선물을 따라 내가 일꾼이
되었노라
8 모든 성도 중에 지극히 작은 자보다
더 작은 나에게 이 은혜를 주신 것
은 측량할 수 없는 그리스도의 풍성
함을 이방인에게 전하게 하시고
9 영원부터 만물을 창조하신 하나님
속에 감추어졌던 비밀의 경륜이 어
떠한 것을 드러내게 하려 하심이라
10 이는 이제 교회로 말미암아 하늘에
있는 통치자들과 권세들에게 하나
님의 각종 지혜를 알게 하려 하심
이니
11 곧 영원부터 우리 주 그리스도 예
수 안에서 예정하신 뜻대로 하신
것이라
12 우리가 그 안에서 그를 믿음으로
말미암아 담대함과 확신을 가지고
하나님께 나아감을 얻느니라
13 그러므로 너희에게 구하노니 너희
를 위한 나의 여러 환난에 대하여
낙심하지 말라 이는 너희의 영광이
니라
14 이러므로 내가 하늘과 땅에 있는
각 족속에게
15 이름을 주신 아버지 앞에 무릎을
꿇고 비노니
16 그의 영광의 풍성함을 따라 그의
성령으로 말미암아 너희 속사람을
능력으로 강건하게 하시오며
17 믿음으로 말미암아 그리스도께서
너희 마음에 계시게 하시옵고 너희
가 사랑 가운데서 뿌리가 박히고
터가 굳어져서
18 능히 모든 성도와 함께 지식에 넘
치는 그리스도의 사랑을 알고
19 그 너비와 길이와 높이와 깊이가 어
떠함을 깨달아 하나님의 모든 충만
하신 것으로 너희에게 충만하게 하
시기를 구하노라
20 우리 가운데서 역사하시는 능력대
로 우리가 구하거나 생각하는 모든
것에 더 넘치도록 능히 하실 이에게
21 교회 안에서와 그리스도 예수 안에
서 영광이 대대로 영원무궁하기를
원하노라 아멘

4

그러므로 주 안에서 갇힌 내가 너
희를 권하노니 너희가 부르심을 받
은 일에 합당하게 행하여
2 모든 겸손과 온유로 하고 오래 참
음으로 사랑 가운데서 서로 용납
하고
3 평안의 매는 줄로 성령이 하나 되
게 하신 것을 힘써 지키라
4 몸이 하나요 성령도 한 분이시니 이
와 같이 너희가 부르심의 한 소망
안에서 부르심을 받았느니라
5 주도 한 분이시요 믿음도 하나요
침례도 하나요

기록일 : . . .

6 하나님도 한 분이시니 곧 만유의 아
버지시라 만유 위에 계시고 만유를
통일하시고 만유 가운데 계시도다
7 우리 각 사람에게 그리스도의 선물
의 분량대로 은혜를 주셨나니
8 그러므로 이르기를 그가 위로 올라
가실 때에 사로잡혔던 자들을 사로
잡으시고 사람들에게 선물을 주셨
다 하였도다
9 올라가셨다 하였은즉 땅 아래 낮은
곳으로 내리셨던 것이 아니면 무엇
이냐
10 내리셨던 그가 곧 모든 하늘 위에
오르신 자니 이는 만물을 충만하게
하려 하심이라
11 그가 어떤 사람은 사도로, 어떤 사
람은 선지자로, 어떤 사람은 복음
전하는 자로, 어떤 사람은 목사와
교사로 삼으셨으니
12 이는 성도를 온전하게 하여 봉사의
일을 하게 하며 그리스도의 몸을
세우려 하심이라
13 우리가 다 하나님의 아들을 믿는
것과 아는 일에 하나가 되어 온전
한 사람을 이루어 그리스도의 장성
한 분량이 충만한 데까지 이르리니
14 이는 우리가 이제부터 어린 아이가
되지 아니하여 사람의 속임수와 간
사한 유혹에 빠져 온갖 교훈의 풍
조에 밀려 요동하지 않게 하려 함
이라
15 오직 사랑 안에서 참된 것을 하여
범사에 그에게까지 자랄지라 그는
머리니 곧 그리스도라
16 그에게서 온 몸이 각 마디를 통하
여 도움을 받음으로 연결되고 결합
되어 각 지체의 분량대로 역사하여
그 몸을 자라게 하며 사랑 안에서
스스로 세우느니라
17 그러므로 내가 이것을 말하며 주
안에서 증언하노니 이제부터 너희
는 이방인이 그 마음의 허망한 것
으로 행함 같이 행하지 말라
18 그들의 총명이 어두워지고 그들 가
운데 있는 무지함과 그들의 마음이
굳어짐으로 말미암아 하나님의 생
명에서 떠나 있도다
19 그들이 감각 없는 자가 되어 자신
을 방탕에 방임하여 모든 더러운
것을 욕심으로 행하되
20 오직 너희는 그리스도를 그같이 배
우지 아니하였느니라
21 진리가 예수 안에 있는 것 같이 너
희가 참으로 그에게서 듣고 또한
그 안에서 가르침을 받았을진대
22 너희는 유혹의 욕심을 따라 썩어져
가는 구습을 따르는 옛 사람을 벗
어 버리고
23 오직 너희의 심령이 새롭게 되어
24 하나님을 따라 의와 진리의 거룩함

기록일 : . . .

으로 지으심을 받은 새 사람을 입
으라
25 그런즉 거짓을 버리고 각각 그 이웃
과 더불어 참된 것을 말하라 이는
우리가 서로 지체가 됨이라
26 분을 내어도 죄를 짓지 말며 해가
지도록 분을 품지 말고
27 마귀에게 틈을 주지 말라
28 도둑질하는 자는 다시 도둑질하지
말고 돌이켜 가난한 자에게 구제할
수 있도록 자기 손으로 수고하여
선한 일을 하라
29 무릇 더러운 말은 너희 입 밖에도
내지 말고 오직 덕을 세우는 데 소
용되는 대로 선한 말을 하여 듣는
자들에게 은혜를 끼치게 하라
30 하나님의 성령을 근심하게 하지 말
라 그 안에서 너희가 구원의 날까
지 인치심을 받았느니라
31 너희는 모든 악독과 노함과 분냄과
떠드는 것과 비방하는 것을 모든
악의와 함께 버리고
32 서로 친절하게 하며 불쌍히 여기며
서로 용서하기를 하나님이 그리스
도 안에서 너희를 용서하심과 같이
하라

5 그러므로 사랑을 받는 자녀 같이
너희는 하나님을 본받는 자가 되고
2 그리스도께서 너희를 사랑하신 것
같이 너희도 사랑 가운데서 행하라
그는 우리를 위하여 자신을 버리사
향기로운 제물과 희생제물로 하나
님께 드리셨느니라
3 음행과 온갖 더러운 것과 탐욕은
너희 중에서 그 이름조차도 부르
지 말라 이는 성도에게 마땅한 바
니라
4 누추함과 어리석은 말이나 희롱의
말이 마땅치 아니하니 오히려 감사
하는 말을 하라
5 너희도 정녕 이것을 알거니와 음행
하는 자나 더러운 자나 탐하는 자
곧 우상 숭배자는 다 그리스도와
하나님의 나라에서 기업을 얻지 못
하리니
6 누구든지 헛된 말로 너희를 속이지
못하게 하라 이로 말미암아 하나님
의 진노가 불순종의 아들들에게 임
하나니
7 그러므로 그들과 함께 하는 자가
되지 말라
8 너희가 전에는 어둠이더니 이제는
주 안에서 빛이라 빛의 자녀들처럼
행하라
9 빛의 열매는 모든 착함과 의로움과
진실함에 있느니라
10 주를 기쁘시게 할 것이 무엇인가 시
험하여 보라
11 너희는 열매 없는 어둠의 일에 참여
하지 말고 도리어 책망하라

기록일 : . . .

12 그들이 은밀히 행하는 것들은 말하
기도 부끄러운 것들이라
13 그러나 책망을 받는 모든 것은 빛
으로 말미암아 드러나나니 드러나
는 것마다 빛이니라
14 그러므로 이르시기를 잠자는 자여
깨어서 죽은 자들 가운데서 일어나
라 그리스도께서 너에게 비추이시
리라 하셨느니라
15 그런즉 너희가 어떻게 행할지를 자
세히 주의하여 지혜 없는 자 같이
하지 말고 오직 지혜 있는 자 같이
하여
16 세월을 아끼라 때가 악하니라
17 그러므로 어리석은 자가 되지 말고
오직 주의 뜻이 무엇인가 이해하라
18 술 취하지 말라 이는 방탕한 것이
니 오직 성령으로 충만함을 받으라
19 시와 찬송과 신령한 노래들로 서로
화답하며 너희의 마음으로 주께 노
래하며 찬송하며
20 범사에 우리 주 예수 그리스도의
이름으로 항상 아버지 하나님께 감
사하며
21 그리스도를 경외함으로 피차 복종
하라
22 아내들이여 자기 남편에게 복종하
기를 주께 하듯 하라
23 이는 남편이 아내의 머리 됨이 그리
스도께서 교회의 머리 됨과 같음이
니 그가 바로 몸의 구주시니라
24 그러므로 교회가 그리스도에게 하
듯 아내들도 범사에 자기 남편에게
복종할지니라
25 남편들아 아내 사랑하기를 그리스
도께서 교회를 사랑하시고 그 교회
를 위하여 자신을 주심 같이 하라
26 이는 곧 물로 씻어 말씀으로 깨끗
하게 하사 거룩하게 하시고
27 자기 앞에 영광스러운 교회로 세우
사 티나 주름 잡힌 것이나 이런 것
들이 없이 거룩하고 흠이 없게 하려
하심이라
28 이와 같이 남편들도 자기 아내 사
랑하기를 자기 자신과 같이 할지니
자기 아내를 사랑하는 자는 자기를
사랑하는 것이라
29 누구든지 언제나 자기 육체를 미워
하지 않고 오직 양육하여 보호하기
를 그리스도께서 교회에게 함과 같
이 하나니
30 우리는 그 몸의 지체임이라
31 그러므로 사람이 부모를 떠나 그의
아내와 합하여 그 둘이 한 육체가
될지니
32 이 비밀이 크도다 나는 그리스도와
교회에 대하여 말하노라
33 그러나 너희도 각각 자기의 아내
사랑하기를 자신 같이 하고 아내도
자기 남편을 존경하라

기록일 : . . .

6

자녀들아 주 안에서 너희 부모에
게 순종하라 이것이 옳으니라
2 네 아버지와 어머니를 공경하라 이
것은 약속이 있는 첫 계명이니
3 이로써 네가 잘되고 땅에서 장수하
리라
4 또 아비들아 너희 자녀를 노엽게
하지 말고 오직 주의 교훈과 훈계
로 양육하라
5 종들아 두려워하고 떨며 성실한 마
음으로 육체의 상전에게 순종하기
를 그리스도께 하듯 하라
6 눈가림만 하여 사람을 기쁘게 하는
자처럼 하지 말고 그리스도의 종들
처럼 마음으로 하나님의 뜻을 행
하고
7 기쁜 마음으로 섬기기를 주께 하듯
하고 사람들에게 하듯 하지 말라
8 이는 각 사람이 무슨 선을 행하든
지 종이나 자유인이나 주께로부터
그대로 받을 줄을 앎이라
9 상전들아 너희도 그들에게 이와 같
이 하고 위협을 그치라 이는 그들
과 너희의 상전이 하늘에 계시고
그에게는 사람을 외모로 취하는 일
이 없는 줄 너희가 앎이라
10 끝으로 너희가 주 안에서와 그 힘
의 능력으로 강건하여지고
11 마귀의 간계를 능히 대적하기 위하
여 하나님의 전신 갑주를 입으라
12 우리의 씨름은 혈과 육을 상대하는
것이 아니요 통치자들과 권세들과
이 어둠의 세상 주관자들과 하늘에
있는 악의 영들을 상대함이라
13 그러므로 하나님의 전신 갑주를 취
하라 이는 악한 날에 너희가 능히
대적하고 모든 일을 행한 후에 서
기 위함이라
14 그런즉 서서 진리로 너희 허리 띠를
띠고 의의 호심경을 붙이고
15 평안의 복음이 준비한 것으로 신을
신고
16 모든 것 위에 믿음의 방패를 가지
고 이로써 능히 악한 자의 모든 불
화살을 소멸하고
17 구원의 투구와 성령의 검 곧 하나
님의 말씀을 가지라
18 모든 기도와 간구를 하되 항상 성
령 안에서 기도하고 이를 위하여
깨어 구하기를 항상 힘쓰며 여러 성
도를 위하여 구하라
19 또 나를 위하여 구할 것은 내게 말
씀을 주사 나로 입을 열어 복음의
비밀을 담대히 알리게 하옵소서 할
것이니
20 이 일을 위하여 내가 쇠사슬에 매
인 사신이 된 것은 나로 이 일에 당
연히 할 말을 담대히 하게 하려 하
심이라
21 나의 사정 곧 내가 무엇을 하는지

기록일 : . . .

너희에게도 알리려 하노니 사랑을
받은 형제요 주 안에서 진실한 일
꾼인 두기고가 모든 일을 너희에게
알리리라
22 우리 사정을 알리고 또 너희 마음
을 위로하기 위하여 내가 특별히
그를 너희에게 보내었노라

23 아버지 하나님과 주 예수 그리스도
께로부터 평안과 믿음을 겸한 사랑
이 형제들에게 있을지어다
24 우리 주 예수 그리스도를 변함 없
이 사랑하는 모든 자에게 은혜가
있을지어다

기록일 : . . .

PHILIPPIANS

빌립보서

저　자　　사도 바울

주　제　　그리스도 안에 있는 기쁨

기록목적　　감옥에 갇혀 있던 바울은 빌립보 교회에 대한 소식을 에바브로디도를 통해 듣고 빌립보 교인들에 대한 사랑과 권면을 전하고자 본 서신을 기록하였다. 바울은 자신이 투옥된 상황은 복음의 퇴보가 아니라 오히려 복음의 진보임을 밝힘으로써 빌립보 교인들이 일치와 기쁨을 누리도록 권면하였다.

기록배경　　사도 바울은 주후 50년경 제2차 전도 여행 때 로마군의 전초 기지이며 각종 철학, 종교, 우상이 성행하던 빌립보에 교회를 세웠다. 바울은 많은 교회들을 돌보았지만 빌립보 교회에 대해서는 특별한 애정을 나타냈다. 빌립보 교회가 사도 바울의 복음 전파 사역을 적극적으로 도왔으며 다른 교회와 바울의 '주고받는 일'이 없을 때에도 지속적으로 바울을 도왔기 때문이다4:15. 그러나 빌립보 교회에도 내부적인 문제들이 있었다. 할례를 주장하는 유대주의자들로 인한 분쟁3:1-3, 유오디아와 순두게를 중심으로 일어난 분열4:2, 바울의 투옥으로 인한 갈등2:19-24 문제 등이 그것들이었다.

특　징

- 빌립보서는 '기쁨' 이라는 단어가 16번이나 등장할 만큼 기쁨을 강조하고 있다. 빌립보서 자체가 기쁨의 표현이다.
- 사도 바울과 빌립보 교회 간의 뜨거운 사랑의 관계는 주의 종과 성도의 관계가 어떠해야 하는가를 보여 준다.

나의 기도

빌립보서

1 그리스도 예수의 종 바울과 디모
데는 그리스도 예수 안에서 빌립보
에 사는 모든 성도와 또한 감독들
과 집사들에게 편지하노니
2 하나님 우리 아버지와 주 예수 그
리스도로부터 은혜와 평강이 너희
에게 있을지어다
3 내가 너희를 생각할 때마다 나의
하나님께 감사하며
4 간구할 때마다 너희 무리를 위하여
기쁨으로 항상 간구함은
5 너희가 첫날부터 이제까지 복음을
위한 일에 참여하고 있기 때문이라
6 너희 안에서 착한 일을 시작하신 이
가 그리스도 예수의 날까지 이루실
줄을 우리는 확신하노라
7 내가 너희 무리를 위하여 이와 같
이 생각하는 것이 마땅하니 이는
너희가 내 마음에 있음이며 나의
매임과 복음을 변명함과 확정함에
너희가 다 나와 함께 은혜에 참여
한 자가 됨이라
8 내가 예수 그리스도의 심장으로 너
희 무리를 얼마나 사모하는지 하나
님이 내 증인이시니라
9 내가 기도하노라 너희 사랑을 지식
과 모든 총명으로 점점 더 풍성하
게 하사
10 너희로 지극히 선한 것을 분별하며
또 진실하여 허물 없이 그리스도의
날까지 이르고
11 예수 그리스도로 말미암아 의의 열
매가 가득하여 하나님의 영광과 찬
송이 되기를 원하노라
12 형제들아 내가 당한 일이 도리어
복음 전파에 진전이 된 줄을 너희
가 알기를 원하노라
13 이러므로 나의 매임이 그리스도 안
에서 모든 시위대 안과 그 밖의 모
든 사람에게 나타났으니
14 형제 중 다수가 나의 매임으로 말
미암아 주 안에서 신뢰함으로 겁
없이 하나님의 말씀을 더욱 담대히
전하게 되었느니라
15 어떤 이들은 투기와 분쟁으로, 어
떤 이들은 착한 뜻으로 그리스도를
전파하나니
16 이들은 내가 복음을 변증하기 위하
여 세우심을 받은 줄 알고 사랑으
로 하나
17 그들은 나의 매임에 괴로움을 더하
게 할 줄로 생각하여 순수하지 못
하게 다툼으로 그리스도를 전파하
느니라
18 그러면 무엇이냐 겉치레로 하나 참
으로 하나 무슨 방도로 하든지 전

기록일 : . . .

파되는 것은 그리스도니 이로써 나
는 기뻐하고 또한 기뻐하리라
19 이것이 너희의 간구와 예수 그리스
도의 성령의 도우심으로 나를 구원
에 이르게 할 줄 아는 고로
20 나의 간절한 기대와 소망을 따라
아무 일에든지 부끄러워하지 아니
하고 지금도 전과 같이 온전히 담
대하여 살든지 죽든지 내 몸에서
그리스도가 존귀하게 되게 하려 하
나니
21 이는 내게 사는 것이 그리스도니
죽는 것도 유익함이라
22 그러나 만일 육신으로 사는 이것이
내 일의 열매일진대 무엇을 택해야
할는지 나는 알지 못하노라
23 내가 그 둘 사이에 끼었으니 차라
리 세상을 떠나서 그리스도와 함께
있는 것이 훨씬 더 좋은 일이라 그
렇게 하고 싶으나
24 내가 육신으로 있는 것이 너희를
위하여 더 유익하리라
25 내가 살 것과 너희 믿음의 진보와
기쁨을 위하여 너희 무리와 함께
거할 이것을 확실히 아노니
26 내가 다시 너희와 같이 있음으로 그
리스도 예수 안에서 너희 자랑이 나
로 말미암아 풍성하게 하려 함이라
27 오직 너희는 그리스도의 복음에 합
당하게 생활하라 이는 내가 너희에
게 가 보나 떠나 있으나 너희가 한
마음으로 서서 한 뜻으로 복음의
신앙을 위하여 협력하는 것과
28 무슨 일에든지 대적하는 자들 때
문에 두려워하지 아니하는 이 일을
듣고자 함이라 이것이 그들에게는
멸망의 증거요 너희에게는 구원의
증거니 이는 하나님께로부터 난 것
이라
29 그리스도를 위하여 너희에게 은혜
를 주신 것은 다만 그를 믿을 뿐 아
니라 또한 그를 위하여 고난도 받
게 하려 하심이라
30 너희에게도 그와 같은 싸움이 있으
니 너희가 내 안에서 본 바요 이제
도 내 안에서 듣는 바니라

2

그러므로 그리스도 안에 무슨
권면이나 사랑의 무슨 위로나 성령
의 무슨 교제나 긍휼이나 자비가 있
거든
2 마음을 같이하여 같은 사랑을 가지
고 뜻을 합하며 한마음을 품어
3 아무 일에든지 다툼이나 허영으로
하지 말고 오직 겸손한 마음으로
각각 자기보다 남을 낫게 여기고
4 각각 자기 일을 돌볼뿐더러 또한
각각 다른 사람들의 일을 돌보아
나의 기쁨을 충만하게 하라
5 너희 안에 이 마음을 품으라 곧 그
리스도 예수의 마음이니

기록일 : . . .

6 그는 근본 하나님의 본체시나 하나
님과 동등됨을 취할 것으로 여기지
아니하시고
7 오히려 자기를 비워 종의 형체를
가지사 사람들과 같이 되셨고
8 사람의 모양으로 나타나사 자기를
낮추시고 죽기까지 복종하셨으니
곧 십자가에 죽으심이라
9 이러므로 하나님이 그를 지극히 높
여 모든 이름 위에 뛰어난 이름을
주사
10 하늘에 있는 자들과 땅에 있는 자
들과 땅 아래에 있는 자들로 모든
무릎을 예수의 이름에 꿇게 하시고
11 모든 입으로 예수 그리스도를 주라
시인하여 하나님 아버지께 영광을
돌리게 하셨느니라
12 그러므로 나의 사랑하는 자들아
너희가 나 있을 때뿐 아니라 더욱
지금 나 없을 때에도 항상 복종하여
두렵고 떨림으로 너희 구원을 이
루라
13 너희 안에서 행하시는 이는 하나님
이시니 자기의 기쁘신 뜻을 위하여
너희에게 소원을 두고 행하게 하시
나니
14 모든 일을 원망과 시비가 없이 하라
15 이는 너희가 흠이 없고 순전하여 어
그러지고 거스르는 세대 가운데서
하나님의 흠 없는 자녀로 세상에서
그들 가운데 빛들로 나타내며
16 생명의 말씀을 밝혀 나의 달음질이
헛되지 아니하고 수고도 헛되지 아
니함으로 그리스도의 날에 내가 자
랑할 것이 있게 하려 함이라
17 만일 너희 믿음의 제물과 섬김 위
에 내가 나를 전제로 드릴지라도
나는 기뻐하고 너희 무리와 함께
기뻐하리니
18 이와 같이 너희도 기뻐하고 나와
함께 기뻐하라
19 내가 디모데를 속히 너희에게 보내
기를 주 안에서 바람은 너희의 사
정을 앎으로 안위를 받으려 함이니
20 이는 뜻을 같이하여 너희 사정을 진
실히 생각할 자가 이밖에 내게 없
음이라
21 그들이 다 자기 일을 구하고 그리
스도 예수의 일을 구하지 아니하되
22 디모데의 연단을 너희가 아나니 자
식이 아버지에게 함같이 나와 함께
복음을 위하여 수고하였느니라
23 그러므로 내가 내 일이 어떻게 될
지를 보아서 곧 이 사람을 보내기
를 바라고
24 나도 속히 가게 될 것을 주 안에서
확신하노라
25 그러나 에바브로디도를 너희에게
보내는 것이 필요한 줄로 생각하노
니 그는 나의 형제요 함께 수고하

기록일 : . . .

고 함께 군사 된 자요 너희 사자로
내가 쓸 것을 돕는 자라
26 그가 너희 무리를 간절히 사모하고
자기가 병든 것을 너희가 들은 줄
을 알고 심히 근심한지라
27 그가 병들어 죽게 되었으나 하나님
이 그를 긍휼히 여기셨고 그뿐 아니
라 또 나를 긍휼히 여기사 내 근심
위에 근심을 면하게 하셨느니라
28 그러므로 내가 더욱 급히 그를 보
낸 것은 너희로 그를 다시 보고 기
뻐하게 하며 내 근심도 덜려 함이
니라
29 이러므로 너희가 주 안에서 모든
기쁨으로 그를 영접하고 또 이와
같은 자들을 존귀히 여기라
30 그가 그리스도의 일을 위하여 죽
기에 이르러도 자기 목숨을 돌보지
아니한 것은 나를 섬기는 너희의 일
에 부족함을 채우려 함이니라

3

끝으로 나의 형제들아 주 안에서
기뻐하라 너희에게 같은 말을 쓰는
것이 내게는 수고로움이 없고 너희
에게는 안전하니라
2 개들을 삼가고 행악하는 자들을 삼
가고 몸을 상해하는 일을 삼가라
3 하나님의 성령으로 봉사하며 그리
스도 예수로 자랑하고 육체를 신뢰
하지 아니하는 우리가 곧 할례파라
4 그러나 나도 육체를 신뢰할 만하
며 만일 누구든지 다른 이가 육체
를 신뢰할 것이 있는 줄로 생각하
면 나는 더욱 그러하리니
5 나는 팔일 만에 할례를 받고 이스
라엘 족속이요 베냐민 지파요 히브
리인 중의 히브리인이요 율법으로
는 바리새인이요
6 열심으로는 교회를 박해하고 율법
의 의로는 흠이 없는 자라
7 그러나 무엇이든지 내게 유익하던
것을 내가 그리스도를 위하여 다
해로 여길뿐더러
8 또한 모든 것을 해로 여김은 내 주
그리스도 예수를 아는 지식이 가장
고상하기 때문이라 내가 그를 위하
여 모든 것을 잃어버리고 배설물로
여김은 그리스도를 얻고
9 그 안에서 발견되려 함이니 내가
가진 의는 율법에서 난 것이 아니요
오직 그리스도를 믿음으로 말미암
은 것이니 곧 믿음으로 하나님께로
부터 난 의라
10 내가 그리스도와 그 부활의 권능과
그 고난에 참여함을 알고자 하여
그의 죽으심을 본받아
11 어떻게 해서든지 죽은 자 가운데서
부활에 이르려 하노니
12 내가 이미 얻었다 함도 아니요 온전
히 이루었다 함도 아니라 오직 내
가 그리스도 예수께 잡힌 바 된 그

것을 잡으려고 달려가노라
13 형제들아 나는 아직 내가 잡은 줄
로 여기지 아니하고 오직 한 일 즉
뒤에 있는 것은 잊어버리고 앞에 있
는 것을 잡으려고
14 푯대를 향하여 그리스도 예수 안에
서 하나님이 위에서 부르신 부름의
상을 위하여 달려가노라
15 그러므로 누구든지 우리 온전히 이
룬 자들은 이렇게 생각할지니 만일
어떤 일에 너희가 달리 생각하면
하나님이 이것도 너희에게 나타내
시리라
16 오직 우리가 어디까지 이르렀든지
그대로 행할 것이라
17 형제들아 너희는 함께 나를 본받
으라 그리고 너희가 우리를 본받은
것처럼 그와 같이 행하는 자들을
눈여겨 보라
18 내가 여러 번 너희에게 말하였거니
와 이제도 눈물을 흘리며 말하노니
여러 사람들이 그리스도의 십자가
의 원수로 행하느니라
19 그들의 마침은 멸망이요 그들의 신
은 배요 그 영광은 그들의 부끄러움
에 있고 땅의 일을 생각하는 자라
20 그러나 우리의 시민권은 하늘에 있
는지라 거기로부터 구원하는 자 곧
주 예수 그리스도를 기다리노니
21 그는 만물을 자기에게 복종하게 하
실 수 있는 자의 역사로 우리의 낮
은 몸을 자기 영광의 몸의 형체와
같이 변하게 하시리라

4

그러므로 나의 사랑하고 사모하
는 형제들, 나의 기쁨이요 면류관인
사랑하는 자들아 이와 같이 주 안
에 서라
2 내가 유오디아를 권하고 순두게를
권하노니 주 안에서 같은 마음을
품으라
3 또 참으로 나와 멍에를 같이한 네
게 구하노니 복음에 나와 함께 힘
쓰던 저 여인들을 돕고 또한 글레
멘드와 그 외에 나의 동역자들을
도우라 그 이름들이 생명책에 있느
니라
4 주 안에서 항상 기뻐하라 내가 다
시 말하노니 기뻐하라
5 너희 관용을 모든 사람에게 알게
하라 주께서 가까우시니라
6 아무 것도 염려하지 말고 다만 모
든 일에 기도와 간구로, 너희 구할
것을 감사함으로 하나님께 아뢰라
7 그리하면 모든 지각에 뛰어난 하나
님의 평강이 그리스도 예수 안에서
너희 마음과 생각을 지키시리라
8 끝으로 형제들아 무엇에든지 참되
며 무엇에든지 경건하며 무엇에든
지 옳으며 무엇에든지 정결하며 무
엇에든지 사랑 받을 만하며 무엇에

기록일 : . . .

든지 칭찬 받을 만하며 무슨 덕이
있든지 무슨 기림이 있든지 이것들
을 생각하라
9 너희는 내게 배우고 받고 듣고 본
바를 행하라 그리하면 평강의 하나
님이 너희와 함께 계시리라
10 내가 주 안에서 크게 기뻐함은 너
희가 나를 생각하던 것이 이제 다
시 싹이 남이니 너희가 또한 이를
위하여 생각은 하였으나 기회가 없
었느니라
11 내가 궁핍하므로 말하는 것이 아니
니라 어떠한 형편에든지 나는 자족
하기를 배웠노니
12 나는 비천에 처할 줄도 알고 풍부
에 처할 줄도 알아 모든 일 곧 배
부름과 배고픔과 풍부와 궁핍에도
처할 줄 아는 일체의 비결을 배웠
노라
13 내게 능력 주시는 자 안에서 내가
모든 것을 할 수 있느니라
14 그러나 너희가 내 괴로움에 함께
참여하였으니 잘하였도다
15 빌립보 사람들아 너희도 알거니와
복음의 시초에 내가 마게도냐를
떠날 때에 주고 받는 내 일에 참여
한 교회가 너희 외에 아무도 없었느
니라
16 데살로니가에 있을 때에도 너희가
한 번뿐 아니라 두 번이나 나의 쓸
것을 보내었도다
17 내가 선물을 구함이 아니요 오직
너희에게 유익하도록 풍성한 열매
를 구함이라
18 내게는 모든 것이 있고 또 풍부한
지라 에바브로디도 편에 너희가 준
것을 받으므로 내가 풍족하니 이는
받으실 만한 향기로운 제물이요 하
나님을 기쁘시게 한 것이라
19 나의 하나님이 그리스도 예수 안에
서 영광 가운데 그 풍성한 대로 너
희 모든 쓸 것을 채우시리라
20 하나님 곧 우리 아버지께 세세 무
궁하도록 영광을 돌릴지어다 아멘
21 그리스도 예수 안에 있는 성도에게
각각 문안하라 나와 함께 있는 형
제들이 너희에게 문안하고
22 모든 성도들이 너희에게 문안하되
특히 가이사의 집 사람들 중 몇이
니라
23 주 예수 그리스도의 은혜가 너희
심령에 있을지어다

기록일 : . . .

COLOSSIANS

골로새서

저 자	사도 바울
주 제	만물 위에 뛰어나신 그리스도의 주권
기록목적	바울은 예수 그리스도의 참된 모습을 알리는 동시에 허탄하고 거짓된 이단의 정체를 밝힘으로써 골로새 교회의 성도들이 미혹에 빠지지 않도록 경계하기 위하여 본 서신을 기록하였다.
기록배경	골로새는 에베소에서 동쪽으로 통하는 주요 도로에 자리 잡고 있었으며, 골로새서가 쓰일 당시 이곳에는 주로 헬라에서 온 사람들이 거주하고 있었고 유대인들도 있었던 것으로 보인다. 따라서 골로새에는 여러 종류의 문화와 생활 방식이 혼합되어 있었으며, 수많은 종교와 기독교 이단들이 나타났다. 이로 인해 골로새 교회도 각종 이단과 거짓된 가르침에 오염되어 혼란을 겪게 되었다. 그리하여 성도들을 미혹케 하는 이단과 거짓된 가르침으로부터 교회를 지키고 그리스도인들을 믿음의 올바른 터전 위에 세우는 일이 시급하게 요청되는 상황이었다.
특 징	골로새서는 그리스도께서 만유의 주가 되시며 유일한 구속자가 되신다는 것을 강력하게 증거한다.

나의 기도

골로새서

1 하나님의 뜻으로 말미암아 그리
스도 예수의 사도 된 바울과 형제
디모데는
2 골로새에 있는 성도들 곧 그리스
도 안에서 신실한 형제들에게 편지
하노니 우리 아버지 하나님으로부
터 은혜와 평강이 너희에게 있을지
어다
3 우리가 너희를 위하여 기도할 때마
다 하나님 곧 우리 주 예수 그리스
도의 아버지께 감사하노라
4 이는 그리스도 예수 안에 너희의
믿음과 모든 성도에 대한 사랑을
들었음이요
5 너희를 위하여 하늘에 쌓아 둔 소망
으로 말미암음이니 곧 너희가 전에
복음 진리의 말씀을 들은 것이라
6 이 복음이 이미 너희에게 이르매 너
희가 듣고 참으로 하나님의 은혜를
깨달은 날부터 너희 중에서와 같이
또한 온 천하에서도 열매를 맺어
자라는도다
7 이와 같이 우리와 함께 종 된 사랑
하는 에바브라에게 너희가 배웠나
니 그는 너희를 위한 그리스도의
신실한 일꾼이요
8 성령 안에서 너희 사랑을 우리에게
알린 자니라
9 이로써 우리도 듣던 날부터 너희
를 위하여 기도하기를 그치지 아니
하고 구하노니 너희로 하여금 모든
신령한 지혜와 총명에 하나님의 뜻
을 아는 것으로 채우게 하시고
10 주께 합당하게 행하여 범사에 기쁘
시게 하고 모든 선한 일에 열매를
맺게 하시며 하나님을 아는 것에
자라게 하시고
11 그의 영광의 힘을 따라 모든 능력
으로 능하게 하시며 기쁨으로 모든
견딤과 오래 참음에 이르게 하시고
12 우리로 하여금 빛 가운데서 성도의
기업의 부분을 얻기에 합당하게 하
신 아버지께 감사하게 하시기를 원
하노라
13 그가 우리를 흑암의 권세에서 건져
내사 그의 사랑의 아들의 나라로
옮기셨으니
14 그 아들 안에서 우리가 속량 곧 죄
사함을 얻었도다
15 그는 보이지 아니하는 하나님의 형
상이시요 모든 피조물보다 먼저 나
신 이시니
16 만물이 그에게서 창조되되 하늘과
땅에서 보이는 것들과 보이지 않는
것들과 혹은 왕권들이나 주권들이
나 통치자들이나 권세들이나 만물

기록일 : . . .

이 다 그로 말미암고 그를 위하여
창조되었고
17 또한 그가 만물보다 먼저 계시고
만물이 그 안에 함께 섰느니라
18 그는 몸인 교회의 머리시라 그가
근본이시요 죽은 자들 가운데서 먼
저 나신 이시니 이는 친히 만물의
으뜸이 되려 하심이요
19 아버지께서는 모든 충만으로 예수
안에 거하게 하시고
20 그의 십자가의 피로 화평을 이루사
만물 곧 땅에 있는 것들이나 하늘에
있는 것들이 그로 말미암아 자기와
화목하게 되기를 기뻐하심이라
21 전에 악한 행실로 멀리 떠나 마음
으로 원수가 되었던 너희를
22 이제는 그의 육체의 죽음으로 말미
암아 화목하게 하사 너희를 거룩하
고 흠 없고 책망할 것이 없는 자로
그 앞에 세우고자 하셨으니
23 만일 너희가 믿음에 거하고 터 위
에 굳게 서서 너희 들은 바 복음
의 소망에서 흔들리지 아니하면 그
리하리라 이 복음은 천하 만민에게
전파된 바요 나 바울은 이 복음의
일꾼이 되었노라
24 나는 이제 너희를 위하여 받는 괴
로움을 기뻐하고 그리스도의 남은
고난을 그의 몸된 교회를 위하여
내 육체에 채우노라
25 내가 교회의 일꾼 된 것은 하나님
이 너희를 위하여 내게 주신 직분
을 따라 하나님의 말씀을 이루려
함이니라
26 이 비밀은 만세와 만대로부터 감추
어졌던 것인데 이제는 그의 성도들
에게 나타났고
27 하나님이 그들로 하여금 이 비밀의
영광이 이방인 가운데 얼마나 풍성
한지를 알게 하려 하심이라 이 비
밀은 너희 안에 계신 그리스도시니
곧 영광의 소망이니라
28 우리가 그를 전파하여 각 사람을
권하고 모든 지혜로 각 사람을 가
르침은 각 사람을 그리스도 안에서
완전한 자로 세우려 함이니
29 이를 위하여 나도 내 속에서 능력
으로 역사하시는 이의 역사를 따라
힘을 다하여 수고하노라

2

내가 너희와 라오디게아에 있는
자들과 무릇 내 육신의 얼굴을 보
지 못한 자들을 위하여 얼마나 힘
쓰는지를 너희가 알기를 원하노니
2 이는 그들로 마음에 위안을 받고
사랑 안에서 연합하여 확실한 이해
의 모든 풍성함과 하나님의 비밀인
그리스도를 깨닫게 하려 함이니
3 그 안에는 지혜와 지식의 모든 보
화가 감추어져 있느니라
4 내가 이것을 말함은 아무도 교묘한

기록일 :　　　.　　.　　.

말로 너희를 속이지 못하게 하려
함이니
5 이는 내가 육신으로는 떠나 있으나
심령으로는 너희와 함께 있어 너희
가 질서 있게 행함과 그리스도를
믿는 너희 믿음이 굳건한 것을 기쁘
게 봄이라
6 그러므로 너희가 그리스도 예수를
주로 받았으니 그 안에서 행하되
7 그 안에 뿌리를 박으며 세움을 받
아 교훈을 받은 대로 믿음에 굳게
서서 감사함을 넘치게 하라
8 누가 철학과 헛된 속임수로 너희를
사로잡을까 주의하라 이것은 사람
의 전통과 세상의 초등학문을 따름
이요 그리스도를 따름이 아니니라
9 그 안에는 신성의 모든 충만이 육
체로 거하시고
10 너희도 그 안에서 충만하여졌으니
그는 모든 통치자와 권세의 머리
시라
11 또 그 안에서 너희가 손으로 하지
아니한 할례를 받았으니 곧 육의
몸을 벗는 것이요 그리스도의 할례
니라
12 너희가 침례로 그리스도와 함께 장
사되고 또 죽은 자들 가운데서 그
를 일으키신 하나님의 역사를 믿음
으로 말미암아 그 안에서 함께 일
으키심을 받았느니라
13 또 범죄와 육체의 무할례로 죽었던
너희를 하나님이 그와 함께 살리시
고 우리의 모든 죄를 사하시고
14 우리를 거스르고 불리하게 하는 법
조문으로 쓴 증서를 지우시고 제하
여 버리사 십자가에 못 박으시고
15 통치자들과 권세들을 무력화하여
드러내어 구경거리로 삼으시고 십
자가로 그들을 이기셨느니라
16 그러므로 먹고 마시는 것과 절기나
초하루나 안식일을 이유로 누구든
지 너희를 비판하지 못하게 하라
17 이것들은 장래 일의 그림자이나 몸
은 그리스도의 것이니라
18 아무도 꾸며낸 겸손과 천사 숭배를
이유로 너희를 정죄하지 못하게 하
라 그가 그 본 것에 의지하여 그 육
신의 생각을 따라 헛되이 과장하고
19 머리를 붙들지 아니하는지라 온 몸
이 머리로 말미암아 마디와 힘줄로
공급함을 받고 연합하여 하나님이
자라게 하시므로 자라느니라
20 너희가 세상의 초등학문에서 그리
스도와 함께 죽었거든 어찌하여 세
상에 사는 것과 같이 규례에 순종
하느냐
21 (곧 붙잡지도 말고 맛보지도 말고
만지지도 말라 하는 것이니
22 이 모든 것은 한때 쓰이고는 없어
지리라) 사람의 명령과 가르침을

기록일 : . . .

따르느냐
23 이런 것들은 자의적 숭배와 겸손과
몸을 괴롭게 하는 데는 지혜 있는
모양이나 오직 육체 따르는 것을 금
하는 데는 조금도 유익이 없느니라
3 그러므로 너희가 그리스도와 함
께 다시 살리심을 받았으면 위의
것을 찾으라 거기는 그리스도께서
하나님 우편에 앉아 계시느니라
2 위의 것을 생각하고 땅의 것을 생
각하지 말라
3 이는 너희가 죽었고 너희 생명이 그
리스도와 함께 하나님 안에 감추어
졌음이라
4 우리 생명이신 그리스도께서 나타
나실 그 때에 너희도 그와 함께 영
광 중에 나타나리라
5 그러므로 땅에 있는 지체를 죽이라
곧 음란과 부정과 사욕과 악한 정욕
과 탐심이니 탐심은 우상 숭배니라
6 이것들로 말미암아 하나님의 진노
가 임하느니라
7 너희도 전에 그 가운데 살 때에는
그 가운데서 행하였으나
8 이제는 너희가 이 모든 것을 벗어
버리라 곧 분함과 노여움과 악의와
비방과 너희 입의 부끄러운 말이라
9 너희가 서로 거짓말을 하지 말라
옛 사람과 그 행위를 벗어 버리고
10 새 사람을 입었으니 이는 자기를
창조하신 이의 형상을 따라 지식에
까지 새롭게 하심을 입은 자니라
11 거기에는 헬라인이나 유대인이나
할례파나 무할례파나 야만인이나
스구디아인이나 종이나 자유인이
차별이 있을 수 없나니 오직 그리스
도는 만유시요 만유 안에 계시니라
12 그러므로 너희는 하나님이 택하사
거룩하고 사랑 받는 자처럼 긍휼과
자비와 겸손과 온유와 오래 참음을
옷 입고
13 누가 누구에게 불만이 있거든 서로
용납하여 피차 용서하되 주께서 너
희를 용서하신 것 같이 너희도 그리
하고
14 이 모든 것 위에 사랑을 더하라 이
는 온전하게 매는 띠니라
15 그리스도의 평강이 너희 마음을 주
장하게 하라 너희는 평강을 위하여
한 몸으로 부르심을 받았나니 너희
는 또한 감사하는 자가 되라
16 그리스도의 말씀이 너희 속에 풍성
히 거하여 모든 지혜로 피차 가르
치며 권면하고 시와 찬송과 신령한
노래를 부르며 감사하는 마음으로
하나님을 찬양하고
17 또 무엇을 하든지 말에나 일에나
다 주 예수의 이름으로 하고 그를
힘입어 하나님 아버지께 감사하라
18 아내들아 남편에게 복종하라 이는

기록일 : . . .

주 안에서 마땅하니라
19 남편들아 아내를 사랑하며 괴롭게
하지 말라
20 자녀들아 모든 일에 부모에게 순종
하라 이는 주 안에서 기쁘게 하는
것이니라
21 아비들아 너희 자녀를 노엽게 하지
말지니 낙심할까 함이라
22 종들아 모든 일에 육신의 상전들에
게 순종하되 사람을 기쁘게 하는
자와 같이 눈가림만 하지 말고 오
직 주를 두려워하여 성실한 마음으
로 하라
23 무슨 일을 하든지 마음을 다하여
주께 하듯 하고 사람에게 하듯 하
지 말라
24 이는 기업의 상을 주께 받을 줄 아
나니 너희는 주 그리스도를 섬기느
니라
25 불의를 행하는 자는 불의의 보응을
받으리니 주는 사람을 외모로 취하
심이 없느니라
4 상전들아 의와 공평을 종들에게
베풀지니 너희에게도 하늘에 상전
이 계심을 알지어다
2 기도를 계속하고 기도에 감사함으
로 깨어 있으라
3 또한 우리를 위하여 기도하되 하나
님이 전도할 문을 우리에게 열어 주
사 그리스도의 비밀을 말하게 하시
기를 구하라 내가 이 일 때문에 매
임을 당하였노라
4 그리하면 내가 마땅히 할 말로써
이 비밀을 나타내리라
5 외인에게 대해서는 지혜로 행하여
세월을 아끼라
6 너희 말을 항상 은혜 가운데서 소
금으로 맛을 냄과 같이 하라 그리
하면 각 사람에게 마땅히 대답할
것을 알리라
7 두기고가 내 사정을 다 너희에게
알려 주리니 그는 사랑 받는 형제
요 신실한 일꾼이요 주 안에서 함
께 종이 된 자니라
8 내가 그를 특별히 너희에게 보내는
것은 너희로 우리 사정을 알게 하
고 너희 마음을 위로하게 하려 함
이라
9 신실하고 사랑을 받는 형제 오네시
모를 함께 보내노니 그는 너희에게
서 온 사람이라 그들이 여기 일을
다 너희에게 알려 주리라
10 나와 함께 갇힌 아리스다고와 바나
바의 생질 마가와 (이 마가에 대하
여 너희가 명을 받았으매 그가 이
르거든 영접하라)
11 유스도라 하는 예수도 너희에게 문
안하느니라 그들은 할례파이나 이
들만은 하나님의 나라를 위하여 함
께 역사하는 자들이니 이런 사람들

기록일 : . . .

이 나의 위로가 되었느니라
12 그리스도 예수의 종인 너희에게서
온 에바브라가 너희에게 문안하느
니라 그가 항상 너희를 위하여 애
써 기도하여 너희로 하나님의 모든
뜻 가운데서 완전하고 확신 있게
서기를 구하나니
13 그가 너희와 라오디게아에 있는 자
들과 히에라볼리에 있는 자들을 위
하여 많이 수고하는 것을 내가 증
언하노라
14 사랑을 받는 의사 누가와 또 데마
가 너희에게 문안하느니라
15 라오디게아에 있는 형제들과 눔바
와 그 여자의 집에 있는 교회에 문
안하고
16 이 편지를 너희에게서 읽은 후에 라
오디게아인의 교회에서도 읽게 하
고 또 라오디게아로부터 오는 편지
를 너희도 읽으라
17 아킵보에게 이르기를 주 안에서 받
은 직분을 삼가 이루라고 하라
18 나 바울은 친필로 문안하노니 내가
매인 것을 생각하라 은혜가 너희에
게 있을지어다

기록일 : . . .

THESSALONIANS

데살로니가전·후서

저 자 사도 바울

주 제 예수 그리스도의 재림에 대한 교훈과 이를 기다리는 성도의 올바른 자세

기록목적 박해 가운데서도 믿음에 바로 서기 위해 노력하는 데살로니가 교인들을 칭찬하고 격려하며 그리스도의 재림에 관한 올바른 교훈으로 바르게 양육하기 위한 권고의 목적에서 기록되었다.

기록배경 데살로니가의 성도들은 그리스도의 재림을 소망하며 핍박을 견디고 있었으나, 일부에서는 그리스도 재림의 시기에 대한 오해도 있었다. 특히 바울이 말한 '갑작스러운 재림'을 '즉각적인 재림'으로 오해하여 그리스도인으로서의 정상적이고 성실한 삶을 살지 않고 동요하는 경향이 있었다. 이에 바울은 종말과 재림의 징조들을 구체적으로 진술하여 성도들이 올바른 종말관을 가지고 현실에 충실할 것을 당부하고자 했다.

특 징

- 다른 서신서들에 비해 교리적인 내용은 적은 반면 교회와 성도들을 향한 바울의 애정어린 권고와 실천적인 내용이 많다.
- '바울의 계시록'이라고 말할 정도로 종말재림의 징조에 관한 구체적인 언급이 많다.
- 본서를 통해 초대 교회 성도들의 신앙의 중심에는 예수 그리스도의 재림에 대한 소망이 있었음을 알 수 있다.

나의 기도

데살로니가전서

1 바울과 실루아노와 디모데는 하
나님 아버지와 주 예수 그리스도
안에 있는 데살로니가인의 교회에
편지하노니 은혜와 평강이 너희에
게 있을지어다
2 우리가 너희 모두로 말미암아 항상
하나님께 감사하며 기도할 때에 너
희를 기억함은
3 너희의 믿음의 역사와 사랑의 수고
와 우리 주 예수 그리스도에 대한
소망의 인내를 우리 하나님 아버지
앞에서 끊임없이 기억함이니
4 하나님의 사랑하심을 받은 형제들
아 너희를 택하심을 아노라
5 이는 우리 복음이 너희에게 말로만
이른 것이 아니라 또한 능력과 성
령과 큰 확신으로 된 것임이라 우
리가 너희 가운데서 너희를 위하여
어떤 사람이 된 것은 너희가 아는
바와 같으니라
6 또 너희는 많은 환난 가운데서 성
령의 기쁨으로 말씀을 받아 우리와
주를 본받은 자가 되었으니
7 그러므로 너희가 마게도냐와 아가
야에 있는 모든 믿는 자의 본이 되
었느니라
8 주의 말씀이 너희에게로부터 마게
도냐와 아가야에만 들릴 뿐 아니라
하나님을 향하는 너희 믿음의 소문
이 각처에 퍼졌으므로 우리는 아무
말도 할 것이 없노라
9 그들이 우리에 대하여 스스로 말하
기를 우리가 어떻게 너희 가운데에
들어갔는지와 너희가 어떻게 우상
을 버리고 하나님께로 돌아와서 살
아 계시고 참되신 하나님을 섬기는
지와
10 또 죽은 자들 가운데서 다시 살리
신 그의 아들이 하늘로부터 강림하
실 것을 너희가 어떻게 기다리는지
를 말하니 이는 장래의 노하심에서
우리를 건지시는 예수시니라

2 형제들아 우리가 너희 가운데 들
어간 것이 헛되지 않은 줄을 너희가
친히 아나니
2 너희가 아는 바와 같이 우리가 먼
저 빌립보에서 고난과 능욕을 당하
였으나 우리 하나님을 힘입어 많은
싸움 중에 하나님의 복음을 너희에
게 전하였노라
3 우리의 권면은 간사함이나 부정에
서 난 것이 아니요 속임수로 하는
것도 아니라
4 오직 하나님께 옳게 여기심을 입어
복음을 위탁 받았으니 우리가 이와
같이 말함은 사람을 기쁘게 하려

기록일 : . . .

함이 아니요 오직 우리 마음을 감
찰하시는 하나님을 기쁘시게 하려
함이라
5 너희도 알거니와 우리가 아무 때
에도 아첨하는 말이나 탐심의 탈을
쓰지 아니한 것을 하나님이 증언하
시느니라
6 또한 우리는 너희에게서든지 다른
이에게서든지 사람에게서는 영광을
구하지 아니하였노라
7 우리는 그리스도의 사도로서 마땅
히 권위를 주장할 수 있으나 도리
어 너희 가운데서 유순한 자가 되
어 유모가 자기 자녀를 기름과 같
이 하였으니
8 우리가 이같이 너희를 사모하여 하
나님의 복음뿐 아니라 우리의 목숨
까지도 너희에게 주기를 기뻐함은
너희가 우리의 사랑하는 자 됨이라
9 형제들아 우리의 수고와 애쓴 것을
너희가 기억하리니 너희 아무에게
도 폐를 끼치지 아니하려고 밤낮으
로 일하면서 너희에게 하나님의 복
음을 전하였노라
10 우리가 너희 믿는 자들을 향하여
어떻게 거룩하고 옳고 흠 없이 행
하였는지에 대하여 너희가 증인이
요 하나님도 그러하시도다
11 너희도 아는 바와 같이 우리가 너
희 각 사람에게 아버지가 자기 자
녀에게 하듯 권면하고 위로하고 경
계하노니
12 이는 너희를 부르사 자기 나라와
영광에 이르게 하시는 하나님께 합
당히 행하게 하려 함이라
13 이러므로 우리가 하나님께 끊임없
이 감사함은 너희가 우리에게 들은
바 하나님의 말씀을 받을 때에 사
람의 말로 받지 아니하고 하나님의
말씀으로 받음이니 진실로 그러하
도다 이 말씀이 또한 너희 믿는 자
가운데에서 역사하느니라
14 형제들아 너희가 그리스도 예수 안
에서 유대에 있는 하나님의 교회들
을 본받은 자 되었으니 그들이 유
대인들에게 고난을 받음과 같이 너
희도 너희 동족에게서 동일한 고난
을 받았느니라
15 유대인은 주 예수와 선지자들을 죽
이고 우리를 쫓아내고 하나님을 기
쁘시게 하지 아니하고 모든 사람에
게 대적이 되어
16 우리가 이방인에게 말하여 구원받
게 함을 그들이 금하여 자기 죄를
항상 채우매 노하심이 끝까지 그들
에게 임하였느니라
17 형제들아 우리가 잠시 너희를 떠난
것은 얼굴이요 마음은 아니니 너
희 얼굴 보기를 열정으로 더욱 힘썼
노라

기록일 : . . .

18 그러므로 나 바울은 한번 두번 너
희에게 가고자 하였으나 사탄이 우
리를 막았도다
19 우리의 소망이나 기쁨이나 자랑의
면류관이 무엇이냐 그가 강림하실
때 우리 주 예수 앞에 너희가 아
니냐
20 너희는 우리의 영광이요 기쁨이니라

3

이러므로 우리가 참다 못하여 우
리만 아덴에 머물기를 좋게 생각
하고
2 우리 형제 곧 그리스도의 복음을
전하는 하나님의 일꾼인 디모데를
보내노니 이는 너희를 굳건하게 하
고 너희 믿음에 대하여 위로함으로
3 아무도 이 여러 환난 중에 흔들리
지 않게 하려 함이라 우리가 이것을
위하여 세움 받은 줄을 너희가 친
히 알리라
4 우리가 너희와 함께 있을 때에 장
차 받을 환난을 너희에게 미리 말
하였는데 과연 그렇게 된 것을 너
희가 아느니라
5 이러므로 나도 참다 못하여 너희
믿음을 알기 위하여 그를 보내었노
니 이는 혹 시험하는 자가 너희를
시험하여 우리 수고를 헛되게 할까
함이니
6 지금은 디모데가 너희에게로부터
와서 너희 믿음과 사랑의 기쁜 소
식을 우리에게 전하고 또 너희가
항상 우리를 잘 생각하여 우리가
너희를 간절히 보고자 함과 같이
너희도 우리를 간절히 보고자 한다
하니
7 이러므로 형제들아 우리가 모든 궁
핍과 환난 가운데서 너희 믿음으로
말미암아 너희에게 위로를 받았노라
8 그러므로 너희가 주 안에 굳게 선
즉 우리가 이제는 살리라
9 우리가 우리 하나님 앞에서 너희로
말미암아 모든 기쁨으로 기뻐하니
너희를 위하여 능히 어떠한 감사로
하나님께 보답할까
10 주야로 심히 간구함은 너희 얼굴을
보고 너희 믿음이 부족한 것을 보
충하게 하려 함이라
11 하나님 우리 아버지와 우리 주 예
수는 우리 길을 너희에게로 갈 수
있게 하시오며
12 또 주께서 우리가 너희를 사랑함과
같이 너희도 피차간과 모든 사람에
대한 사랑이 더욱 많아 넘치게 하사
13 너희 마음을 굳건하게 하시고 우리
주 예수께서 그의 모든 성도와 함
께 강림하실 때에 하나님 우리 아
버지 앞에서 거룩함에 흠이 없게 하
시기를 원하노라

4

그러므로 형제들아 우리가 끝으
로 주 예수 안에서 너희에게 구하

고 권면하노니 너희가 마땅히 어떻
게 행하며 하나님을 기쁘시게 할
수 있는지를 우리에게 배웠으니 곧
너희가 행하는 바라 더욱 많이 힘
쓰라
2 우리가 주 예수로 말미암아 너희에
게 무슨 명령으로 준 것을 너희가
아느니라
3 하나님의 뜻은 이것이니 너희의 거
룩함이라 곧 음란을 버리고
4 각각 거룩함과 존귀함으로 자기의
아내 대할 줄을 알고
5 하나님을 모르는 이방인과 같이 색
욕을 따르지 말고
6 이 일에 분수를 넘어서 형제를 해하
지 말라 이는 우리가 너희에게 미리
말하고 증언한 것과 같이 이 모든
일에 주께서 신원하여 주심이라
7 하나님이 우리를 부르심은 부정하게
하심이 아니요 거룩하게 하심이니
8 그러므로 저버리는 자는 사람을 저
버림이 아니요 너희에게 그의 성령
을 주신 하나님을 저버림이니라
9 형제 사랑에 관하여는 너희에게
쓸 것이 없음은 너희들 자신이 하
나님의 가르치심을 받아 서로 사랑
함이라
10 너희가 온 마게도냐 모든 형제에
대하여 과연 이것을 행하도다 형제
들아 권하노니 더욱 그렇게 행하고
11 또 너희에게 명한 것 같이 조용히
자기 일을 하고 너희 손으로 일하
기를 힘쓰라
12 이는 외인에 대하여 단정히 행하고
또한 아무 궁핍함이 없게 하려 함
이라
13 형제들아 자는 자들에 관하여는 너
희가 알지 못함을 우리가 원하지
아니하노니 이는 소망 없는 다른
이와 같이 슬퍼하지 않게 하려 함
이라
14 우리가 예수께서 죽으셨다가 다시
살아나심을 믿을진대 이와 같이 예
수 안에서 자는 자들도 하나님이
그와 함께 데리고 오시리라
15 우리가 주의 말씀으로 너희에게 이
것을 말하노니 주께서 강림하실 때
까지 우리 살아 남아 있는 자도 자
는 자보다 결코 앞서지 못하리라
16 주께서 호령과 천사장의 소리와 하
나님의 나팔 소리로 친히 하늘로부
터 강림하시리니 그리스도 안에서
죽은 자들이 먼저 일어나고
17 그 후에 우리 살아 남은 자들도 그
들과 함께 구름 속으로 끌어 올려
공중에서 주를 영접하게 하시리니
그리하여 우리가 항상 주와 함께
있으리라
18 그러므로 이러한 말로 서로 위로
하라

기록일 : . . .

5 형제들아 때와 시기에 관하여는
너희에게 쓸 것이 없음은
2 주의 날이 밤에 도둑 같이 이를 줄
을 너희 자신이 자세히 알기 때문
이라
3 그들이 평안하다, 안전하다 할 그
때에 임신한 여자에게 해산의 고통
이 이름과 같이 멸망이 갑자기 그
들에게 이르리니 결코 피하지 못하
리라
4 형제들아 너희는 어둠에 있지 아니
하매 그 날이 도둑 같이 너희에게
임하지 못하리니
5 너희는 다 빛의 아들이요 낮의 아
들이라 우리가 밤이나 어둠에 속하
지 아니하나니
6 그러므로 우리는 다른 이들과 같이
자지 말고 오직 깨어 정신을 차릴
지라
7 자는 자들은 밤에 자고 취하는 자
들은 밤에 취하되
8 우리는 낮에 속하였으니 정신을 차
리고 믿음과 사랑의 호심경을 붙이
고 구원의 소망의 투구를 쓰자
9 하나님이 우리를 세우심은 노하심
에 이르게 하심이 아니요 오직 우리
주 예수 그리스도로 말미암아 구원
을 받게 하심이라
10 예수께서 우리를 위하여 죽으사 우
리로 하여금 깨어 있든지 자든지
자기와 함께 살게 하려 하셨느니라
11 그러므로 피차 권면하고 서로 덕을
세우기를 너희가 하는 것 같이 하라
12 형제들아 우리가 너희에게 구하노
니 너희 가운데서 수고하고 주 안
에서 너희를 다스리며 권하는 자들
을 너희가 알고
13 그들의 역사로 말미암아 사랑 안에
서 가장 귀히 여기며 너희끼리 화목
하라
14 또 형제들아 너희를 권면하노니 게
으른 자들을 권계하며 마음이 약한
자들을 격려하고 힘이 없는 자들을
붙들어 주며 모든 사람에게 오래
참으라
15 삼가 누가 누구에게든지 악으로 악
을 갚지 말게 하고 서로 대하든지
모든 사람을 대하든지 항상 선을
따르라
16 항상 기뻐하라
17 쉬지 말고 기도하라
18 범사에 감사하라 이것이 그리스도
예수 안에서 너희를 향하신 하나님
의 뜻이니라
19 성령을 소멸하지 말며
20 예언을 멸시하지 말고
21 범사에 헤아려 좋은 것을 취하고
22 악은 어떤 모양이라도 버리라
23 평강의 하나님이 친히 너희를 온전
히 거룩하게 하시고 또 너희의 온

기록일 : . . .

영과 혼과 몸이 우리 주 예수 그리
스도께서 강림하실 때에 흠 없게
보전되기를 원하노라
24 너희를 부르시는 이는 미쁘시니 그
가 또한 이루시리라
25 형제들아 우리를 위하여 기도하라
26 거룩하게 입맞춤으로 모든 형제에
게 문안하라
27 내가 주를 힘입어 너희를 명하노니
모든 형제에게 이 편지를 읽어 주라
28 우리 주 예수 그리스도의 은혜가
너희에게 있을지어다

기록일 : . . .

데살로니가후서

1 바울과 실루아노와 디모데는 하
나님 우리 아버지와 주 예수 그리
스도 안에 있는 데살로니가인의 교
회에 편지하노니
2 하나님 아버지와 주 예수 그리스도
로부터 은혜와 평강이 너희에게 있
을지어다
3 형제들아 우리가 너희를 위하여 항
상 하나님께 감사할지니 이것이 당
연함은 너희의 믿음이 더욱 자라고
너희가 다 각기 서로 사랑함이 풍
성함이니
4 그러므로 너희가 견디고 있는 모든
박해와 환난 중에서 너희 인내와
믿음으로 말미암아 하나님의 여러
교회에서 우리가 친히 자랑하노라
5 이는 하나님의 공의로운 심판의 표
요 너희로 하여금 하나님의 나라에
합당한 자로 여김을 받게 하려 함
이니 그 나라를 위하여 너희가 또
한 고난을 받느니라
6 너희로 환난을 받게 하는 자들에게
는 환난으로 갚으시고
7 환난을 받는 너희에게는 우리와 함
께 안식으로 갚으시는 것이 하나님
의 공의시니 주 예수께서 자기의
능력의 천사들과 함께 하늘로부터
불꽃 가운데에 나타나실 때에
8 하나님을 모르는 자들과 우리 주
예수의 복음에 복종하지 않는 자들
에게 형벌을 내리시리니
9 이런 자들은 주의 얼굴과 그의 힘
의 영광을 떠나 영원한 멸망의 형
벌을 받으리로다
10 그 날에 그가 강림하사 그의 성도
들에게서 영광을 받으시고 모든 믿
는 자들에게서 놀랍게 여김을 얻으
시리니 이는 (우리의 증거가 너희에
게 믿어졌음이라)
11 이러므로 우리도 항상 너희를 위하
여 기도함은 우리 하나님이 너희를
그 부르심에 합당한 자로 여기시고
모든 선을 기뻐함과 믿음의 역사를
능력으로 이루게 하시고
12 우리 하나님과 주 예수 그리스도의
은혜대로 우리 주 예수의 이름이
너희 가운데서 영광을 받으시고 너
희도 그 안에서 영광을 받게 하려
함이라

2 형제들아 우리가 너희에게 구하
는 것은 우리 주 예수 그리스도의
강림하심과 우리가 그 앞에 모임에
관하여
2 영으로나 또는 말로나 또는 우리
에게서 받았다 하는 편지로나 주의
날이 이르렀다고 해서 쉽게 마음이

기록일 : . . .

흔들리거나 두려워하거나 하지 말
아야 한다는 것이라
3 누가 어떻게 하여도 너희가 미혹
되지 말라 먼저 배교하는 일이 있
고 저 불법의 사람 곧 멸망의 아들
이 나타나기 전에는 그 날이 이르지
아니하리니
4 그는 대적하는 자라 신이라고 불리
는 모든 것과 숭배함을 받는 것에
대항하여 그 위에 자기를 높이고
하나님의 성전에 앉아 자기를 하나
님이라고 내세우느니라
5 내가 너희와 함께 있을 때에 이 일
을 너희에게 말한 것을 기억하지
못하느냐
6 너희는 지금 그로 하여금 그의 때
에 나타나게 하려 하여 막는 것이
있는 것을 아나니
7 불법의 비밀이 이미 활동하였으나
지금은 그것을 막는 자가 있어 그
중에서 옮겨질 때까지 하리라
8 그 때에 불법한 자가 나타나리니
주 예수께서 그 입의 기운으로 그
를 죽이시고 강림하여 나타나심으
로 폐하시리라
9 악한 자의 나타남은 사탄의 활동을
따라 모든 능력과 표적과 거짓 기
적과
10 불의의 모든 속임으로 멸망하는 자
들에게 있으리니 이는 그들이 진리
의 사랑을 받지 아니하여 구원함을
받지 못함이라
11 이러므로 하나님이 미혹의 역사를
그들에게 보내사 거짓 것을 믿게
하심은
12 진리를 믿지 않고 불의를 좋아하는
모든 자들로 하여금 심판을 받게
하려 하심이라
13 주께서 사랑하시는 형제들아 우리
가 항상 너희에 관하여 마땅히 하
나님께 감사할 것은 하나님이 처음
부터 너희를 택하사 성령의 거룩하
게 하심과 진리를 믿음으로 구원을
받게 하심이니
14 이를 위하여 우리의 복음으로 너희
를 부르사 우리 주 예수 그리스도
의 영광을 얻게 하려 하심이니라
15 그러므로 형제들아 굳건하게 서서
말로나 우리의 편지로 가르침을 받
은 전통을 지키라
16 우리 주 예수 그리스도와 우리를
사랑하시고 영원한 위로와 좋은 소
망을 은혜로 주신 하나님 우리 아
버지께서
17 너희 마음을 위로하시고 모든 선한
일과 말에 굳건하게 하시기를 원하
노라

3 끝으로 형제들아 너희는 우리를
위하여 기도하기를 주의 말씀이 너
희 가운데서와 같이 퍼져 나가 영

광스럽게 되고
2 또한 우리를 부당하고 악한 사람들
에게서 건지시옵소서 하라 믿음은
모든 사람의 것이 아니니라
3 주는 미쁘사 너희를 굳건하게 하시
고 악한 자에게서 지키시리라
4 너희에 대하여는 우리가 명한 것을
너희가 행하고 또 행할 줄을 우리
가 주 안에서 확신하노니
5 주께서 너희 마음을 인도하여 하나
님의 사랑과 그리스도의 인내에 들
어가게 하시기를 원하노라
6 형제들아 우리 주 예수 그리스도의
이름으로 너희를 명하노니 게으르
게 행하고 우리에게서 받은 전통대
로 행하지 아니하는 모든 형제에게
서 떠나라
7 어떻게 우리를 본받아야 할지를 너
희가 스스로 아나니 우리가 너희
가운데서 무질서하게 행하지 아니
하며
8 누구에게서든지 음식을 값없이 먹
지 않고 오직 수고하고 애써 주야
로 일함은 너희 아무에게도 폐를
끼치지 아니하려 함이니
9 우리에게 권리가 없는 것이 아니요
오직 스스로 너희에게 본을 보여
우리를 본받게 하려 함이니라
10 우리가 너희와 함께 있을 때에도
너희에게 명하기를 누구든지 일하
기 싫어하거든 먹지도 말게 하라 하
였더니
11 우리가 들은즉 너희 가운데 게으르
게 행하여 도무지 일하지 아니하고
일을 만들기만 하는 자들이 있다
하니
12 이런 자들에게 우리가 명하고 주
예수 그리스도 안에서 권하기를 조
용히 일하여 자기 양식을 먹으라 하
노라
13 형제들아 너희는 선을 행하다가 낙
심하지 말라
14 누가 이 편지에 한 우리 말을 순종
하지 아니하거든 그 사람을 지목하
여 사귀지 말고 그로 하여금 부끄
럽게 하라
15 그러나 원수와 같이 생각하지 말고
형제 같이 권면하라
16 평강의 주께서 친히 때마다 일마다
너희에게 평강을 주시고 주께서 너
희 모든 사람과 함께 하시기를 원
하노라
17 나 바울은 친필로 문안하노니 이는
편지마다 표시로서 이렇게 쓰노라
18 우리 주 예수 그리스도의 은혜가
너희 무리에게 있을지어다

기록일 : . . .

TIMOTHY

디모데전·후서

저 자 사도 바울

주 제 참된 목회자의 자세와 교회의 질서를 세우기 위한 지도력 및 이단 사상의 분별과 배격

기록목적 바울은 에베소 교회의 감독으로 있는 제자 디모데에게 교회를 섬기는 사람에게 필요한 여러 가지 목회 지침을 주고자 본서를 기록하였다. 바울은 본 서신을 통해서 목회자의 자세, 직무, 목회 원리 등을 가르쳐 주고 있으며, 거짓 교훈을 물리치고 교회를 굳건하게 세워 나가는 방법에 대한 교훈을 주고 있다.

기록배경 우상 숭배와 더불어 타락한 이방 문물이 번성하던 에베소에 교회가 세워진 것은 바울의 전도 여행의 결과였다[행 19장]. 그리고 에베소 교회가 개척되던 때부터 약 3년간 바울과 함께 사역한 사람이 바로 디모데였다. 바울은 본 서신을 통해 에베소에 남아 교회를 돌보고 있는 젊은 목회자 디모데를 격려하고 목회에 대한 실제적 교훈을 제시한다.

특 징

- 형식상으로는 디모데라는 특정 인물에게 보낸 사적인 서신이지만 내용상으로는 교회와 목회 전반에 걸친 지침과 교훈을 담고 있기 때문에 목회 서신으로 분류된다. 본서는 교역자를 비롯하여 교회를 섬기는 모든 이들에게 사역에 관한 실제적 원리와 지침들을 제공해 주고 있다.
- 디모데후서는 바울의 마지막 서신으로서 일종의 유언적인 성격을 띠고 있다. 수많은 역경과 고난을 겪으면서도 사도로서의 일생에 대해 확신에 찬 결산을 하며 마지막 신앙 고백을 하고 있다.

나의 기도

디모데전서

1 우리 구주 하나님과 우리의 소망
이신 그리스도 예수의 명령을 따라
그리스도 예수의 사도 된 바울은
2 믿음 안에서 참 아들 된 디모데에
게 편지하노니 하나님 아버지와 그
리스도 예수 우리 주께로부터 은혜
와 긍휼과 평강이 네게 있을지어다
3 내가 마게도냐로 갈 때에 너를 권
하여 에베소에 머물라 한 것은 어
떤 사람들을 명하여 다른 교훈을
가르치지 말며
4 신화와 끝없는 족보에 몰두하지 말
게 하려 함이라 이런 것은 믿음 안
에 있는 하나님의 경륜을 이룸보다
도리어 변론을 내는 것이라
5 이 교훈의 목적은 청결한 마음과
선한 양심과 거짓이 없는 믿음에서
나오는 사랑이거늘
6 사람들이 이에서 벗어나 헛된 말에
빠져
7 율법의 선생이 되려 하나 자기가
말하는 것이나 자기가 확증하는 것
도 깨닫지 못하는도다
8 그러나 율법은 사람이 그것을 적법
하게만 쓰면 선한 것임을 우리는
아노라
9 알 것은 이것이니 율법은 옳은 사
람을 위하여 세운 것이 아니요 오
직 불법한 자와 복종하지 아니하는
자와 경건하지 아니한 자와 죄인과
거룩하지 아니한 자와 망령된 자와
아버지를 죽이는 자와 어머니를 죽
이는 자와 살인하는 자며
10 음행하는 자와 남색하는 자와 인신
매매를 하는 자와 거짓말하는 자와
거짓맹세하는 자와 기타 바른 교훈
을 거스르는 자를 위함이니
11 이 교훈은 내게 맡기신 바 복되신
하나님의 영광의 복음을 따름이니라
12 나를 능하게 하신 그리스도 예수 우
리 주께 내가 감사함은 나를 충성되
이 여겨 내게 직분을 맡기심이니
13 내가 전에는 비방자요 박해자요 폭
행자였으나 도리어 긍휼을 입은 것
은 내가 믿지 아니할 때에 알지 못
하고 행하였음이라
14 우리 주의 은혜가 그리스도 예수
안에 있는 믿음과 사랑과 함께 넘
치도록 풍성하였도다
15 미쁘다 모든 사람이 받을 만한 이
말이여 그리스도 예수께서 죄인을
구원하시려고 세상에 임하셨다 하
였도다 죄인 중에 내가 괴수니라
16 그러나 내가 긍휼을 입은 까닭은
예수 그리스도께서 내게 먼저 일체
오래 참으심을 보이사 후에 주를

기록일 : . . .

믿어 영생 얻는 자들에게 본이 되
게 하려 하심이라
17 영원하신 왕 곧 썩지 아니하고 보
이지 아니하고 홀로 하나이신 하나
님께 존귀와 영광이 영원무궁하도
록 있을지어다 아멘
18 아들 디모데야 내가 네게 이 교훈
으로써 명하노니 전에 너를 지도한
예언을 따라 그것으로 선한 싸움을
싸우며
19 믿음과 착한 양심을 가지라 어떤
이들은 이 양심을 버렸고 그 믿음에
관하여는 파선하였느니라
20 그 가운데 후메내오와 알렉산더가
있으니 내가 사탄에게 내준 것은
그들로 훈계를 받아 신성을 모독하
지 못하게 하려 함이라

2 그러므로 내가 첫째로 권하노니
모든 사람을 위하여 간구와 기도와
도고와 감사를 하되
2 임금들과 높은 지위에 있는 모든
사람을 위하여 하라 이는 우리가
모든 경건과 단정함으로 고요하고
평안한 생활을 하려 함이라
3 이것이 우리 구주 하나님 앞에 선하
고 받으실 만한 것이니
4 하나님은 모든 사람이 구원을 받으
며 진리를 아는 데에 이르기를 원
하시느니라
5 하나님은 한 분이시요 또 하나님과
사람 사이에 중보자도 한 분이시니
곧 사람이신 그리스도 예수라
6 그가 모든 사람을 위하여 자기를
대속물로 주셨으니 기약이 이르러
주신 증거니라
7 이를 위하여 내가 전파하는 자와
사도로 세움을 입은 것은 참말이요
거짓말이 아니니 믿음과 진리 안에
서 내가 이방인의 스승이 되었노라
8 그러므로 각처에서 남자들이 분노
와 다툼이 없이 거룩한 손을 들어
기도하기를 원하노라
9 또 이와 같이 여자들도 단정하게
옷을 입으며 소박함과 정절로써 자
기를 단장하고 땋은 머리와 금이나
진주나 값진 옷으로 하지 말고
10 오직 선행으로 하기를 원하노라 이
것이 하나님을 경외한다 하는 자들
에게 마땅한 것이니라
11 여자는 일체 순종함으로 조용히 배
우라
12 여자가 가르치는 것과 남자를 주관
하는 것을 허락하지 아니하노니 오
직 조용할지니라
13 이는 아담이 먼저 지음을 받고 하
와가 그 후며
14 아담이 속은 것이 아니고 여자가
속아 죄에 빠졌음이라
15 그러나 여자들이 만일 정숙함으로
써 믿음과 사랑과 거룩함에 거하면

기록일 : . . .

그의 해산함으로 구원을 얻으리라

3

미쁘다 이 말이여, 곧 사람이 감
독의 직분을 얻으려 함은 선한 일
을 사모하는 것이라 함이로다
2 그러므로 감독은 책망할 것이 없으
며 한 아내의 남편이 되며 절제하며
신중하며 단정하며 나그네를 대접
하며 가르치기를 잘하며
3 술을 즐기지 아니하며 구타하지 아
니하며 오직 관용하며 다투지 아니
하며 돈을 사랑하지 아니하며
4 자기 집을 잘 다스려 자녀들로 모
든 공손함으로 복종하게 하는 자라
야 할지며
5 (사람이 자기 집을 다스릴 줄 알지
못하면 어찌 하나님의 교회를 돌보
리요)
6 새로 입교한 자도 말지니 교만하
여져서 마귀를 정죄하는 그 정죄에
빠질까 함이요
7 또한 외인에게서도 선한 증거를 얻
은 자라야 할지니 비방과 마귀의
올무에 빠질까 염려하라
8 이와 같이 집사들도 정중하고 일구
이언을 하지 아니하고 술에 인박히
지 아니하고 더러운 이를 탐하지 아
니하고
9 깨끗한 양심에 믿음의 비밀을 가진
자라야 할지니
10 이에 이 사람들을 먼저 시험하여 보
고 그 후에 책망할 것이 없으면 집
사의 직분을 맡게 할 것이요
11 여자들도 이와 같이 정숙하고 모함
하지 아니하며 절제하며 모든 일에
충성된 자라야 할지니라
12 집사들은 한 아내의 남편이 되어
자녀와 자기 집을 잘 다스리는 자
일지니
13 집사의 직분을 잘한 자들은 아름다
운 지위와 그리스도 예수 안에 있
는 믿음에 큰 담력을 얻느니라
14 내가 속히 네게 가기를 바라나 이
것을 네게 쓰는 것은
15 만일 내가 지체하면 너로 하여금
하나님의 집에서 어떻게 행하여야
할지를 알게 하려 함이니 이 집은
살아 계신 하나님의 교회요 진리의
기둥과 터니라
16 크도다 경건의 비밀이여, 그렇지 않
다 하는 이 없도다 그는 육신으로
나타난 바 되시고 영으로 의롭다
하심을 받으시고 천사들에게 보이
시고 만국에서 전파되시고 세상에
서 믿은 바 되시고 영광 가운데서
올려지셨느니라

4

그러나 성령이 밝히 말씀하시기를
후일에 어떤 사람들이 믿음에서 떠
나 미혹하는 영과 귀신의 가르침을
따르리라 하셨으니
2 자기 양심이 화인을 맞아서 외식함

기록일 : . . .

으로 거짓말하는 자들이라
3 혼인을 금하고 어떤 음식물은 먹지
말라고 할 터이나 음식물은 하나님
이 지으신 바니 믿는 자들과 진리를
아는 자들이 감사함으로 받을 것이
니라
4 하나님께서 지으신 모든 것이 선하
매 감사함으로 받으면 버릴 것이 없
나니
5 하나님의 말씀과 기도로 거룩하여
짐이라
6 네가 이것으로 형제를 깨우치면 그
리스도 예수의 좋은 일꾼이 되어
믿음의 말씀과 네가 따르는 좋은
교훈으로 양육을 받으리라
7 망령되고 허탄한 신화를 버리고 경
건에 이르도록 네 자신을 연단하라
8 육체의 연단은 약간의 유익이 있으
나 경건은 범사에 유익하니 금생과
내생에 약속이 있느니라
9 미쁘다 이 말이여 모든 사람들이
받을 만하도다
10 이를 위하여 우리가 수고하고 힘쓰
는 것은 우리 소망을 살아 계신 하
나님께 둠이니 곧 모든 사람 특히
믿는 자들의 구주시라
11 너는 이것들을 명하고 가르치라
12 누구든지 네 연소함을 업신여기지
못하게 하고 오직 말과 행실과 사
랑과 믿음과 정절에 있어서 믿는 자
에게 본이 되어
13 내가 이를 때까지 읽는 것과 권하
는 것과 가르치는 것에 전념하라
14 네 속에 있는 은사 곧 장로의 회에
서 안수 받을 때에 예언을 통하여
받은 것을 가볍게 여기지 말며
15 이 모든 일에 전심 전력하여 너의
성숙함을 모든 사람에게 나타나게
하라
16 네가 네 자신과 가르침을 살펴 이
일을 계속하라 이것을 행함으로 네
자신과 네게 듣는 자를 구원하리라

5 늙은이를 꾸짖지 말고 권하되 아
버지에게 하듯 하며 젊은이에게는
형제에게 하듯 하고
2 늙은 여자에게는 어머니에게 하듯
하며 젊은 여자에게는 온전히 깨끗
함으로 자매에게 하듯 하라
3 참 과부인 과부를 존대하라
4 만일 어떤 과부에게 자녀나 손자들
이 있거든 그들로 먼저 자기 집에
서 효를 행하여 부모에게 보답하기
를 배우게 하라 이것이 하나님 앞
에 받으실 만한 것이니라
5 참 과부로서 외로운 자는 하나님께
소망을 두어 주야로 항상 간구와
기도를 하거니와
6 향락을 좋아하는 자는 살았으나 죽
었느니라
7 네가 또한 이것을 명하여 그들로

기록일 : . . .

책망 받을 것이 없게 하라
8 누구든지 자기 친족 특히 자기 가족
을 돌보지 아니하면 믿음을 배반한
자요 불신자보다 더 악한 자니라
9 과부로 명부에 올릴 자는 나이가
육십이 덜 되지 아니하고 한 남편의
아내였던 자로서
10 선한 행실의 증거가 있어 혹은 자녀
를 양육하며 혹은 나그네를 대접하
며 혹은 성도들의 발을 씻으며 혹
은 환난 당한 자들을 구제하며 혹
은 모든 선한 일을 행한 자라야 할
것이요
11 젊은 과부는 올리지 말지니 이는 정
욕으로 그리스도를 배반할 때에 시
집 가고자 함이니
12 처음 믿음을 저버렸으므로 정죄를
받느니라
13 또 그들은 게으름을 익혀 집집으로
돌아 다니고 게으를 뿐 아니라 쓸
데없는 말을 하며 일을 만들며 마
땅히 아니할 말을 하나니
14 그러므로 젊은이는 시집 가서 아이
를 낳고 집을 다스리고 대적에게
비방할 기회를 조금도 주지 말기를
원하노라
15 이미 사탄에게 돌아간 자들도 있
도다
16 만일 믿는 여자에게 과부 친척이 있
거든 자기가 도와 주고 교회가 짐
지지 않게 하라 이는 참 과부를 도
와 주게 하려 함이라
17 잘 다스리는 장로들은 배나 존경
할 자로 알되 말씀과 가르침에 수고
하는 이들에게는 더욱 그리할 것이
니라
18 성경에 일렀으되 곡식을 밟아 떠는
소의 입에 망을 씌우지 말라 하였
고 또 일꾼이 그 삯을 받는 것은 마
땅하다 하였느니라
19 장로에 대한 고발은 두세 증인이
없으면 받지 말 것이요
20 범죄한 자들을 모든 사람 앞에서
꾸짖어 나머지 사람들로 두려워하
게 하라
21 하나님과 그리스도 예수와 택하심
을 받은 천사들 앞에서 내가 엄히
명하노니 너는 편견이 없이 이것들
을 지켜 아무 일도 불공평하게 하
지 말며
22 아무에게나 경솔히 안수하지 말고
다른 사람의 죄에 간섭하지 말며
네 자신을 지켜 정결하게 하라
23 이제부터는 물만 마시지 말고 네
위장과 자주 나는 병을 위하여는
포도주를 조금씩 쓰라
24 어떤 사람들의 죄는 밝히 드러나
먼저 심판에 나아가고 어떤 사람들
의 죄는 그 뒤를 따르나니
25 이와 같이 선행도 밝히 드러나고 그

기록일 : . . .

령지 아니한 것도 숨길 수 없느니라

6

무릇 멍에 아래에 있는 종들은 자
기 상전들을 범사에 마땅히 공경할
자로 알지니 이는 하나님의 이름과
교훈으로 비방을 받지 않게 하려
함이라
2 믿는 상전이 있는 자들은 그 상전
을 형제라고 가볍게 여기지 말고 더
잘 섬기게 하라 이는 유익을 받는
자들이 믿는 자요 사랑을 받는 자
임이라 너는 이것들을 가르치고 권
하라
3 누구든지 다른 교훈을 하며 바른
말 곧 우리 주 예수 그리스도의 말
씀과 경건에 관한 교훈을 따르지
아니하면
4 그는 교만하여 아무 것도 알지 못
하고 변론과 언쟁을 좋아하는 자니
이로써 투기와 분쟁과 비방과 악한
생각이 나며
5 마음이 부패하여지고 진리를 잃어
버려 경건을 이익의 방도로 생각하
는 자들의 다툼이 일어나느니라
6 그러나 자족하는 마음이 있으면 경
건은 큰 이익이 되느니라
7 우리가 세상에 아무 것도 가지고
온 것이 없으매 또한 아무 것도 가
지고 가지 못하리니
8 우리가 먹을 것과 입을 것이 있은즉
족한 줄로 알 것이니라
9 부하려 하는 자들은 시험과 올무와
여러 가지 어리석고 해로운 욕심에
떨어지나니 곧 사람으로 파멸과 멸
망에 빠지게 하는 것이라
10 돈을 사랑함이 일만 악의 뿌리가
되나니 이것을 탐내는 자들은 미혹
을 받아 믿음에서 떠나 많은 근심
으로써 자기를 찔렀도다
11 오직 너 하나님의 사람아 이것들을
피하고 의와 경건과 믿음과 사랑과
인내와 온유를 따르며
12 믿음의 선한 싸움을 싸우라 영생을
취하라 이를 위하여 네가 부르심을
받았고 많은 증인 앞에서 선한 증
언을 하였도다
13 만물을 살게 하신 하나님 앞과 본
디오 빌라도를 향하여 선한 증언을
하신 그리스도 예수 앞에서 내가
너를 명하노니
14 우리 주 예수 그리스도께서 나타나
실 때까지 흠도 없고 책망 받을 것
도 없이 이 명령을 지키라
15 기약이 이르면 하나님이 그의 나타
나심을 보이시리니 하나님은 복되
시고 유일하신 주권자이시며 만왕
의 왕이시며 만주의 주시요
16 오직 그에게만 죽지 아니함이 있고
가까이 가지 못할 빛에 거하시고
어떤 사람도 보지 못하였고 또 볼
수 없는 이시니 그에게 존귀와 영

기록일 : . . .

원한 권능을 돌릴지어다 아멘
17 네가 이 세대에서 부한 자들을 명
하여 마음을 높이지 말고 정함이 없
는 재물에 소망을 두지 말고 오직
우리에게 모든 것을 후히 주사 누
리게 하시는 하나님께 두며
18 선을 행하고 선한 사업을 많이 하
고 나누어 주기를 좋아하며 너그러
운 자가 되게 하라
19 이것이 장래에 자기를 위하여 좋은
터를 쌓아 참된 생명을 취하는 것
이니라
20 디모데야 망령되고 헛된 말과 거짓
된 지식의 반론을 피함으로 네게
부탁한 것을 지키라
21 이것을 따르는 사람들이 있어 믿음
에서 벗어났느니라 은혜가 너희와
함께 있을지어다

기록일 : . . .

디모데후서

1 하나님의 뜻으로 말미암아 그리
스도 예수 안에 있는 생명의 약속
대로 그리스도 예수의 사도 된 바
울은
2 사랑하는 아들 디모데에게 편지하
노니 하나님 아버지와 그리스도 예
수 우리 주께로부터 은혜와 긍휼과
평강이 네게 있을지어다
3 내가 밤낮 간구하는 가운데 쉬지
않고 너를 생각하여 청결한 양심으
로 조상적부터 섬겨 오는 하나님께
감사하고
4 네 눈물을 생각하여 너 보기를 원
함은 내 기쁨이 가득하게 하려 함
이니
5 이는 네 속에 거짓이 없는 믿음이
있음을 생각함이라 이 믿음은 먼저
네 외조모 로이스와 네 어머니 유
니게 속에 있더니 네 속에도 있는
줄을 확신하노라
6 그러므로 내가 나의 안수함으로 네
속에 있는 하나님의 은사를 다시
불일듯 하게 하기 위하여 너로 생
각하게 하노니
7 하나님이 우리에게 주신 것은 두려
워하는 마음이 아니요 오직 능력과
사랑과 절제하는 마음이니
8 그러므로 너는 내가 우리 주를 증
언함과 또는 주를 위하여 갇힌 자
된 나를 부끄러워하지 말고 오직
하나님의 능력을 따라 복음과 함께
고난을 받으라
9 하나님이 우리를 구원하사 거룩하
신 소명으로 부르심은 우리의 행
위대로 하심이 아니요 오직 자기의
뜻과 영원 전부터 그리스도 예수
안에서 우리에게 주신 은혜대로 하
심이라
10 이제는 우리 구주 그리스도 예수의
나타나심으로 말미암아 나타났으니
그는 사망을 폐하시고 복음으로써
생명과 썩지 아니할 것을 드러내신
지라
11 내가 이 복음을 위하여 선포자와
사도와 교사로 세우심을 입었노라
12 이로 말미암아 내가 또 이 고난을
받되 부끄러워하지 아니함은 내가
믿는 자를 내가 알고 또한 내가 의
탁한 것을 그 날까지 그가 능히 지
키실 줄을 확신함이라
13 너는 그리스도 예수 안에 있는 믿
음과 사랑으로써 내게 들은 바 바
른 말을 본받아 지키고
14 우리 안에 거하시는 성령으로 말미
암아 네게 부탁한 아름다운 것을
지키라

기록일 : . . .

15 아시아에 있는 모든 사람이 나를
버린 이 일을 네가 아나니 그 중에
는 부겔로와 허모게네도 있느니라
16 원하건대 주께서 오네시보로의 집
에 긍휼을 베푸시옵소서 그가 나를
자주 격려해 주고 내가 사슬에 매
인 것을 부끄러워하지 아니하고
17 로마에 있을 때에 나를 부지런히
찾아와 만났음이라
18 (원하건대 주께서 그로 하여금 그
날에 주의 긍휼을 입게 하여 주옵
소서) 또 그가 에베소에서 많이 봉
사한 것을 네가 잘 아느니라

2 내 아들아 그러므로 너는 그리스
도 예수 안에 있는 은혜 가운데서
강하고
2 또 네가 많은 증인 앞에서 내게 들
은 바를 충성된 사람들에게 부탁하
라 그들이 또 다른 사람들을 가르
칠 수 있으리라
3 너는 그리스도 예수의 좋은 병사로
나와 함께 고난을 받으라
4 병사로 복무하는 자는 자기 생활에
얽매이는 자가 하나도 없나니 이는
병사로 모집한 자를 기쁘게 하려
함이라
5 경기하는 자가 법대로 경기하지 아
니하면 승리자의 관을 얻지 못할 것
이며
6 수고하는 농부가 곡식을 먼저 받는
것이 마땅하니라
7 내가 말하는 것을 생각해 보라 주
께서 범사에 네게 총명을 주시리라
8 내가 전한 복음대로 다윗의 씨로
죽은 자 가운데서 다시 살아나신
예수 그리스도를 기억하라
9 복음으로 말미암아 내가 죄인과
같이 매이는 데까지 고난을 받았으
나 하나님의 말씀은 매이지 아니하
니라
10 그러므로 내가 택함 받은 자들을
위하여 모든 것을 참음은 그들도
그리스도 예수 안에 있는 구원을
영원한 영광과 함께 받게 하려 함
이라
11 미쁘다 이 말이여 우리가 주와 함
께 죽었으면 또한 함께 살 것이요
12 참으면 또한 함께 왕 노릇 할 것이
요 우리가 주를 부인하면 주도 우
리를 부인하실 것이라
13 우리는 미쁨이 없을지라도 주는 항
상 미쁘시니 자기를 부인하실 수 없
으시리라
14 너는 그들로 이 일을 기억하게 하여
말다툼을 하지 말라고 하나님 앞에
서 엄히 명하라 이는 유익이 하나도
없고 도리어 듣는 자들을 망하게
함이라
15 너는 진리의 말씀을 옳게 분별하며
부끄러울 것이 없는 일꾼으로 인정

기록일 : . . .

된 자로 자신을 하나님 앞에 드리
기를 힘쓰라
16 망령되고 헛된 말을 버리라 그들
은 경건하지 아니함에 점점 나아가
나니
17 그들의 말은 악성 종양이 퍼져나감
과 같은데 그 중에 후메내오와 빌
레도가 있느니라
18 진리에 관하여는 그들이 그릇되었
도다 부활이 이미 지나갔다 함으로
어떤 사람들의 믿음을 무너뜨리느
니라
19 그러나 하나님의 견고한 터는 섰으
니 인침이 있어 일렀으되 주께서 자
기 백성을 아신다 하며 또 주의 이
름을 부르는 자마다 불의에서 떠날
지어다 하였느니라
20 큰 집에는 금 그릇과 은 그릇뿐 아
니라 나무 그릇과 질그릇도 있어
귀하게 쓰는 것도 있고 천하게 쓰
는 것도 있나니
21 그러므로 누구든지 이런 것에서 자
기를 깨끗하게 하면 귀히 쓰는 그
릇이 되어 거룩하고 주인의 쓰심에
합당하며 모든 선한 일에 준비함이
되리라
22 또한 너는 청년의 정욕을 피하고
주를 깨끗한 마음으로 부르는 자들
과 함께 의와 믿음과 사랑과 화평
을 따르라
23 어리석고 무식한 변론을 버리라 이
에서 다툼이 나는 줄 앎이라
24 주의 종은 마땅히 다투지 아니하고
모든 사람에 대하여 온유하며 가르
치기를 잘하며 참으며
25 거역하는 자를 온유함으로 훈계할
지니 혹 하나님이 그들에게 회개함
을 주사 진리를 알게 하실까 하며
26 그들로 깨어 마귀의 올무에서 벗어
나 하나님께 사로잡힌 바 되어 그
뜻을 따르게 하실까 함이라

3 너는 이것을 알라 말세에 고통하
는 때가 이르러
2 사람들이 자기를 사랑하며 돈을 사
랑하며 자랑하며 교만하며 비방하
며 부모를 거역하며 감사하지 아니
하며 거룩하지 아니하며
3 무정하며 원통함을 풀지 아니하며
모함하며 절제하지 못하며 사나우
며 선한 것을 좋아하지 아니하며
4 배신하며 조급하며 자만하며 쾌락
을 사랑하기를 하나님 사랑하는 것
보다 더하며
5 경건의 모양은 있으나 경건의 능력
은 부인하니 이같은 자들에게서 네
가 돌아서라
6 그들 중에 남의 집에 가만히 들어
가 어리석은 여자를 유인하는 자들
이 있으니 그 여자는 죄를 중히 지
고 여러 가지 욕심에 끌린 바 되어

기록일 : . . .

7 항상 배우나 끝내 진리의 지식에
이를 수 없느니라
8 얀네와 얌브레가 모세를 대적한 것
같이 그들도 진리를 대적하니 이 사
람들은 그 마음이 부패한 자요 믿
음에 관하여는 버림 받은 자들이라
9 그러나 그들이 더 나아가지 못할
것은 저 두 사람이 된 것과 같이 그
들의 어리석음이 드러날 것임이라
10 나의 교훈과 행실과 의향과 믿음과
오래 참음과 사랑과 인내와
11 박해를 받음과 고난과 또한 안디
옥과 이고니온과 루스드라에서 당
한 일과 어떠한 박해를 받은 것을
네가 과연 보고 알았거니와 주께서
이 모든 것 가운데서 나를 건지셨느
니라
12 무릇 그리스도 예수 안에서 경건하
게 살고자 하는 자는 박해를 받으
리라
13 악한 사람들과 속이는 자들은 더욱
악하여져서 속이기도 하고 속기도
하나니
14 그러나 너는 배우고 확신한 일에
거하라 너는 네가 누구에게서 배운
것을 알며
15 또 어려서부터 성경을 알았나니 성
경은 능히 너로 하여금 그리스도 예
수 안에 있는 믿음으로 말미암아 구
원에 이르는 지혜가 있게 하느니라
16 모든 성경은 하나님의 감동으로 된
것으로 교훈과 책망과 바르게 함과
의로 교육하기에 유익하니
17 이는 하나님의 사람으로 온전하게
하며 모든 선한 일을 행할 능력을
갖추게 하려 함이라

4 하나님 앞과 살아 있는 자와 죽은
자를 심판하실 그리스도 예수 앞에
서 그가 나타나실 것과 그의 나라
를 두고 엄히 명하노니
2 너는 말씀을 전파하라 때를 얻든지
못 얻든지 항상 힘쓰라 범사에 오
래 참음과 가르침으로 경책하며 경
계하며 권하라
3 때가 이르리니 사람이 바른 교훈을
받지 아니하며 귀가 가려워서 자기
의 사욕을 따를 스승을 많이 두고
4 또 그 귀를 진리에서 돌이켜 허탄한
이야기를 따르리라
5 그러나 너는 모든 일에 신중하여
고난을 받으며 전도자의 일을 하며
네 직무를 다하라
6 전제와 같이 내가 벌써 부어지고
나의 떠날 시각이 가까웠도다
7 나는 선한 싸움을 싸우고 나의 달
려갈 길을 마치고 믿음을 지켰으니
8 이제 후로는 나를 위하여 의의 면
류관이 예비되었으므로 주 곧 의로
우신 재판장이 그 날에 내게 주실
것이며 내게만 아니라 주의 나타나

기록일 : . . .

심을 사모하는 모든 자에게도니라
9 너는 어서 속히 내게로 오라
10 데마는 이 세상을 사랑하여 나를
버리고 데살로니가로 갔고 그레스
게는 갈라디아로, 디도는 달마디아
로 갔고
11 누가만 나와 함께 있느니라 네가
올 때에 마가를 데리고 오라 그가
나의 일에 유익하니라
12 두기고는 에베소로 보내었노라
13 네가 올 때에 내가 드로아 가보의
집에 둔 겉옷을 가지고 오고 또 책
은 특별히 가죽 종이에 쓴 것을 가
져오라
14 구리 세공업자 알렉산더가 내게 해
를 많이 입혔으매 주께서 그 행한
대로 그에게 갚으시리니
15 너도 그를 주의하라 그가 우리 말
을 심히 대적하였느니라
16 내가 처음 변명할 때에 나와 함께
한 자가 하나도 없고 다 나를 버렸
으나 그들에게 허물을 돌리지 않기
를 원하노라
17 주께서 내 곁에 서서 나에게 힘을
주심은 나로 말미암아 선포된 말씀
이 온전히 전파되어 모든 이방인이
듣게 하려 하심이니 내가 사자의
입에서 건짐을 받았느니라
18 주께서 나를 모든 악한 일에서 건
져내시고 또 그의 천국에 들어가도
록 구원하시리니 그에게 영광이 세
세무궁토록 있을지어다 아멘
19 브리스가와 아굴라와 및 오네시보
로의 집에 문안하라
20 에라스도는 고린도에 머물러 있고
드로비모는 병들어서 밀레도에 두
었노니
21 너는 겨울 전에 어서 오라 으불로
와 부데와 리노와 글라우디아와 모
든 형제가 다 네게 문안하느니라
22 나는 주께서 네 심령에 함께 계시
기를 바라노니 은혜가 너희와 함께
있을지어다

기록일 : . . .

TITUS

디도서

저 자　　사도 바울

주 제　　목회자의 역할과 성도들의 참된 삶

기록목적
- 디도의 목회 활동을 격려하고 목회할 때 필요한 사항들을 가르쳐 주기 위해 기록하였다.
- 교회에 많은 문제를 일으키는 거짓 교사들의 그릇된 교훈을 엄히 꾸짖어 책망하게끔 디도를 가르치기 위해 기록하였다.
- 교회의 직분 맡은 자들이 꼭 갖추어야 할 자질에 대하여 알려 주고 교회 안의 여러 집단들이 마땅히 취해야 할 태도에 대해 훈계하기 위해 기록하였다.

기록배경　　본 서신은 디모데전후서와 함께 바울의 목회서신에 속하며, 기록 시기는 디모데전서와 거의 같은 시기로 여겨진다. 주후 64년경 바울은 그레데 섬을 방문하여 복음을 전하고 디도로 하여금 그곳에서 교회를 설립하고 감독하는 일을 하도록 위임하였다. 그 후 그레데 교회는 구원의 필수 조건으로 할례를 주장하는 잘못된 유대주의의 영향을 받게 되었고, 그리스도의 복음의 진리가 점차 왜곡되어 갔다. 또한 도덕적으로 타락한 헬라 문화의 영향으로 나태와 방종에 빠진 성도들이 많았다. 이에 바울은 그레데 교회를 목회하는 디도를 격려함과 동시에 여러 문제들을 해결하기 위한 목회 지침을 주고자 본서를 기록하게 되었다.

특 징
- 디모데전서와 비교해 볼 때 문체나 기록 목적, 내용에 있어 매우 유사하며 밀접한 관계를 가지고 있기 때문에 디모데전서의 축소판이라고 일컬어진다.
- 영생과 하나님의 주권 등 기독교 신앙의 중요한 진리들을 집약적으로 설명하고 있다.
- 교회 생활에 필요한 실제적인 교훈들을 제시하고 있다

나의 기도

디도서

1 하나님의 종이요 예수 그리스도
의 사도인 나 바울이 사도 된 것은
하나님이 택하신 자들의 믿음과 경
건함에 속한 진리의 지식과
2 영생의 소망을 위함이라 이 영생은
거짓이 없으신 하나님이 영원 전부
터 약속하신 것인데
3 자기 때에 자기의 말씀을 전도로
나타내셨으니 이 전도는 우리 구주
하나님이 명하신 대로 내게 맡기신
것이라
4 같은 믿음을 따라 나의 참 아들 된
디도에게 편지하노니 하나님 아버
지와 그리스도 예수 우리 구주로부
터 은혜와 평강이 네게 있을지어다
5 내가 너를 그레데에 남겨 둔 이유
는 남은 일을 정리하고 내가 명한
대로 각 성에 장로들을 세우게 하
려 함이니
6 책망할 것이 없고 한 아내의 남편
이며 방탕하다는 비난을 받거나 불
순종하는 일이 없는 믿는 자녀를
둔 자라야 할지라
7 감독은 하나님의 청지기로서 책망
할 것이 없고 제 고집대로 하지 아
니하며 급히 분내지 아니하며 술을
즐기지 아니하며 구타하지 아니하
며 더러운 이득을 탐하지 아니하며
8 오직 나그네를 대접하며 선행을 좋
아하며 신중하며 의로우며 거룩하
며 절제하며
9 미쁜 말씀의 가르침을 그대로 지켜
야 하리니 이는 능히 바른 교훈으
로 권면하고 거슬러 말하는 자들을
책망하게 하려 함이라
10 불순종하고 헛된 말을 하며 속이는
자가 많은 중 할례파 가운데 특히
그러하니
11 그들의 입을 막을 것이라 이런 자
들이 더러운 이득을 취하려고 마땅
하지 아니한 것을 가르쳐 가정들을
온통 무너뜨리는도다
12 그레데인 중의 어떤 선지자가 말
하되 그레데인들은 항상 거짓말쟁
이며 악한 짐승이며 배만 위하는
게으름뱅이라 하니
13 이 증언이 참되도다 그러므로 네가
그들을 엄히 꾸짖으라 이는 그들로
하여금 믿음을 온전하게 하고
14 유대인의 허탄한 이야기와 진리를
배반하는 사람들의 명령을 따르지
않게 하려 함이라
15 깨끗한 자들에게는 모든 것이 깨끗
하나 더럽고 믿지 아니하는 자들에
게는 아무 것도 깨끗한 것이 없고
오직 그들의 마음과 양심이 더러운

기록일 : . . .

지라
16 그들이 하나님을 시인하나 행위로
는 부인하니 가증한 자요 복종하지
아니하는 자요 모든 선한 일을 버
리는 자니라

2 오직 너는 바른 교훈에 합당한 것
을 말하여
2 늙은 남자로는 절제하며 경건하며
신중하며 믿음과 사랑과 인내함에
온전하게 하고
3 늙은 여자로는 이와 같이 행실이 거
룩하며 모함하지 말며 많은 술의
종이 되지 아니하며 선한 것을 가르
치는 자들이 되고
4 그들로 젊은 여자들을 교훈하되 그
남편과 자녀를 사랑하며
5 신중하며 순전하며 집안 일을 하며
선하며 자기 남편에게 복종하게 하
라 이는 하나님의 말씀이 비방을
받지 않게 하려 함이라
6 너는 이와 같이 젊은 남자들을 신
중하도록 권면하되
7 범사에 네 자신이 선한 일의 본을
보이며 교훈에 부패하지 아니함과
단정함과
8 책망할 것이 없는 바른 말을 하게
하라 이는 대적하는 자로 하여금
부끄러워 우리를 악하다 할 것이
없게 하려 함이라
9 종들은 자기 상전들에게 범사에 순
종하여 기쁘게 하고 거슬러 말하지
말며
10 훔치지 말고 오히려 모든 참된 신
실성을 나타내게 하라 이는 범사에
우리 구주 하나님의 교훈을 빛나게
하려 함이라
11 모든 사람에게 구원을 주시는 하나
님의 은혜가 나타나
12 우리를 양육하시되 경건하지 않은
것과 이 세상 정욕을 다 버리고 신
중함과 의로움과 경건함으로 이 세
상에 살고
13 복스러운 소망과 우리의 크신 하
나님 구주 예수 그리스도의 영광이
나타나심을 기다리게 하셨으니
14 그가 우리를 대신하여 자신을 주심
은 모든 불법에서 우리를 속량하시
고 우리를 깨끗하게 하사 선한 일
을 열심히 하는 자기 백성이 되게
하려 하심이라
15 너는 이것을 말하고 권면하며 모든
권위로 책망하여 누구에게서든지
업신여김을 받지 말라

3 너는 그들로 하여금 통치자들과
권세 잡은 자들에게 복종하며 순종
하며 모든 선한 일 행하기를 준비
하게 하며
2 아무도 비방하지 말며 다투지 말며
관용하며 범사에 온유함을 모든 사
람에게 나타낼 것을 기억하게 하라

3 우리도 전에는 어리석은 자요 순종
하지 아니한 자요 속은 자요 여러
가지 정욕과 행락에 종 노릇 한 자
요 악독과 투기를 일삼은 자요 가증
스러운 자요 피차 미워한 자였으나
4 우리 구주 하나님의 자비와 사람
사랑하심이 나타날 때에
5 우리를 구원하시되 우리가 행한 바
의로운 행위로 말미암지 아니하고
오직 그의 긍휼하심을 따라 중생의
씻음과 성령의 새롭게 하심으로 하
셨나니
6 우리 구주 예수 그리스도로 말미암
아 우리에게 그 성령을 풍성히 부어
주사
7 우리로 그의 은혜를 힘입어 의롭다
하심을 얻어 영생의 소망을 따라
상속자가 되게 하려 하심이라
8 이 말이 미쁘도다 원하건대 너는 이
여러 것에 대하여 굳세게 말하라
이는 하나님을 믿는 자들로 하여금
조심하여 선한 일을 힘쓰게 하려 함
이라 이것은 아름다우며 사람들에
게 유익하니라
9 그러나 어리석은 변론과 족보 이야
기와 분쟁과 율법에 대한 다툼은
피하라 이것은 무익한 것이요 헛된
것이니라
10 이단에 속한 사람을 한두 번 훈계
한 후에 멀리하라
11 이러한 사람은 네가 아는 바와 같
이 부패하여 스스로 정죄한 자로서
죄를 짓느니라
12 내가 아데마나 두기고를 네게 보내
리니 그 때에 네가 급히 니고볼리
로 내게 오라 내가 거기서 겨울을
지내기로 작정하였노라
13 율법교사 세나와 및 아볼로를 급히
먼저 보내어 그들로 부족함이 없게
하고
14 또 우리 사람들도 열매 없는 자가
되지 않게 하기 위하여 필요한 것
을 준비하는 좋은 일에 힘 쓰기를
배우게 하라
15 나와 함께 있는 자가 다 네게 문안
하니 믿음 안에서 우리를 사랑하는
자들에게 너도 문안하라 은혜가 너
희 무리에게 있을지어다

기록일 : . . .

PHILEMON

빌레몬서

저 자 사도 바울

주 제 그리스도인 사이의 용서와 화해

기록목적 사도 바울은 로마로 도망갔던 빌레몬의 종 오네시모를 주인인 빌레몬에게 돌려보내면서 둘 사이의 화해를 주선하고, 궁극적으로는 다시 오네시모를 곁에 두고 함께 사역하기 위해 빌레몬 앞으로 이 서신을 기록하였다.

기록배경 사도 바울은 제3차 전도 여행행 18:23-21:16을 마친 후 예루살렘을 방문했다가 유대인들의 소동으로 체포되어 2년 이상의 호송 기간을 거쳐 로마 감옥에 투옥되었다. 이때 바울은 골로새의 유력자였던 빌레몬의 도망한 종 오네시모를 만났다. 빌레몬의 재산을 훔쳐 달아났던 오네시모는 바울을 만나서 회심하고 바울을 따르던 상황이었다1:10-12. 당시 로마의 노예법은 가혹해서 주인은 노예에 대하여 무제한적인 권한을 가졌고 도망한 노예를 주인의 의사에 따라 죽일 수도 있었다. 바울은 오네시모로 하여금 그의 곁에 머물며 사역을 돕게 하고 싶었지만 먼저 빌레몬의 허락을 받는 것이 옳다고 여기고 본 서신을 기록하여 빌레몬에게 보낸 것이다. 옥중 서신으로 분류되고 있는 본 서신은 골로새서와 깊은 연관을 가지고 있으며 기록 연대와 장소가 같은 것으로 보인다.

특 징 빌레몬서는 바울의 서신서 중에서 가장 짧은 서신으로서, 그리스도인의 실천적 윤리 문제를 다루고 있다. 표면적으로는 도주한 노예 오네시모에 대한 주인 빌레몬의 선처를 구하는 사적인 서신이지만, 그 깊은 의미에 있어서는 그리스도 예수 안에서 모든 화해가 가능하며 모든 일이 사랑의 동기에서 행해져야 한다는 메시지를 담고 있다.

나의 기도

빌레몬서

1 그리스도 예수를 위하여 갇힌 자
된 바울과 및 형제 디모데는 우리
의 사랑을 받는 자요 동역자인 빌
레몬과
2 자매 압비아와 우리와 함께 병사
된 아킵보와 네 집에 있는 교회에
편지하노니
3 하나님 우리 아버지와 주 예수 그
리스도로부터 은혜와 평강이 너희
에게 있을지어다
4 내가 항상 내 하나님께 감사하고
기도할 때에 너를 말함은
5 주 예수와 및 모든 성도에 대한 네
사랑과 믿음이 있음을 들음이니
6 이로써 네 믿음의 교제가 우리 가
운데 있는 선을 알게 하고 그리스
도께 이르도록 역사하느니라
7 형제여 성도들의 마음이 너로 말미
암아 평안함을 얻었으니 내가 너의
사랑으로 많은 기쁨과 위로를 받았
노라
8 이러므로 내가 그리스도 안에서 아
주 담대하게 네게 마땅한 일로 명
할 수도 있으나
9 도리어 사랑으로써 간구하노라 나
이가 많은 나 바울은 지금 또 예수
그리스도를 위하여 갇힌 자 되어
10 갇힌 중에서 낳은 아들 오네시모를
위하여 네게 간구하노라
11 그가 전에는 네게 무익하였으나 이
제는 나와 네게 유익하므로
12 네게 그를 돌려 보내노니 그는 내
심복이라
13 그를 내게 머물러 있게 하여 내 복
음을 위하여 갇힌 중에서 네 대신
나를 섬기게 하고자 하나
14 다만 네 승낙이 없이는 내가 아무
것도 하기를 원하지 아니하노니 이
는 너의 선한 일이 억지 같이 되지
아니하고 자의로 되게 하려 함이라
15 아마 그가 잠시 떠나게 된 것은 너
로 하여금 그를 영원히 두게 함이
리니
16 이 후로는 종과 같이 대하지 아니
하고 종 이상으로 곧 사랑 받는 형
제로 둘 자라 내게 특별히 그러하
거든 하물며 육신과 주 안에서 상
관된 네게랴
17 그러므로 네가 나를 동역자로 알진
대 그를 영접하기를 내게 하듯 하고
18 그가 만일 네게 불의를 하였거나
네게 빚진 것이 있으면 그것을 내
앞으로 계산하라
19 나 바울이 친필로 쓰노니 내가 갚
으려니와 네가 이 외에 네 자신이
내게 빚진 것은 내가 말하지 아니

기록일 : . . .

하노라
20 오 형제여 나로 주 안에서 너로 말
미암아 기쁨을 얻게 하고 내 마음
이 그리스도 안에서 평안하게 하라
21 나는 네가 순종할 것을 확신하므로
네게 썼노니 네가 내가 말한 것보
다 더 행할 줄을 아노라
22 오직 너는 나를 위하여 숙소를 마
련하라 너희 기도로 내가 너희에게
나아갈 수 있기를 바라노라
23 그리스도 예수 안에서 나와 함께
갇힌 자 에바브라와
24 또한 나의 동역자 마가, 아리스다
고, 데마, 누가가 문안하느니라
25 우리 주 예수 그리스도의 은혜가
너희 심령과 함께 있을지어다

기록일 : . . .

히브리서

HEBREWS

저 자	미상
주 제	영원하고 완전하신 대제사장 예수 그리스도
기록목적	• 유대교로 돌아가려는 성도들에게 그리스도의 우월성과 완전성을 알리기 위함이다. • 교회 안팎의 위협과 무기력이 만연한 시대에 신자들이 믿음에서 떨어지지 않도록 권고하며[2:1; 3:6,14], 배교치 않도록 경고하고[6:4-6; 10:26-29], 어떤 일이 있더라도 믿음과 인내로써 약속들을 기업으로 받는 자들이 될 것을 권면하기 위함이다[10:35-39].
기록배경	본 서신의 수신자들은 직접 예수께 복음을 받은 것이 아니고, 그의 제자들에게서 받았다. 그들은 신자가 된 지 오래 되었으나 아직 성숙한 신앙에는 이르지 못한 상태였다[5:11-14]. 또한 그리스도께서 속히 재림하실 것이라고 믿던 처음의 소망이 점차 약해졌으며[10:37], 급기야는 기독교를 버리고 유대교로 돌아가려는 배교의 위기에 놓여 있었다[2:1, 3; 3:12, 13; 6:1-6; 10:26, 38]. 뿐만 아니라 그들 중에는 열심이 식어 모이기를 폐하는 자들도 있었으며[10:25], 환난을 당하여 점점 뒤로 물러가는 자들도 있었고[10:32-39], 여러 가지 이단 사상에 미혹되어 신앙을 잃는 자들도 있었다[13:9].
특 징	• 신약성경 중 구약의 인용이 가장 많은 책으로서, 유대교에 대한 기독교의 변증서다. • 그리스도론에 있어 매우 풍부한 내용을 담고 있다. • 설교 형태로 시작하여 서신 형태로 끝을 맺는다. • '믿음의 책'으로서, 특히 11장은 '믿음 장'으로 불린다.

나의 기도

히브리서

1 옛적에 선지자들을 통하여 여러
부분과 여러 모양으로 우리 조상들
에게 말씀하신 하나님이
2 이 모든 날 마지막에는 아들을 통
하여 우리에게 말씀하셨으니 이 아
들을 만유의 상속자로 세우시고 또
그로 말미암아 모든 세계를 지으셨
느니라
3 이는 하나님의 영광의 광채시요 그
본체의 형상이시라 그의 능력의 말
씀으로 만물을 붙드시며 죄를 정결
하게 하는 일을 하시고 높은 곳에
계신 지극히 크신 이의 우편에 앉으
셨느니라
4 그가 천사보다 훨씬 뛰어남은 그들
보다 더욱 아름다운 이름을 기업으
로 얻으심이니
5 하나님께서 어느 때에 천사 중 누
구에게 너는 내 아들이라 오늘 내
가 너를 낳았다 하셨으며 또 다시
나는 그에게 아버지가 되고 그는
내게 아들이 되리라 하셨느냐
6 또 그가 맏아들을 이끌어 세상에
다시 들어오게 하실 때에 하나님의
모든 천사들은 그에게 경배할지어
다 말씀하시며
7 또 천사들에 관하여는 그는 그의 천
사들을 바람으로, 그의 사역자들을
불꽃으로 삼으시느니라 하셨으되
8 아들에 관하여는 하나님이여 주의
보좌는 영영하며 주의 나라의 규는
공평한 규이니이다
9 주께서 의를 사랑하시고 불법을 미
워하셨으니 그러므로 하나님 곧 주
의 하나님이 즐거움의 기름을 주께
부어 주를 동류들보다 뛰어나게 하
셨도다 하였고
10 또 주여 태초에 주께서 땅의 기초
를 두셨으며 하늘도 주의 손으로
지으신 바라
11 그것들은 멸망할 것이나 오직 주는
영존할 것이요 그것들은 다 옷과
같이 낡아지리니
12 의복처럼 갈아입을 것이요 그것들
은 옷과 같이 변할 것이나 주는 여
전하여 연대가 다함이 없으리라 하
였으나
13 어느 때에 천사 중 누구에게 내가
네 원수로 네 발등상이 되게 하기
까지 너는 내 우편에 앉아 있으라
하셨느냐
14 모든 천사들은 섬기는 영으로서 구
원 받을 상속자들을 위하여 섬기라
고 보내심이 아니냐

2 그러므로 우리는 들은 것에 더욱
유념함으로 우리가 흘러 떠내려가

기록일 : . . .

지 않도록 함이 마땅하니라
2 천사들을 통하여 하신 말씀이 견고
하게 되어 모든 범죄함과 순종하지
아니함이 공정한 보응을 받았거든
3 우리가 이같이 큰 구원을 등한히
여기면 어찌 그 보응을 피하리요 이
구원은 처음에 주로 말씀하신 바요
들은 자들이 우리에게 확증한 바니
4 하나님도 표적들과 기사들과 여러
가지 능력과 및 자기의 뜻을 따라
성령이 나누어 주신 것으로써 그들
과 함께 증언하셨느니라
5 하나님이 우리가 말하는 바 장차
올 세상을 천사들에게 복종하게 하
심이 아니니라
6 그러나 누구인가가 어디에서 증언
하여 이르되 사람이 무엇이기에 주
께서 그를 생각하시며 인자가 무엇
이기에 주께서 그를 돌보시나이까
7 그를 잠시 동안 천사보다 못하게 하
시며 영광과 존귀로 관을 씌우시며
8 만물을 그 발 아래에 복종하게 하
셨느니라 하였으니 만물로 그에게
복종하게 하셨은즉 복종하지 않은
것이 하나도 없어야 하겠으나 지금
우리가 만물이 아직 그에게 복종하
고 있는 것을 보지 못하고
9 오직 우리가 천사들보다 잠시 동
안 못하게 하심을 입은 자 곧 죽음
의 고난 받으심으로 말미암아 영광
과 존귀로 관을 쓰신 예수를 보니
이를 행하심은 하나님의 은혜로 말
미암아 모든 사람을 위하여 죽음을
맛보려 하심이라
10 그러므로 만물이 그를 위하고 또
한 그로 말미암은 이가 많은 아들들
을 이끌어 영광에 들어가게 하시는
일에 그들의 구원의 창시자를 고난
을 통하여 온전하게 하심이 합당하
도다
11 거룩하게 하시는 이와 거룩하게 함
을 입은 자들이 다 한 근원에서 난
지라 그러므로 형제라 부르시기를
부끄러워하지 아니하시고
12 이르시되 내가 주의 이름을 내 형
제들에게 선포하고 내가 주를 교회
중에서 찬송하리라 하셨으며
13 또 다시 내가 그를 의지하리라 하시
고 또 다시 볼지어다 나와 및 하나
님께서 내게 주신 자녀라 하셨으니
14 자녀들은 혈과 육에 속하였으매 그
도 또한 같은 모양으로 혈과 육을
함께 지니심은 죽음을 통하여 죽음
의 세력을 잡은 자 곧 마귀를 멸하
시며
15 또 죽기를 무서워하므로 한평생 매
여 종 노릇 하는 모든 자들을 놓아
주려 하심이니
16 이는 확실히 천사들을 붙들어 주려
하심이 아니요 오직 아브라함의 자

기록일 : . . .

손을 붙들어 주려 하심이라
17 그러므로 그가 범사에 형제들과 같
이 되심이 마땅하도다 이는 하나님
의 일에 자비하고 신실한 대제사장
이 되어 백성의 죄를 속량하려 하
심이라
18 그가 시험을 받아 고난을 당하셨은
즉 시험 받는 자들을 능히 도우실
수 있느니라

3

그러므로 함께 하늘의 부르심을
받은 거룩한 형제들아 우리가 믿는
도리의 사도이시며 대제사장이신
예수를 깊이 생각하라
2 그는 자기를 세우신 이에게 신실하
시기를 모세가 하나님의 온 집에서
한 것과 같이 하셨으니
3 그는 모세보다 더욱 영광을 받을
만한 것이 마치 집 지은 자가 그 집
보다 더욱 존귀함 같으니라
4 집마다 지은 이가 있으니 만물을 지
으신 이는 하나님이시라
5 또한 모세는 장래에 말할 것을 증
언하기 위하여 하나님의 온 집에서
종으로서 신실하였고
6 그리스도는 하나님의 집을 맡은 아
들로서 그와 같이 하셨으니 우리가
소망의 확신과 자랑을 끝까지 굳게
잡고 있으면 우리는 그의 집이라
7 그러므로 성령이 이르신 바와 같이
오늘 너희가 그의 음성을 듣거든
8 광야에서 시험하던 날에 거역하던
것 같이 너희 마음을 완고하게 하
지 말라
9 거기서 너희 열조가 나를 시험하여
증험하고 사십 년 동안 나의 행사
를 보았느니라
10 그러므로 내가 이 세대에게 노하여
이르기를 그들이 항상 마음이 미혹
되어 내 길을 알지 못하는도다 하
였고
11 내가 노하여 맹세한 바와 같이 그
들은 내 안식에 들어오지 못하리라
하였다 하였느니라
12 형제들아 너희는 삼가 혹 너희 중
에 누가 믿지 아니하는 악한 마음
을 품고 살아 계신 하나님에게서
떨어질까 조심할 것이요
13 오직 오늘이라 일컫는 동안에 매일
피차 권면하여 너희 중에 누구든지
죄의 유혹으로 완고하게 되지 않도
록 하라
14 우리가 시작할 때에 확신한 것을
끝까지 견고히 잡고 있으면 그리스
도와 함께 참여한 자가 되리라
15 성경에 일렀으되 오늘 너희가 그의
음성을 듣거든 격노하시게 하던 것
같이 너희 마음을 완고하게 하지
말라 하였으니
16 듣고 격노하시게 하던 자가 누구냐
모세를 따라 애굽에서 나온 모든

기록일 : . . .

사람이 아니냐
17 또 하나님이 사십 년 동안 누구에
게 노하셨느냐 그들의 시체가 광야
에 엎드러진 범죄한 자들에게가 아
니냐
18 또 하나님이 누구에게 맹세하사 그
의 안식에 들어오지 못하리라 하셨
느냐 곧 순종하지 아니하던 자들에
게가 아니냐
19 이로 보건대 그들이 믿지 아니하므
로 능히 들어가지 못한 것이라

4 그러므로 우리는 두려워할지니
그의 안식에 들어갈 약속이 남아
있을지라도 너희 중에는 혹 이르지
못할 자가 있을까 함이라
2 그들과 같이 우리도 복음 전함을 받
은 자이나 들은 바 그 말씀이 그들
에게 유익하지 못한 것은 듣는 자가
믿음과 결부시키지 아니함이라
3 이미 믿는 우리들은 저 안식에 들어
가는도다 그가 말씀하신 바와 같으
니 내가 노하여 맹세한 바와 같이
그들이 내 안식에 들어오지 못하리
라 하셨다 하였으나 세상을 창조할
때부터 그 일이 이루어졌느니라
4 제칠일에 관하여는 어딘가에 이렇
게 일렀으되 하나님은 제칠일에 그
의 모든 일을 쉬셨다 하였으며
5 또 다시 거기에 그들이 내 안식에
들어오지 못하리라 하였으니
6 그러면 거기에 들어갈 자들이 남아
있거니와 복음 전함을 먼저 받은 자
들은 순종하지 아니함으로 말미암
아 들어가지 못하였으므로
7 오랜 후에 다윗의 글에 다시 어느
날을 정하여 오늘이라고 미리 이같
이 일렀으되 오늘 너희가 그의 음
성을 듣거든 너희 마음을 완고하게
하지 말라 하였나니
8 만일 여호수아가 그들에게 안식을
주었더라면 그 후에 다른 날을 말
씀하지 아니하셨으리라
9 그런즉 안식할 때가 하나님의 백성
에게 남아 있도다
10 이미 그의 안식에 들어간 자는 하
나님이 자기의 일을 쉬심과 같이 그
도 자기의 일을 쉬느니라
11 그러므로 우리가 저 안식에 들어가
기를 힘쓸지니 이는 누구든지 저 순
종하지 아니하는 본에 빠지지 않게
하려 함이라
12 하나님의 말씀은 살아 있고 활력이
있어 좌우에 날선 어떤 검보다도
예리하여 혼과 영과 및 관절과 골
수를 찔러 쪼개기까지 하며 또 마
음의 생각과 뜻을 판단하나니
13 지으신 것이 하나도 그 앞에 나타
나지 않음이 없고 우리의 결산을
받으실 이의 눈 앞에 만물이 벌거벗
은 것 같이 드러나느니라

기록일 : . . .

14 그러므로 우리에게 큰 대제사장이
계시니 승천하신 이 곧 하나님의 아
들 예수시라 우리가 믿는 도리를
굳게 잡을지어다
15 우리에게 있는 대제사장은 우리의
연약함을 동정하지 못하실 이가 아
니요 모든 일에 우리와 똑같이 시험
을 받으신 이로되 죄는 없으시니라
16 그러므로 우리는 긍휼하심을 받고
때를 따라 돕는 은혜를 얻기 위하
여 은혜의 보좌 앞에 담대히 나아
갈 것이니라

5

대제사장마다 사람 가운데서 택
한 자이므로 하나님께 속한 일에
사람을 위하여 예물과 속죄하는 제
사를 드리게 하나니
2 그가 무식하고 미혹된 자를 능히
용납할 수 있는 것은 자기도 연약
에 휩싸여 있음이라
3 그러므로 백성을 위하여 속죄제를
드림과 같이 또한 자신을 위하여도
드리는 것이 마땅하니라
4 이 존귀는 아무도 스스로 취하지
못하고 오직 아론과 같이 하나님의
부르심을 받은 자라야 할 것이니라
5 또한 이와 같이 그리스도께서 대제
사장 되심도 스스로 영광을 취하심
이 아니요 오직 말씀하신 이가 그
에게 이르시되 너는 내 아들이니
내가 오늘 너를 낳았다 하셨고
6 또한 이와 같이 다른 데서 말씀하
시되 네가 영원히 멜기세덱의 반차
를 따르는 제사장이라 하셨으니
7 그는 육체에 계실 때에 자기를 죽
음에서 능히 구원하실 이에게 심한
통곡과 눈물로 간구와 소원을 올렸
고 그의 경건하심으로 말미암아 들
으심을 얻었느니라
8 그가 아들이시면서도 받으신 고난
으로 순종함을 배워서
9 온전하게 되셨은즉 자기에게 순종
하는 모든 자에게 영원한 구원의
근원이 되시고
10 하나님께 멜기세덱의 반차를 따른
대제사장이라 칭하심을 받으셨느
니라
11 멜기세덱에 관하여는 우리가 할 말
이 많으나 너희가 듣는 것이 둔하
므로 설명하기 어려우니라
12 때가 오래 되었으므로 너희가 마땅
히 선생이 되었을 터인데 너희가 다
시 하나님의 말씀의 초보에 대하여
누구에게서 가르침을 받아야 할 처
지이니 단단한 음식은 못 먹고 젖이
나 먹어야 할 자가 되었도다
13 이는 젖을 먹는 자마다 어린 아이니
의의 말씀을 경험하지 못한 자요
14 단단한 음식은 장성한 자의 것이니
그들은 지각을 사용함으로 연단을
받아 선악을 분별하는 자들이니라

기록일 : . . .

6

그러므로 우리가 그리스도의 도
의 초보를 버리고 죽은 행실을 회
개함과 하나님께 대한 신앙과
2 침례들과 안수와 죽은 자의 부활
과 영원한 심판에 관한 교훈의 터
를 다시 닦지 말고 완전한 데로 나
아갈지니라
3 하나님께서 허락하시면 우리가 이
것을 하리라
4 한 번 빛을 받고 하늘의 은사를 맛
보고 성령에 참여한 바 되고
5 하나님의 선한 말씀과 내세의 능력
을 맛보고도
6 타락한 자들은 다시 새롭게 하여
회개하게 할 수 없나니 이는 그들이
하나님의 아들을 다시 십자가에 못
박아 드러내 놓고 욕되게 함이라
7 땅이 그 위에 자주 내리는 비를 흡
수하여 밭 가는 자들이 쓰기에 합
당한 채소를 내면 하나님께 복을
받고
8 만일 가시와 엉겅퀴를 내면 버림을
당하고 저주함에 가까워 그 마지막
은 불사름이 되리라
9 사랑하는 자들아 우리가 이같이 말
하나 너희에게는 이보다 더 좋은
것 곧 구원에 속한 것이 있음을 확
신하노라
10 하나님은 불의하지 아니하사 너희
행위와 그의 이름을 위하여 나타낸
사랑으로 이미 성도를 섬긴 것과 이
제도 섬기고 있는 것을 잊어버리지
아니하시느니라
11 우리가 간절히 원하는 것은 너희 각
사람이 동일한 부지런함을 나타내
어 끝까지 소망의 풍성함에 이르러
12 게으르지 아니하고 믿음과 오래 참
음으로 말미암아 약속들을 기업으
로 받는 자들을 본받는 자 되게 하
려는 것이니라
13 하나님이 아브라함에게 약속하실
때에 가리켜 맹세할 자가 자기보다
더 큰 이가 없으므로 자기를 가리켜
맹세하여
14 이르시되 내가 반드시 너에게 복
주고 복 주며 너를 번성하게 하고
번성하게 하리라 하셨더니
15 그가 이같이 오래 참아 약속을 받
았느니라
16 사람들은 자기보다 더 큰 자를 가
리켜 맹세하나니 맹세는 그들이 다
투는 모든 일의 최후 확정이니라
17 하나님은 약속을 기업으로 받는 자
들에게 그 뜻이 변하지 아니함을
충분히 나타내시려고 그 일을 맹세
로 보증하셨나니
18 이는 하나님이 거짓말을 하실 수 없
는 이 두 가지 변하지 못할 사실로
말미암아 앞에 있는 소망을 얻으려
고 피난처를 찾은 우리에게 큰 안

위를 받게 하려 하심이라
19 우리가 이 소망을 가지고 있는 것
은 영혼의 닻 같아서 튼튼하고 견
고하여 휘장 안에 들어 가나니
20 그리로 앞서 가신 예수께서 멜기세
덱의 반차를 따라 영원히 대제사장
이 되어 우리를 위하여 들어 가셨느
니라

7 이 멜기세덱은 살렘 왕이요 지극
히 높으신 하나님의 제사장이라 여
러 왕을 쳐서 죽이고 돌아오는 아
브라함을 만나 복을 빈 자라
2 아브라함이 모든 것의 십분의 일을
그에게 나누어 주니라 그 이름을
해석하면 먼저는 의의 왕이요 그
다음은 살렘 왕이니 곧 평강의 왕
이요
3 아버지도 없고 어머니도 없고 족보
도 없고 시작한 날도 없고 생명의
끝도 없어 하나님의 아들과 닮아서
항상 제사장으로 있느니라
4 이 사람이 얼마나 높은가를 생각해
보라 조상 아브라함도 노략물 중
십분의 일을 그에게 주었느니라
5 레위의 아들들 가운데 제사장의 직
분을 받은 자들은 율법을 따라 아
브라함의 허리에서 난 자라도 자기
형제인 백성에게서 십분의 일을 취
하라는 명령을 받았으나
6 레위 족보에 들지 아니한 멜기세덱
은 아브라함에게서 십분의 일을 취
하고 약속을 받은 그를 위하여 복
을 빌었나니
7 논란의 여지 없이 낮은 자가 높은
자에게서 축복을 받느니라
8 또 여기는 죽을 자들이 십분의 일
을 받으나 저기는 산다고 증거를
얻은 자가 받았느니라
9 또한 십분의 일을 받는 레위도 아
브라함으로 말미암아 십분의 일을
바쳤다고 할 수 있나니
10 이는 멜기세덱이 아브라함을 만날
때에 레위는 이미 자기 조상의 허
리에 있었음이라
11 레위 계통의 제사 직분으로 말미암
아 온전함을 얻을 수 있었으면 (백
성이 그 아래에서 율법을 받았으
니) 어찌하여 아론의 반차를 따르
지 않고 멜기세덱의 반차를 따르는
다른 한 제사장을 세울 필요가 있
느냐
12 제사 직분이 바꾸어졌은즉 율법도
반드시 바꾸어지리니
13 이것은 한 사람도 제단 일을 받들
지 않는 다른 지파에 속한 자를 가
리켜 말한 것이라
14 우리 주께서는 유다로부터 나신 것
이 분명하도다 이 지파에는 모세가
제사장들에 관하여 말한 것이 하나
도 없고

기록일 : . . .

15 멜기세덱과 같은 별다른 한 제사장
이 일어난 것을 보니 더욱 분명하
도다
16 그는 육신에 속한 한 계명의 법을
따르지 아니하고 오직 불멸의 생명
의 능력을 따라 되었으니
17 증언하기를 네가 영원히 멜기세덱
의 반차를 따르는 제사장이라 하였
도다
18 전에 있던 계명은 연약하고 무익하
므로 폐하고
19 (율법은 아무 것도 온전하게 못할
지라) 이에 더 좋은 소망이 생기니
이것으로 우리가 하나님께 가까이
가느니라
20 또 예수께서 제사장이 되신 것은
맹세 없이 된 것이 아니니
21 (그들은 맹세 없이 제사장이 되었
으되 오직 예수는 자기에게 말씀하
신 이로 말미암아 맹세로 되신 것이
라 주께서 맹세하시고 뉘우치지 아
니하시리니 네가 영원히 제사장이
라 하셨도다)
22 이와 같이 예수는 더 좋은 언약의
보증이 되셨느니라
23 제사장 된 그들의 수효가 많은 것
은 죽음으로 말미암아 항상 있지
못함이로되
24 예수는 영원히 계시므로 그 제사장
직분도 갈리지 아니하느니라
25 그러므로 자기를 힘입어 하나님께
나아가는 자들을 온전히 구원하실
수 있으니 이는 그가 항상 살아 계
셔서 그들을 위하여 간구하심이라
26 이러한 대제사장은 우리에게 합당
하니 거룩하고 악이 없고 더러움이
없고 죄인에게서 떠나 계시고 하늘
보다 높이 되신 이라
27 그는 저 대제사장들이 먼저 자기
죄를 위하고 다음에 백성의 죄를
위하여 날마다 제사 드리는 것과
같이 할 필요가 없으니 이는 그가
단번에 자기를 드려 이루셨음이라
28 율법은 약점을 가진 사람들을 제사
장으로 세웠거니와 율법 후에 하신
맹세의 말씀은 영원히 온전하게 되
신 아들을 세우셨느니라

8

지금 우리가 하는 말의 요점은 이
러한 대제사장이 우리에게 있다는
것이라 그는 하늘에서 지극히 크신
이의 보좌 우편에 앉으셨으니
2 성소와 참 장막에서 섬기는 이시라
이 장막은 주께서 세우신 것이요
사람이 세운 것이 아니니라
3 대제사장마다 예물과 제사 드림을
위하여 세운 자니 그러므로 그도 무
엇인가 드릴 것이 있어야 할지니라
4 예수께서 만일 땅에 계셨더라면 제
사장이 되지 아니하셨을 것이니 이
는 율법을 따라 예물을 드리는 제

기록일 :   .   .   .

사장이 있음이라
5 그들이 섬기는 것은 하늘에 있는 것
의 모형과 그림자라 모세가 장막을
지으려 할 때에 지시하심을 얻음과
같으니 이르시되 삼가 모든 것을
산에서 네게 보이던 본을 따라 지
으라 하셨느니라
6 그러나 이제 그는 더 아름다운 직
분을 얻으셨으니 그는 더 좋은 약
속으로 세우신 더 좋은 언약의 중
보자시라
7 저 첫 언약이 무흠하였더라면 둘째
것을 요구할 일이 없었으려니와
8 그들의 잘못을 지적하여 말씀하시
되 주께서 이르시되 볼지어다 날이
이르리니 내가 이스라엘 집과 유다
집과 더불어 새 언약을 맺으리라
9 또 주께서 이르시기를 이 언약은
내가 그들의 열조의 손을 잡고 애
굽 땅에서 인도하여 내던 날에 그
들과 맺은 언약과 같지 아니하도다
그들은 내 언약 안에 머물러 있지
아니하므로 내가 그들을 돌보지 아
니하였노라
10 또 주께서 이르시되 그 날 후에 내
가 이스라엘 집과 맺을 언약은 이
것이니 내 법을 그들의 생각에 두
고 그들의 마음에 이것을 기록하리
라 나는 그들에게 하나님이 되고
그들은 내게 백성이 되리라
11 또 각각 자기 나라 사람과 각각 자
기 형제를 가르쳐 이르기를 주를
알라 하지 아니할 것은 그들이 작
은 자로부터 큰 자까지 다 나를 앎
이라
12 내가 그들의 불의를 긍휼히 여기고
그들의 죄를 다시 기억하지 아니하
리라 하셨느니라
13 새 언약이라 말씀하셨으매 첫 것은
낡아지게 하신 것이니 낡아지고 쇠
하는 것은 없어져 가는 것이니라

9 첫 언약에도 섬기는 예법과 세상
에 속한 성소가 있더라
2 예비한 첫 장막이 있고 그 안에 등
잔대와 상과 진설병이 있으니 이는
성소라 일컫고
3 또 둘째 휘장 뒤에 있는 장막을 지
성소라 일컫나니
4 금 향로와 사면을 금으로 싼 언약
궤가 있고 그 안에 만나를 담은 금
항아리와 아론의 싹난 지팡이와 언
약의 돌판들이 있고
5 그 위에 속죄소를 덮는 영광의 그
룹들이 있으니 이것들에 관하여는
이제 낱낱이 말할 수 없노라
6 이 모든 것을 이같이 예비하였으니
제사장들이 항상 첫 장막에 들어가
섬기는 예식을 행하고
7 오직 둘째 장막은 대제사장이 홀로
일 년에 한 번 들어가되 자기와 백

기록일 : . . .

성의 허물을 위하여 드리는 피 없이
는 아니하나니
8 성령이 이로써 보이신 것은 첫 장막
이 서 있을 동안에는 성소에 들어
가는 길이 아직 나타나지 아니한 것
이라
9 이 장막은 현재까지의 비유니 이에
따라 드리는 예물과 제사는 섬기는
자를 그 양심상 온전하게 할 수 없
나니
10 이런 것은 먹고 마시는 것과 여러
가지 씻는 것과 함께 육체의 예법
일 뿐이며 개혁할 때까지 맡겨 둔
것이니라
11 그리스도께서는 장래 좋은 일의 대
제사장으로 오사 손으로 짓지 아니
한 것 곧 이 창조에 속하지 아니한
더 크고 온전한 장막으로 말미암아
12 염소와 송아지의 피로 하지 아니하
고 오직 자기의 피로 영원한 속죄
를 이루사 단번에 성소에 들어가셨
느니라
13 염소와 황소의 피와 및 암송아지의
재를 부정한 자에게 뿌려 그 육체
를 정결하게 하여 거룩하게 하거든
14 하물며 영원하신 성령으로 말미암
아 흠 없는 자기를 하나님께 드린
그리스도의 피가 어찌 너희 양심을
죽은 행실에서 깨끗하게 하고 살아
계신 하나님을 섬기게 하지 못하겠
느냐
15 이로 말미암아 그는 새 언약의 중
보자시니 이는 첫 언약 때에 범한
죄에서 속량하려고 죽으사 부르심
을 입은 자로 하여금 영원한 기업
의 약속을 얻게 하려 하심이라
16 유언은 유언한 자가 죽어야 되나니
17 유언은 그 사람이 죽은 후에야 유
효한즉 유언한 자가 살아 있는 동
안에는 효력이 없느니라
18 이러므로 첫 언약도 피 없이 세운
것이 아니니
19 모세가 율법대로 모든 계명을 온
백성에게 말한 후에 송아지와 염소
의 피 및 물과 붉은 양털과 우슬초
를 취하여 그 두루마리와 온 백성
에게 뿌리며
20 이르되 이는 하나님이 너희에게 명
하신 언약의 피라 하고
21 또한 이와 같이 피를 장막과 섬기
는 일에 쓰는 모든 그릇에 뿌렸느
니라
22 율법을 따라 거의 모든 물건이 피
로써 정결하게 되나니 피흘림이 없
은즉 사함이 없느니라
23 그러므로 하늘에 있는 것들의 모형
은 이런 것들로써 정결하게 할 필
요가 있었으나 하늘에 있는 그것들
은 이런 것들보다 더 좋은 제물로
할지니라

기록일 : . . .

24 그리스도께서는 참 것의 그림자인
손으로 만든 성소에 들어가지 아니
하시고 바로 그 하늘에 들어가사
이제 우리를 위하여 하나님 앞에
나타나시고
25 대제사장이 해마다 다른 것의 피로
써 성소에 들어가는 것 같이 자주
자기를 드리려고 아니하실지니
26 그리하면 그가 세상을 창조한 때
부터 자주 고난을 받았어야 할 것
이로되 이제 자기를 단번에 제물로
드려 죄를 없이 하시려고 세상 끝
에 나타나셨느니라
27 한번 죽는 것은 사람에게 정해진
것이요 그 후에는 심판이 있으리니
28 이와 같이 그리스도도 많은 사람의
죄를 담당하시려고 단번에 드리신
바 되셨고 구원에 이르게 하기 위
하여 죄와 상관 없이 자기를 바라
는 자들에게 두 번째 나타나시리라

10 율법은 장차 올 좋은 일의 그림자
일 뿐이요 참 형상이 아니므로 해
마다 늘 드리는 같은 제사로는 나
아오는 자들을 언제나 온전하게 할
수 없느니라
2 그렇지 아니하면 섬기는 자들이 단
번에 정결하게 되어 다시 죄를 깨
닫는 일이 없으리니 어찌 제사 드리
는 일을 그치지 아니하였으리요
3 그러나 이 제사들에는 해마다 죄를
기억하게 하는 것이 있나니
4 이는 황소와 염소의 피가 능히 죄
를 없이 하지 못함이라
5 그러므로 주께서 세상에 임하실 때
에 이르시되 하나님이 제사와 예
물을 원하지 아니하시고 오직 나를
위하여 한 몸을 예비하셨도다
6 번제와 속죄제는 기뻐하지 아니하
시나니
7 이에 내가 말하기를 하나님이여 보
시옵소서 두루마리 책에 나를 가리
켜 기록된 것과 같이 하나님의 뜻
을 행하러 왔나이다 하셨느니라
8 위에 말씀하시기를 주께서는 제사
와 예물과 번제와 속죄제는 원하지
도 아니하고 기뻐하지도 아니하신
다 하셨고 (이는 다 율법을 따라 드
리는 것이라)
9 그 후에 말씀하시기를 보시옵소서
내가 하나님의 뜻을 행하러 왔나이
다 하셨으니 그 첫째 것을 폐하심
은 둘째 것을 세우려 하심이라
10 이 뜻을 따라 예수 그리스도의 몸
을 단번에 드리심으로 말미암아 우
리가 거룩함을 얻었노라
11 제사장마다 매일 서서 섬기며 자주
같은 제사를 드리되 이 제사는 언
제나 죄를 없게 하지 못하거니와
12 오직 그리스도는 죄를 위하여 한
영원한 제사를 드리시고 하나님 우

기록일 : . . .

편에 앉으사
13 그 후에 자기 원수들을 자기 발등상
이 되게 하실 때까지 기다리시나니
14 그가 거룩하게 된 자들을 한 번의
제사로 영원히 온전하게 하셨느니라
15 또한 성령이 우리에게 증언하시되
16 주께서 이르시되 그 날 후로는 그
들과 맺을 언약이 이것이라 하시고
내 법을 그들의 마음에 두고 그들
의 생각에 기록하리라 하신 후에
17 또 그들의 죄와 그들의 불법을 내
가 다시 기억하지 아니하리라 하셨
으니
18 이것들을 사하셨은즉 다시 죄를 위
하여 제사 드릴 것이 없느니라
19 그러므로 형제들아 우리가 예수의
피를 힘입어 성소에 들어갈 담력을
얻었나니
20 그 길은 우리를 위하여 휘장 가운
데로 열어 놓으신 새로운 살 길이
요 휘장은 곧 그의 육체니라
21 또 하나님의 집 다스리는 큰 제사
장이 계시매
22 우리가 마음에 뿌림을 받아 악한 양
심으로부터 벗어나고 몸은 맑은 물
로 씻음을 받았으니 참 마음과 온
전한 믿음으로 하나님께 나아가자
23 또 약속하신 이는 미쁘시니 우리가
믿는 도리의 소망을 움직이지 말며
굳게 잡고
24 서로 돌아보아 사랑과 선행을 격려
하며
25 모이기를 폐하는 어떤 사람들의 습
관과 같이 하지 말고 오직 권하여
그 날이 가까움을 볼수록 더욱 그
리하자
26 우리가 진리를 아는 지식을 받은
후 짐짓 죄를 범한즉 다시 속죄하
는 제사가 없고
27 오직 무서운 마음으로 심판을 기다
리는 것과 대적하는 자를 태울 맹
렬한 불만 있으리라
28 모세의 법을 폐한 자도 두세 증인
으로 말미암아 불쌍히 여김을 받지
못하고 죽었거든
29 하물며 하나님의 아들을 짓밟고 자
기를 거룩하게 한 언약의 피를 부
정한 것으로 여기고 은혜의 성령을
욕되게 하는 자가 당연히 받을 형
벌은 얼마나 더 무겁겠느냐 너희는
생각하라
30 원수 갚는 것이 내게 있으니 내가
갚으리라 하시고 또 다시 주께서
그의 백성을 심판하리라 말씀하신
것을 우리가 아노니
31 살아 계신 하나님의 손에 빠져 들
어가는 것이 무서울진저
32 전날에 너희가 빛을 받은 후에 고
난의 큰 싸움을 견디어 낸 것을 생
각하라

기록일 : . . .

33 혹은 비방과 환난으로써 사람에게
구경거리가 되고 혹은 이런 형편에
있는 자들과 사귀는 자가 되었으니
34 너희가 갇힌 자를 동정하고 너희
소유를 빼앗기는 것도 기쁘게 당한
것은 더 낫고 영구한 소유가 있는
줄 앎이라
35 그러므로 너희 담대함을 버리지 말
라 이것이 큰 상을 얻게 하느니라
36 너희에게 인내가 필요함은 너희가
하나님의 뜻을 행한 후에 약속하신
것을 받기 위함이라
37 잠시 잠깐 후면 오실 이가 오시리니
지체하지 아니하시리라
38 나의 의인은 믿음으로 말미암아 살
리라 또한 뒤로 물러가면 내 마음
이 그를 기뻐하지 아니하리라 하셨
느니라
39 우리는 뒤로 물러가 멸망할 자가
아니요 오직 영혼을 구원함에 이르
는 믿음을 가진 자니라

11 믿음은 바라는 것들의 실상이요
보이지 않는 것들의 증거니
2 선진들이 이로써 증거를 얻었느니라
3 믿음으로 모든 세계가 하나님의 말
씀으로 지어진 줄을 우리가 아나니
보이는 것은 나타난 것으로 말미암
아 된 것이 아니니라
4 믿음으로 아벨은 가인보다 더 나은
제사를 하나님께 드림으로 의로운
자라 하시는 증거를 얻었으니 하나
님이 그 예물에 대하여 증언하심이
라 그가 죽었으나 그 믿음으로써
지금도 말하느니라
5 믿음으로 에녹은 죽음을 보지 않고
옮겨졌으니 하나님이 그를 옮기심
으로 다시 보이지 아니하였느니라
그는 옮겨지기 전에 하나님을 기쁘
시게 하는 자라 하는 증거를 받았
느니라
6 믿음이 없이는 하나님을 기쁘시게
하지 못하나니 하나님께 나아가는
자는 반드시 그가 계신 것과 또한
그가 자기를 찾는 자들에게 상 주
시는 이심을 믿어야 할지니라
7 믿음으로 노아는 아직 보이지 않는
일에 경고하심을 받아 경외함으로
방주를 준비하여 그 집을 구원하였
으니 이로 말미암아 세상을 정죄하
고 믿음을 따르는 의의 상속자가
되었느니라
8 믿음으로 아브라함은 부르심을 받
았을 때에 순종하여 장래의 유업으
로 받을 땅에 나아갈새 갈 바를 알
지 못하고 나아갔으며
9 믿음으로 그가 이방의 땅에 있는
것 같이 약속의 땅에 거류하여 동
일한 약속을 유업으로 함께 받은
이삭 및 야곱과 더불어 장막에 거
하였으니

기록일 : . . .

10 이는 그가 하나님이 계획하시고 지
으실 터가 있는 성을 바랐음이라
11 믿음으로 사라 자신도 나이가 많아
단산하였으나 잉태할 수 있는 힘을
얻었으니 이는 약속하신 이를 미쁘
신 줄 알았음이라
12 이러므로 죽은 자와 같은 한 사람
으로 말미암아 하늘의 허다한 별과
또 해변의 무수한 모래와 같이 많
은 후손이 생육하였느니라
13 이 사람들은 다 믿음을 따라 죽었
으며 약속을 받지 못하였으되 그것
들을 멀리서 보고 환영하며 또 땅
에서는 외국인과 나그네임을 증언
하였으니
14 그들이 이같이 말하는 것은 자기들
이 본향 찾는 자임을 나타냄이라
15 그들이 나온 바 본향을 생각하였더
라면 돌아갈 기회가 있었으려니와
16 그들이 이제는 더 나은 본향을 사
모하니 곧 하늘에 있는 것이라 이
러므로 하나님이 그들의 하나님이
라 일컬음 받으심을 부끄러워하지
아니하시고 그들을 위하여 한 성을
예비하셨느니라
17 아브라함은 시험을 받을 때에 믿음
으로 이삭을 드렸으니 그는 약속들
을 받은 자로되 그 외아들을 드렸
느니라
18 그에게 이미 말씀하시기를 네 자손
이라 칭할 자는 이삭으로 말미암으
리라 하셨으니
19 그가 하나님이 능히 이삭을 죽은
자 가운데서 다시 살리실 줄로 생
각한지라 비유컨대 그를 죽은 자
가운데서 도로 받은 것이니라
20 믿음으로 이삭은 장차 있을 일에
대하여 야곱과 에서에게 축복하였
으며
21 믿음으로 야곱은 죽을 때에 요셉의
각 아들에게 축복하고 그 지팡이
머리에 의지하여 경배하였으며
22 믿음으로 요셉은 임종시에 이스라
엘 자손들이 떠날 것을 말하고 또
자기 뼈를 위하여 명하였으며
23 믿음으로 모세가 났을 때에 그 부
모가 아름다운 아이임을 보고 석
달 동안 숨겨 왕의 명령을 무서워
하지 아니하였으며
24 믿음으로 모세는 장성하여 바로의
공주의 아들이라 칭함 받기를 거절
하고
25 도리어 하나님의 백성과 함께 고난
받기를 잠시 죄악의 낙을 누리는
것보다 더 좋아하고
26 그리스도를 위하여 받는 수모를
애굽의 모든 보화보다 더 큰 재물
로 여겼으니 이는 상 주심을 바라봄
이라
27 믿음으로 애굽을 떠나 왕의 노함을

기록일 : . . .

무서워하지 아니하고 곧 보이지 아
니하는 자를 보는 것 같이 하여 참
았으며
28 믿음으로 유월절과 피 뿌리는 예식
을 정하였으니 이는 장자를 멸하는
자로 그들을 건드리지 않게 하려
한 것이며
29 믿음으로 그들은 홍해를 육지 같이
건넜으나 애굽 사람들은 이것을 시
험하다가 빠져 죽었으며
30 믿음으로 칠 일 동안 여리고를 도니
성이 무너졌으며
31 믿음으로 기생 라합은 정탐꾼을 평
안히 영접하였으므로 순종하지 아
니한 자와 함께 멸망하지 아니하였
도다
32 내가 무슨 말을 더 하리요 기드온,
바락, 삼손, 입다, 다윗 및 사무엘
과 선지자들의 일을 말하려면 내게
시간이 부족하리로다
33 그들은 믿음으로 나라들을 이기기
도 하며 의를 행하기도 하며 약속
을 받기도 하며 사자들의 입을 막
기도 하며
34 불의 세력을 멸하기도 하며 칼날을
피하기도 하며 연약한 가운데서 강
하게 되기도 하며 전쟁에 용감하게
되어 이방 사람들의 진을 물리치기
도 하며
35 여자들은 자기의 죽은 자들을 부활
로 받아들이기도 하며 또 어떤 이
들은 더 좋은 부활을 얻고자 하여
심한 고문을 받되 구차히 풀려나기
를 원하지 아니하였으며
36 또 어떤 이들은 조롱과 채찍질뿐
아니라 결박과 옥에 갇히는 시련도
받았으며
37 돌로 치는 것과 톱으로 켜는 것과
시험과 칼로 죽임을 당하고 양과
염소의 가죽을 입고 유리하여 궁핍
과 환난과 학대를 받았으니
38 (이런 사람은 세상이 감당하지 못
하느니라) 그들이 광야와 산과 동
굴과 토굴에 유리하였느니라
39 이 사람들은 다 믿음으로 말미암아
증거를 받았으나 약속된 것을 받지
못하였으니
40 이는 하나님이 우리를 위하여 더 좋
은 것을 예비하셨은즉 우리가 아니
면 그들로 온전함을 이루지 못하게
하려 하심이라

12 이러므로 우리에게 구름 같이 둘
러싼 허다한 증인들이 있으니 모든
무거운 것과 얽매이기 쉬운 죄를 벗
어 버리고 인내로써 우리 앞에 당
한 경주를 하며
2 믿음의 주요 또 온전하게 하시는
이인 예수를 바라보자 그는 그 앞
에 있는 기쁨을 위하여 십자가를
참으사 부끄러움을 개의치 아니하

시더니 하나님 보좌 우편에 앉으셨
느니라
3 너희가 피곤하여 낙심하지 않기 위
하여 죄인들이 이같이 자기에게 거
역한 일을 참으신 이를 생각하라
4 너희가 죄와 싸우되 아직 피흘리기
까지는 대항하지 아니하고
5 또 아들들에게 권하는 것 같이 너
희에게 권면하신 말씀도 잊었도다
일렀으되 내 아들아 주의 징계하심
을 경히 여기지 말며 그에게 꾸지람
을 받을 때에 낙심하지 말라
6 주께서 그 사랑하시는 자를 징계하
시고 그가 받아들이시는 아들마다
채찍질하심이라 하였으니
7 너희가 참음은 징계를 받기 위함
이라 하나님이 아들과 같이 너희를
대우하시나니 어찌 아버지가 징계
하지 않는 아들이 있으리요
8 징계는 다 받는 것이거늘 너희에
게 없으면 사생자요 친아들이 아니
니라
9 또 우리 육신의 아버지가 우리를 징
계하여도 공경하였거든 하물며 모
든 영의 아버지께 더욱 복종하며
살려 하지 않겠느냐
10 그들은 잠시 자기의 뜻대로 우리를
징계하였거니와 오직 하나님은 우
리의 유익을 위하여 그의 거룩하심
에 참여하게 하시느니라
11 무릇 징계가 당시에는 즐거워 보이
지 않고 슬퍼 보이나 후에 그로 말
미암아 연단 받은 자들은 의와 평
강의 열매를 맺느니라
12 그러므로 피곤한 손과 연약한 무릎
을 일으켜 세우고
13 너희 발을 위하여 곧은 길을 만들
어 저는 다리로 하여금 어그러지지
않고 고침을 받게 하라
14 모든 사람과 더불어 화평함과 거룩
함을 따르라 이것이 없이는 아무도
주를 보지 못하리라
15 너희는 하나님의 은혜에 이르지 못
하는 자가 없도록 하고 또 쓴 뿌
리가 나서 괴롭게 하여 많은 사람
이 이로 말미암아 더럽게 되지 않게
하며
16 음행하는 자와 혹 한 그릇 음식을
위하여 장자의 명분을 판 에서와
같이 망령된 자가 없도록 살피라
17 너희가 아는 바와 같이 그가 그 후
에 축복을 이어받으려고 눈물을 흘
리며 구하되 버린 바가 되어 회개
할 기회를 얻지 못하였느니라
18 너희는 만질 수 있고 불이 붙는 산
과 침침함과 흑암과 폭풍과
19 나팔 소리와 말하는 소리가 있는
곳에 이른 것이 아니라 그 소리를
듣는 자들은 더 말씀하지 아니하시
기를 구하였으니

기록일 : . . .

20 이는 짐승이라도 그 산에 들어가
면 돌로 침을 당하리라 하신 명령을
그들이 견디지 못함이라
21 그 보이는 바가 이렇듯 무섭기로
모세도 이르되 내가 심히 두렵고
떨린다 하였느니라
22 그러나 너희가 이른 곳은 시온 산
과 살아 계신 하나님의 도성인 하
늘의 예루살렘과 천만 천사와
23 하늘에 기록된 장자들의 모임과 교
회와 만민의 심판자이신 하나님과
및 온전하게 된 의인의 영들과
24 새 언약의 중보자이신 예수와 및
아벨의 피보다 더 나은 것을 말하
는 뿌린 피니라
25 너희는 삼가 말씀하신 이를 거역하
지 말라 땅에서 경고하신 이를 거역
한 그들이 피하지 못하였거든 하물
며 하늘로부터 경고하신 이를 배반
하는 우리일까보냐
26 그 때에는 그 소리가 땅을 진동하
였거니와 이제는 약속하여 이르시
되 내가 또 한 번 땅만 아니라 하늘
도 진동하리라 하셨느니라
27 이 또 한 번이라 하심은 진동하지
아니하는 것을 영존하게 하기 위하
여 진동할 것들 곧 만드신 것들이
변동될 것을 나타내심이라
28 그러므로 우리가 흔들리지 않는 나
라를 받았은즉 은혜를 받자 이로
말미암아 경건함과 두려움으로 하
나님을 기쁘시게 섬길지니
29 우리 하나님은 소멸하는 불이심이라

13 형제 사랑하기를 계속하고
2 손님 대접하기를 잊지 말라 이로
써 부지중에 천사들을 대접한 이들
이 있었느니라
3 너희도 함께 갇힌 것 같이 갇힌 자
를 생각하고 너희도 몸을 가졌은즉
학대 받는 자를 생각하라
4 모든 사람은 결혼을 귀히 여기고
침소를 더럽히지 않게 하라 음행하
는 자들과 간음하는 자들을 하나님
이 심판하시리라
5 돈을 사랑하지 말고 있는 바를 족
한 줄로 알라 그가 친히 말씀하시
기를 내가 결코 너희를 버리지 아니
하고 너희를 떠나지 아니하리라 하
셨느니라
6 그러므로 우리가 담대히 말하되 주
는 나를 돕는 이시니 내가 무서워
하지 아니하겠노라 사람이 내게 어
찌하리요 하노라
7 하나님의 말씀을 너희에게 일러 주
고 너희를 인도하던 자들을 생각하
며 그들의 행실의 결말을 주의하여
보고 그들의 믿음을 본받으라
8 예수 그리스도는 어제나 오늘이나
영원토록 동일하시니라
9 여러 가지 다른 교훈에 끌리지 말

기록일 : . . .

라 마음은 은혜로써 굳게 함이 아
름답고 음식으로써 할 것이 아니니
음식으로 말미암아 행한 자는 유익
을 얻지 못하였느니라
10 우리에게 제단이 있는데 장막에서
섬기는 자들은 그 제단에서 먹을
권한이 없나니
11 이는 죄를 위한 짐승의 피는 대제
사장이 가지고 성소에 들어가고 그
육체는 영문 밖에서 불사름이라
12 그러므로 예수도 자기 피로써 백
성을 거룩하게 하려고 성문 밖에서
고난을 받으셨느니라
13 그런즉 우리도 그의 치욕을 짊어지
고 영문 밖으로 그에게 나아가자
14 우리가 여기에는 영구한 도성이 없
으므로 장차 올 것을 찾나니
15 그러므로 우리는 예수로 말미암아
항상 찬송의 제사를 하나님께 드리
자 이는 그 이름을 증언하는 입술
의 열매니라
16 오직 선을 행함과 서로 나누어 주
기를 잊지 말라 하나님은 이같은
제사를 기뻐하시느니라
17 너희를 인도하는 자들에게 순종하
고 복종하라 그들은 너희 영혼을
위하여 경성하기를 자신들이 청산
할 자인 것 같이 하느니라 그들로
하여금 즐거움으로 이것을 하게 하
고 근심으로 하게 하지 말라 그렇지
않으면 너희에게 유익이 없느니라
18 우리를 위하여 기도하라 우리가 모
든 일에 선하게 행하려 하므로 우
리에게 선한 양심이 있는 줄을 확신
하노니
19 내가 더 속히 너희에게 돌아가기
위하여 너희가 기도하기를 더욱 원
하노라
20 양들의 큰 목자이신 우리 주 예수를
영원한 언약의 피로 죽은 자 가운데
서 이끌어 내신 평강의 하나님이
21 모든 선한 일에 너희를 온전하게
하사 자기 뜻을 행하게 하시고 그
앞에 즐거운 것을 예수 그리스도로
말미암아 우리 가운데서 이루시기
를 원하노라 영광이 그에게 세세무
궁토록 있을지어다 아멘
22 형제들아 내가 너희를 권하노니 권
면의 말을 용납하라 내가 간단히
너희에게 썼느니라
23 우리 형제 디모데가 놓인 것을 너희
가 알라 그가 속히 오면 내가 그와
함께 가서 너희를 보리라
24 너희를 인도하는 자들과 및 모든
성도들에게 문안하라 이달리야에서
온 자들도 너희에게 문안하느니라
25 은혜가 너희 모든 사람에게 있을지
어다

기록일 : . . .

JAMES

야고보서

저　　자　　야고보

주　　제　　행함이 있는 믿음

기록목적

- 사도 바울의 이신칭의以信稱義의 메시지를 오해함으로써 윤리적 행위를 무시한 채 사랑과 자비를 실천하지 않고 있는 그리스도인들에게 그리스도인의 실천적인 삶에 대한 올바른 교훈을 주기 위함이다.
- 시험을 당하는 성도들에게 주의 재림의 소망을 굳게 잡고 사랑과 자비를 실천하는 믿음을 가지도록 강조하고자 함이다.

기록배경

본 서신은 예루살렘 교회의 감독이자 주의 형제라고 불렸던 야고보마 13:55가 세계 각지에 흩어져 살던 유대인 출신 그리스도인들 앞으로 쓴 일종의 공동서신이다. 본 서신이 쓰일 당시의 그리스도인들은 로마 제국의 극심한 박해로 생명의 위협을 느끼면서도 신앙을 지키기 위해 많은 희생을 치르고 있었다. 그러나 다른 한편으로는 오직 믿음으로 구원을 얻는다는 교리를 확대 해석한 나머지 윤리적인 행위를 등한시하고 율법을 무시하는 풍조도 있었다. 이렇듯 교회 밖에서부터 다가오는 박해의 시험과 교회 안에서부터 생겨나는 믿음의 형식화 및 타락상에 대하여 성도들의 믿음을 굳게 하는 한편 믿음의 실천적인 측면을 강조할 필요가 있는 상황에서 본 서신이 기록되었다.

특　　징

- 윤리적인 삶을 강조하면서도 외형적인 규범에 치우치지 않고 예수 그리스도에 대한 믿음을 윤리의 근본으로 삼고 있다.
- 말의 중요성을 강조하고, 총 108절 중 34절이 명령형으로 되어 있어 '신약의 잠언'으로 불린다.
- 사회의 부조리와 불평등에 대해 아모스서와 같은 비판적인 관점을 가지고 있다.

나의 기도

야고보서

1 하나님과 주 예수 그리스도의 종
야고보는 흩어져 있는 열두 지파에
게 문안하노라
2 내 형제들아 너희가 여러 가지 시험
을 당하거든 온전히 기쁘게 여기라
3 이는 너희 믿음의 시련이 인내를 만
들어 내는 줄 너희가 앎이라
4 인내를 온전히 이루라 이는 너희로
온전하고 구비하여 조금도 부족함
이 없게 하려 함이라
5 너희 중에 누구든지 지혜가 부족
하거든 모든 사람에게 후히 주시고
꾸짖지 아니하시는 하나님께 구하
라 그리하면 주시리라
6 오직 믿음으로 구하고 조금도 의심
하지 말라 의심하는 자는 마치 바
람에 밀려 요동하는 바다 물결 같
으니
7 이런 사람은 무엇이든지 주께 얻기
를 생각하지 말라
8 두 마음을 품어 모든 일에 정함이
없는 자로다
9 낮은 형제는 자기의 높음을 자랑
하고
10 부한 자는 자기의 낮아짐을 자랑할
지니 이는 그가 풀의 꽃과 같이 지
나감이라
11 해가 돋고 뜨거운 바람이 불어 풀
을 말리면 꽃이 떨어져 그 모양의
아름다움이 없어지나니 부한 자도
그 행하는 일에 이와 같이 쇠잔하
리라
12 시험을 참는 자는 복이 있나니 이
는 시련을 견디어 낸 자가 주께서
자기를 사랑하는 자들에게 약속하신
생명의 면류관을 얻을 것이기 때문
이라
13 사람이 시험을 받을 때에 내가 하
나님께 시험을 받는다 하지 말지니
하나님은 악에게 시험을 받지도 아
니하시고 친히 아무도 시험하지 아
니하시느니라
14 오직 각 사람이 시험을 받는 것은
자기 욕심에 끌려 미혹됨이니
15 욕심이 잉태한즉 죄를 낳고 죄가
장성한즉 사망을 낳느니라
16 내 사랑하는 형제들아 속지 말라
17 온갖 좋은 은사와 온전한 선물이
다 위로부터 빛들의 아버지께로부
터 내려오나니 그는 변함도 없으시
고 회전하는 그림자도 없으시니라
18 그가 그 피조물 중에 우리로 한 첫
열매가 되게 하시려고 자기의 뜻을
따라 진리의 말씀으로 우리를 낳으
셨느니라
19 내 사랑하는 형제들아 너희가 알지

기록일 : . . .

니 사람마다 듣기는 속히 하고 말
하기는 더디 하며 성내기도 더디
하라
20 사람이 성내는 것이 하나님의 의를
이루지 못함이라
21 그러므로 모든 더러운 것과 넘치
는 악을 내버리고 너희 영혼을 능
히 구원할 바 마음에 심어진 말씀
을 온유함으로 받으라
22 너희는 말씀을 행하는 자가 되고
듣기만 하여 자신을 속이는 자가
되지 말라
23 누구든지 말씀을 듣고 행하지 아니
하면 그는 거울로 자기의 생긴 얼
굴을 보는 사람과 같아서
24 제 자신을 보고 가서 그 모습이 어
떠했는지를 곧 잊어버리거니와
25 자유롭게 하는 온전한 율법을 들여
다보고 있는 자는 듣고 잊어버리는
자가 아니요 실천하는 자니 이 사람
은 그 행하는 일에 복을 받으리라
26 누구든지 스스로 경건하다 생각하
며 자기 혀를 재갈 물리지 아니하고
자기 마음을 속이면 이 사람의 경건
은 헛것이라
27 하나님 아버지 앞에서 정결하고 더
러움이 없는 경건은 곧 고아와 과
부를 그 환난중에 돌보고 또 자기
를 지켜 세속에 물들지 아니하는
그것이니라

2

내 형제들아 영광의 주 곧 우리
주 예수 그리스도에 대한 믿음을
너희가 가졌으니 사람을 차별하여
대하지 말라
2 만일 너희 회당에 금 가락지를 끼
고 아름다운 옷을 입은 사람이 들
어오고 또 남루한 옷을 입은 가난
한 사람이 들어올 때에
3 너희가 아름다운 옷을 입은 자를
눈여겨 보고 말하되 여기 좋은 자
리에 앉으소서 하고 또 가난한 자
에게 말하되 너는 거기 서 있든지
내 발등상 아래에 앉으라 하면
4 너희끼리 서로 차별하며 악한 생각
으로 판단하는 자가 되는 것이 아
니냐
5 내 사랑하는 형제들아 들을지어다
하나님이 세상에서 가난한 자를 택
하사 믿음에 부요하게 하시고 또
자기를 사랑하는 자들에게 약속하
신 나라를 상속으로 받게 하지 아
니하셨느냐
6 너희는 도리어 가난한 자를 업신여
겼도다 부자는 너희를 억압하며 법
정으로 끌고 가지 아니하느냐
7 그들은 너희에게 대하여 일컫는 바
그 아름다운 이름을 비방하지 아니
하느냐
8 너희가 만일 성경에 기록된 대로
네 이웃 사랑하기를 네 몸과 같이

기록일 : . . .

하라 하신 최고의 법을 지키면 잘
하는 것이거니와
9 만일 너희가 사람을 차별하여 대하
면 죄를 짓는 것이니 율법이 너희를
범법자로 정죄하리라
10 누구든지 온 율법을 지키다가 그
하나를 범하면 모두 범한 자가 되
나니
11 간음하지 말라 하신 이가 또한 살
인하지 말라 하셨은즉 네가 비록
간음하지 아니하여도 살인하면 율
법을 범한 자가 되느니라
12 너희는 자유의 율법대로 심판 받을
자처럼 말도 하고 행하기도 하라
13 긍휼을 행하지 아니하는 자에게는
긍휼 없는 심판이 있으리라 긍휼은
심판을 이기고 자랑하느니라
14 내 형제들아 만일 사람이 믿음이 있
노라 하고 행함이 없으면 무슨 유
익이 있으리요 그 믿음이 능히 자기
를 구원하겠느냐
15 만일 형제나 자매가 헐벗고 일용할
양식이 없는데
16 너희 중에 누구든지 그에게 이르되
평안히 가라, 덥게 하라, 배부르게
하라 하며 그 몸에 쓸 것을 주지 아
니하면 무슨 유익이 있으리요
17 이와 같이 행함이 없는 믿음은 그
자체가 죽은 것이라
18 어떤 사람은 말하기를 너는 믿음이
있고 나는 행함이 있으니 행함이 없
는 네 믿음을 내게 보이라 나는 행
함으로 내 믿음을 네게 보이리라
하리라
19 네가 하나님은 한 분이신 줄을 믿
느냐 잘하는도다 귀신들도 믿고 떠
느니라
20 아아 허탄한 사람아 행함이 없는
믿음이 헛것인 줄을 알고자 하느냐
21 우리 조상 아브라함이 그 아들 이
삭을 제단에 바칠 때에 행함으로
의롭다 하심을 받은 것이 아니냐
22 네가 보거니와 믿음이 그의 행함과
함께 일하고 행함으로 믿음이 온전
하게 되었느니라
23 이에 성경에 이른 바 아브라함이
하나님을 믿으니 이것을 의로 여기
셨다는 말씀이 이루어졌고 그는 하
나님의 벗이라 칭함을 받았나니
24 이로 보건대 사람이 행함으로 의롭
다 하심을 받고 믿음으로만은 아니
니라
25 또 이와 같이 기생 라합이 사자들
을 접대하여 다른 길로 나가게 할
때에 행함으로 의롭다 하심을 받은
것이 아니냐
26 영혼 없는 몸이 죽은 것 같이 행함
이 없는 믿음은 죽은 것이니라

3

내 형제들아 너희는 선생된 우리
가 더 큰 심판을 받을 줄 알고 선생

기록일 : . . .

이 많이 되지 말라
2 우리가 다 실수가 많으니 만일 말
에 실수가 없는 자라면 곧 온전한
사람이라 능히 온 몸도 굴레 씌우
리라
3 우리가 말들의 입에 재갈 물리는
것은 우리에게 순종하게 하려고 그
온 몸을 제어하는 것이라
4 또 배를 보라 그렇게 크고 광풍에
밀려가는 것들을 지극히 작은 키로
써 사공의 뜻대로 운행하나니
5 이와 같이 혀도 작은 지체로되 큰
것을 자랑하도다 보라 얼마나 작은
불이 얼마나 많은 나무를 태우는가
6 혀는 곧 불이요 불의의 세계라 혀
는 우리 지체 중에서 온 몸을 더럽
히고 삶의 수레바퀴를 불사르나니
그 사르는 것이 지옥 불에서 나느
니라
7 여러 종류의 짐승과 새와 벌레와
바다의 생물은 다 사람이 길들일
수 있고 길들여 왔거니와
8 혀는 능히 길들일 사람이 없나니 쉬
지 아니하는 악이요 죽이는 독이
가득한 것이라
9 이것으로 우리가 주 아버지를 찬송
하고 또 이것으로 하나님의 형상대
로 지음을 받은 사람을 저주하나니
10 한 입에서 찬송과 저주가 나오는
도다 내 형제들아 이것이 마땅하지
아니하니라
11 샘이 한 구멍으로 어찌 단 물과 쓴
물을 내겠느냐
12 내 형제들아 어찌 무화과나무가 감
람 열매를, 포도나무가 무화과를
맺겠느냐 이와 같이 짠 물이 단 물
을 내지 못하느니라
13 너희 중에 지혜와 총명이 있는 자
가 누구냐 그는 선행으로 말미암아
지혜의 온유함으로 그 행함을 보일
지니라
14 그러나 너희 마음 속에 독한 시기
와 다툼이 있으면 자랑하지 말라
진리를 거슬러 거짓말하지 말라
15 이러한 지혜는 위로부터 내려온 것
이 아니요 땅 위의 것이요 정욕의
것이요 귀신의 것이니
16 시기와 다툼이 있는 곳에는 혼란과
모든 악한 일이 있음이라
17 오직 위로부터 난 지혜는 첫째 성
결하고 다음에 화평하고 관용하고
양순하며 긍휼과 선한 열매가 가득
하고 편견과 거짓이 없나니
18 화평하게 하는 자들은 화평으로 심
어 의의 열매를 거두느니라

4 너희 중에 싸움이 어디로부터 다
툼이 어디로부터 나느냐 너희 지체
중에서 싸우는 정욕으로부터 나는
것이 아니냐
2 너희는 욕심을 내어도 얻지 못하

기록일 : . . .

여 살인하며 시기하여도 능히 취하
지 못하므로 다투고 싸우는도다 너
희가 얻지 못함은 구하지 아니하기
때문이요
3 구하여도 받지 못함은 정욕으로 쓰
려고 잘못 구하기 때문이라
4 간음한 여인들아 세상과 벗된 것이
하나님과 원수 됨을 알지 못하느냐
그런즉 누구든지 세상과 벗이 되고
자 하는 자는 스스로 하나님과 원
수 되는 것이니라
5 너희는 하나님이 우리 속에 거하게
하신 성령이 시기하기까지 사모한
다 하신 말씀을 헛된 줄로 생각하
느냐
6 그러나 더욱 큰 은혜를 주시나니
그러므로 일렀으되 하나님이 교만
한 자를 물리치시고 겸손한 자에게
은혜를 주신다 하였느니라
7 그런즉 너희는 하나님께 복종할지
어다 마귀를 대적하라 그리하면 너
희를 피하리라
8 하나님을 가까이하라 그리하면 너
희를 가까이하시리라 죄인들아 손
을 깨끗이 하라 두 마음을 품은 자
들아 마음을 성결하게 하라
9 슬퍼하며 애통하며 울지어다 너희
웃음을 애통으로, 너희 즐거움을
근심으로 바꿀지어다
10 주 앞에서 낮추라 그리하면 주께서
너희를 높이시리라
11 형제들아 서로 비방하지 말라 형제
를 비방하는 자나 형제를 판단하는
자는 곧 율법을 비방하고 율법을
판단하는 것이라 네가 만일 율법을
판단하면 율법의 준행자가 아니요
재판관이로다
12 입법자와 재판관은 오직 한 분이시
니 능히 구원하기도 하시며 멸하기
도 하시느니라 너는 누구이기에 이
웃을 판단하느냐
13 들으라 너희 중에 말하기를 오늘
이나 내일이나 우리가 어떤 도시에
가서 거기서 일 년을 머물며 장사하
여 이익을 보리라 하는 자들아
14 내일 일을 너희가 알지 못하는도다
너희 생명이 무엇이냐 너희는 잠깐
보이다가 없어지는 안개니라
15 너희가 도리어 말하기를 주의 뜻이
면 우리가 살기도 하고 이것이나 저
것을 하리라 할 것이거늘
16 이제도 너희가 허탄한 자랑을 하니
그러한 자랑은 다 악한 것이라
17 그러므로 사람이 선을 행할 줄 알
고도 행하지 아니하면 죄니라

5 들으라 부한 자들아 너희에게 임
할 고생으로 말미암아 울고 통곡
하라
2 너희 재물은 썩었고 너희 옷은 좀
먹었으며

기록일 : . . .

3 너희 금과 은은 녹이 슬었으니 이
녹이 너희에게 증거가 되며 불 같
이 너희 살을 먹으리라 너희가 말
세에 재물을 쌓았도다
4 보라 너희 밭에서 추수한 품꾼에게
주지 아니한 삯이 소리 지르며 그
추수한 자의 우는 소리가 만군의
주의 귀에 들렸느니라
5 너희가 땅에서 사치하고 방종하여
살육의 날에 너희 마음을 살찌게
하였도다
6 너희는 의인을 정죄하고 죽였으나
그는 너희에게 대항하지 아니하였
느니라
7 그러므로 형제들아 주께서 강림하
시기까지 길이 참으라 보라 농부가
땅에서 나는 귀한 열매를 바라고
길이 참아 이른 비와 늦은 비를 기
다리나니
8 너희도 길이 참고 마음을 굳건하게
하라 주의 강림이 가까우니라
9 형제들아 서로 원망하지 말라 그리
하여야 심판을 면하리라 보라 심판
주가 문 밖에 서 계시니라
10 형제들아 주의 이름으로 말한 선지
자들을 고난과 오래 참음의 본으로
삼으라
11 보라 인내하는 자를 우리가 복되다
하나니 너희가 욥의 인내를 들었고
주께서 주신 결말을 보았거니와 주
는 가장 자비하시고 긍휼히 여기시
는 이시니라
12 내 형제들아 무엇보다도 맹세하지
말지니 하늘로나 땅으로나 아무 다
른 것으로도 맹세하지 말고 오직
너희가 그렇다고 생각하는 것은 그
렇다 하고 아니라고 생각하는 것은
아니라 하여 정죄 받음을 면하라
13 너희 중에 고난 당하는 자가 있느
냐 그는 기도할 것이요 즐거워하는
자가 있느냐 그는 찬송할지니라
14 너희 중에 병든 자가 있느냐 그는
교회의 장로들을 청할 것이요 그들
은 주의 이름으로 기름을 바르며
그를 위하여 기도할지니라
15 믿음의 기도는 병든 자를 구원하리
니 주께서 그를 일으키시리라 혹시
죄를 범하였을지라도 사하심을 받
으리라
16 그러므로 너희 죄를 서로 고백하며
병이 낫기를 위하여 서로 기도하라
의인의 간구는 역사하는 힘이 큼이
니라
17 엘리야는 우리와 성정이 같은 사람
이로되 그가 비가 오지 않기를 간
절히 기도한즉 삼 년 육 개월 동안
땅에 비가 오지 아니하고
18 다시 기도하니 하늘이 비를 주고
땅이 열매를 맺었느니라
19 내 형제들아 너희 중에 미혹되어

기록일 : . . .

진리를 떠난 자를 누가 돌아서게
하면
20 너희가 알 것은 죄인을 미혹된 길
에서 돌아서게 하는 자가 그의 영
혼을 사망에서 구원할 것이며 허다
한 죄를 덮을 것임이라

기록일 : . . .

PETER

베드로전·후서

저 자 베드로

주 제 극심한 환난 가운데서의 소망과 이단과 거짓 교사들에 대한 경고

기록목적

- 기독교인들에 대한 핍박으로 인해 곳곳에 흩어져 있던 성도들에게 믿음 안에서 참소망을 얻도록 하기 위함이다.
- 신앙 성장에 도움이 되는 윤리적 지침과 교회 안에 독버섯같이 자라고 있는 거짓 교사들의 위험에 대한 경고를 주기 위함이다.

기록배경 당시 교회들은 외부적으로는 극심한 박해를 받고 있었으며, 내부적으로는 성도를 미혹케 하는 이단 사상과 거짓 교사들이 침투해 들어오고 있었다. 이러한 상황에서 사도 베드로는 이단들의 가르침을 차단하며, 성도들을 말씀 안에 굳건히 세우기 위하여 본서를 기록한 것이다. 베드로후서 역시 전서와 마찬가지로 사도 베드로가 순교하기 전 로마에서 기록된 것으로 보인다주후 67년경.

특 징

- 믿음의 고난을 당하는 성도들을 '그리스도 안에서의 산 소망' 에 연결시킴으로 현재의 환난을 극복하도록 격려하고 있다.
- 이단과 거짓 교사들의 위험성과 그들의 임박한 멸망과 심판을 엄중히 경고하고 있다.
- 예수 그리스도의 재림의 확실성과 임박성을 가르치며, 성도들이 깨어 있도록 경계하고 있다.

나의 기도

베드로전서

1 예수 그리스도의 사도 베드로는
본도, 갈라디아, 갑바도기아, 아시
아와 비두니아에 흩어진 나그네
2 곧 하나님 아버지의 미리 아심을
따라 성령이 거룩하게 하심으로 순
종함과 예수 그리스도의 피 뿌림을
얻기 위하여 택하심을 받은 자들에
게 편지하노니 은혜와 평강이 너희
에게 더욱 많을지어다
3 우리 주 예수 그리스도의 아버지
하나님을 찬송하리로다 그의 많으
신 긍휼대로 예수 그리스도를 죽
은 자 가운데서 부활하게 하심으로
말미암아 우리를 거듭나게 하사 산
소망이 있게 하시며
4 썩지 않고 더럽지 않고 쇠하지 아니
하는 유업을 잇게 하시나니 곧 너희
를 위하여 하늘에 간직하신 것이라
5 너희는 말세에 나타내기로 예비하
신 구원을 얻기 위하여 믿음으로
말미암아 하나님의 능력으로 보호
하심을 받았느니라
6 그러므로 너희가 이제 여러 가지 시
험으로 말미암아 잠깐 근심하게 되
지 않을 수 없으나 오히려 크게 기
뻐하는도다
7 너희 믿음의 확실함은 불로 연단하
여도 없어질 금보다 더 귀하여 예수
그리스도께서 나타나실 때에 칭찬
과 영광과 존귀를 얻게 할 것이니라
8 예수를 너희가 보지 못하였으나 사
랑하는도다 이제도 보지 못하나 믿
고 말할 수 없는 영광스러운 즐거
움으로 기뻐하니
9 믿음의 결국 곧 영혼의 구원을 받
음이라
10 이 구원에 대하여는 너희에게 임할
은혜를 예언하던 선지자들이 연구
하고 부지런히 살펴서
11 자기 속에 계신 그리스도의 영이
그 받으실 고난과 후에 받으실 영
광을 미리 증언하여 누구를 또는
어떠한 때를 지시하시는지 상고하
니라
12 이 섬긴 바가 자기를 위한 것이 아
니요 너희를 위한 것임이 계시로 알
게 되었으니 이것은 하늘로부터 보
내신 성령을 힘입어 복음을 전하는
자들로 이제 너희에게 알린 것이요
천사들도 살펴 보기를 원하는 것이
니라
13 그러므로 너희 마음의 허리를 동이
고 근신하여 예수 그리스도께서 나
타나실 때에 너희에게 가져다 주실
은혜를 온전히 바랄지어다
14 너희가 순종하는 자식처럼 전에 알

기록일 : . . .

지 못할 때에 따르던 너희 사욕을
본받지 말고
15 오직 너희를 부르신 거룩한 이처럼
너희도 모든 행실에 거룩한 자가
되라
16 기록되었으되 내가 거룩하니 너희
도 거룩할지어다 하셨느니라
17 외모로 보시지 않고 각 사람의 행
위대로 심판하시는 이를 너희가 아
버지라 부른즉 너희가 나그네로 있
을 때를 두려움으로 지내라
18 너희가 알거니와 너희 조상이 물려
준 헛된 행실에서 대속함을 받은
것은 은이나 금 같이 없어질 것으로
된 것이 아니요
19 오직 흠 없고 점 없는 어린 양 같은
그리스도의 보배로운 피로 된 것이
니라
20 그는 창세 전부터 미리 알린 바 되
신 이나 이 말세에 너희를 위하여
나타내신 바 되었으니
21 너희는 그를 죽은 자 가운데서 살
리시고 영광을 주신 하나님을 그리
스도로 말미암아 믿는 자니 너희
믿음과 소망이 하나님께 있게 하셨
느니라
22 너희가 진리를 순종함으로 너희 영
혼을 깨끗하게 하여 거짓이 없이 형
제를 사랑하기에 이르렀으니 마음
으로 뜨겁게 서로 사랑하라
23 너희가 거듭난 것은 썩어질 씨로
된 것이 아니요 썩지 아니할 씨로
된 것이니 살아 있고 항상 있는 하
나님의 말씀으로 되었느니라
24 그러므로 모든 육체는 풀과 같고
그 모든 영광은 풀의 꽃과 같으니
풀은 마르고 꽃은 떨어지되
25 오직 주의 말씀은 세세토록 있도다
하였으니 너희에게 전한 복음이 곧
이 말씀이니라

2

그러므로 모든 악독과 모든 기만
과 외식과 시기와 모든 비방하는
말을 버리고
2 갓난 아기들 같이 순전하고 신령한
젖을 사모하라 이는 그로 말미암아
너희로 구원에 이르도록 자라게 하
려 함이라
3 너희가 주의 인자하심을 맛보았으
면 그리하라
4 사람에게는 버린 바가 되었으나 하
나님께는 택하심을 입은 보배로운
산 돌이신 예수께 나아가
5 너희도 산 돌 같이 신령한 집으로
세워지고 예수 그리스도로 말미암
아 하나님이 기쁘게 받으실 신령한
제사를 드릴 거룩한 제사장이 될지
니라
6 성경에 기록되었으되 보라 내가 택
한 보배로운 모퉁잇돌을 시온에 두
노니 그를 믿는 자는 부끄러움을

기록일 : . . .

당하지 아니하리라 하였으니
7 그러므로 믿는 너희에게는 보배이
나 믿지 아니하는 자에게는 건축자
들이 버린 그 돌이 모퉁이의 머릿돌
이 되고
8 또한 부딪치는 돌과 걸려 넘어지게
하는 바위가 되었다 하였느니라 그
들이 말씀을 순종하지 아니하므로
넘어지나니 이는 그들을 이렇게 정
하신 것이라
9 그러나 너희는 택하신 족속이요 왕
같은 제사장들이요 거룩한 나라요
그의 소유가 된 백성이니 이는 너희
를 어두운 데서 불러 내어 그의 기
이한 빛에 들어가게 하신 이의 아름
다운 덕을 선포하게 하려 하심이라
10 너희가 전에는 백성이 아니더니 이
제는 하나님의 백성이요 전에는 긍
휼을 얻지 못하였더니 이제는 긍휼
을 얻은 자니라
11 사랑하는 자들아 거류민과 나그네
같은 너희를 권하노니 영혼을 거슬
러 싸우는 육체의 정욕을 제어하라
12 너희가 이방인 중에서 행실을 선하
게 가져 너희를 악행한다고 비방하
는 자들로 하여금 너희 선한 일을
보고 오시는 날에 하나님께 영광을
돌리게 하려 함이라
13 인간의 모든 제도를 주를 위하여
순종하되 혹은 위에 있는 왕이나
14 혹은 그가 악행하는 자를 징벌하고
선행하는 자를 포상하기 위하여 보
낸 총독에게 하라
15 곧 선행으로 어리석은 사람들의 무
식한 말을 막으시는 것이라
16 너희는 자유가 있으나 그 자유로
악을 가리는 데 쓰지 말고 오직 하
나님의 종과 같이 하라
17 뭇 사람을 공경하며 형제를 사랑하
며 하나님을 두려워하며 왕을 존대
하라
18 사환들아 범사에 두려워함으로 주
인들에게 순종하되 선하고 관용하
는 자들에게만 아니라 또한 까다로
운 자들에게도 그리하라
19 부당하게 고난을 받아도 하나님을
생각함으로 슬픔을 참으면 이는 아
름다우나
20 죄가 있어 매를 맞고 참으면 무슨
칭찬이 있으리요 그러나 선을 행함
으로 고난을 받고 참으면 이는 하
나님 앞에 아름다우니라
21 이를 위하여 너희가 부르심을 받았
으니 그리스도도 너희를 위하여 고
난을 받으사 너희에게 본을 끼쳐 그
자취를 따라오게 하려 하셨느니라
22 그는 죄를 범하지 아니하시고 그
입에 거짓도 없으시며
23 욕을 당하시되 맞대어 욕하지 아니
하시고 고난을 당하시되 위협하지

아니하시고 오직 공의로 심판하시
는 이에게 부탁하시며
24 친히 나무에 달려 그 몸으로 우리
죄를 담당하셨으니 이는 우리로 죄
에 대하여 죽고 의에 대하여 살게
하려 하심이라 그가 채찍에 맞음으
로 너희는 나음을 얻었나니
25 너희가 전에는 양과 같이 길을 잃
었더니 이제는 너희 영혼의 목자와
감독 되신 이에게 돌아왔느니라

3

아내들아 이와 같이 자기 남편에
게 순종하라 이는 혹 말씀을 순종
하지 않는 자라도 말로 말미암지
않고 그 아내의 행실로 말미암아
구원을 받게 하려 함이니
2 너희의 두려워하며 정결한 행실을
봄이라
3 너희의 단장은 머리를 꾸미고 금을
차고 아름다운 옷을 입는 외모로
하지 말고
4 오직 마음에 숨은 사람을 온유하고
안정한 심령의 썩지 아니할 것으로
하라 이는 하나님 앞에 값진 것이
니라
5 전에 하나님께 소망을 두었던 거룩
한 부녀들도 이와 같이 자기 남편
에게 순종함으로 자기를 단장하였
나니
6 사라가 아브라함을 주라 칭하여 순
종한 것 같이 너희는 선을 행하고
아무 두려운 일에도 놀라지 아니하
면 그의 딸이 된 것이니라
7 남편들아 이와 같이 지식을 따라
너희 아내와 동거하고 그를 더 연
약한 그릇이요 또 생명의 은혜를
함께 이어받을 자로 알아 귀히 여
기라 이는 너희 기도가 막히지 아니
하게 하려 함이라
8 마지막으로 말하노니 너희가 다 마
음을 같이하여 동정하며 형제를 사
랑하며 불쌍히 여기며 겸손하며
9 악을 악으로, 욕을 욕으로 갚지 말
고 도리어 복을 빌라 이를 위하여
너희가 부르심을 받았으니 이는 복
을 이어받게 하려 하심이라
10 그러므로 생명을 사랑하고 좋은 날
보기를 원하는 자는 혀를 금하여
악한 말을 그치며 그 입술로 거짓
을 말하지 말고
11 악에서 떠나 선을 행하고 화평을
구하며 그것을 따르라
12 주의 눈은 의인을 향하시고 그의
귀는 의인의 간구에 기울이시되 주
의 얼굴은 악행하는 자들을 대하시
느니라 하였느니라
13 또 너희가 열심으로 선을 행하면
누가 너희를 해하리요
14 그러나 의를 위하여 고난을 받으면
복 있는 자니 그들이 두려워하는 것
을 두려워하지 말며 근심하지 말고

기록일 : . . .

15 너희 마음에 그리스도를 주로 삼아
거룩하게 하고 너희 속에 있는 소
망에 관한 이유를 묻는 자에게는
대답할 것을 항상 준비하되 온유와
두려움으로 하고
16 선한 양심을 가지라 이는 그리스도
안에 있는 너희의 선행을 욕하는
자들로 그 비방하는 일에 부끄러움
을 당하게 하려 함이라
17 선을 행함으로 고난 받는 것이 하
나님의 뜻일진대 악을 행함으로 고
난 받는 것보다 나으니라
18 그리스도께서도 단번에 죄를 위하
여 죽으사 의인으로서 불의한 자를
대신하셨으니 이는 우리를 하나님
앞으로 인도하려 하심이라 육체로
는 죽임을 당하시고 영으로는 살리
심을 받으셨으니
19 그가 또한 영으로 가서 옥에 있는
영들에게 선포하시니라
20 그들은 전에 노아의 날 방주를 준
비할 동안 하나님이 오래 참고 기
다리실 때에 복종하지 아니하던 자
들이라 방주에서 물로 말미암아 구
원을 얻은 자가 몇 명뿐이니 겨우
여덟 명이라
21 물은 예수 그리스도께서 부활하심
으로 말미암아 이제 너희를 구원하
는 표니 곧 침례라 이는 육체의 더
러운 것을 제하여 버림이 아니요 하
나님을 향한 선한 양심의 간구니라
22 그는 하늘에 오르사 하나님 우편에
계시니 천사들과 권세들과 능력들
이 그에게 복종하느니라

4 그리스도께서 이미 육체의 고난
을 받으셨으니 너희도 같은 마음으
로 갑옷을 삼으라 이는 육체의 고
난을 받은 자는 죄를 그쳤음이니
2 그 후로는 다시 사람의 정욕을 따
르지 않고 하나님의 뜻을 따라 육
체의 남은 때를 살게 하려 함이라
3 너희가 음란과 정욕과 술취함과 방
탕과 향락과 무법한 우상 숭배를
하여 이방인의 뜻을 따라 행한 것
은 지나간 때로 족하도다
4 이러므로 너희가 그들과 함께 그런
극한 방탕에 달음질하지 아니하는
것을 그들이 이상히 여겨 비방하나
5 그들이 산 자와 죽은 자를 심판하
기로 예비하신 이에게 사실대로 고
하리라
6 이를 위하여 죽은 자들에게도 복음
이 전파되었으니 이는 육체로는 사
람으로 심판을 받으나 영으로는 하
나님을 따라 살게 하려 함이라
7 만물의 마지막이 가까이 왔으니 그
러므로 너희는 정신을 차리고 근신
하여 기도하라
8 무엇보다도 뜨겁게 서로 사랑할지
니 사랑은 허다한 죄를 덮느니라

기록일 : . . .

9 서로 대접하기를 원망 없이 하고
10 각각 은사를 받은 대로 하나님의
여러 가지 은혜를 맡은 선한 청지기
같이 서로 봉사하라
11 만일 누가 말하려면 하나님의 말씀
을 하는 것 같이 하고 누가 봉사하
려면 하나님이 공급하시는 힘으로
하는 것 같이 하라 이는 범사에 예
수 그리스도로 말미암아 하나님이
영광을 받으시게 하려 함이니 그에
게 영광과 권능이 세세에 무궁하도
록 있느니라 아멘
12 사랑하는 자들아 너희를 연단하려
고 오는 불 시험을 이상한 일 당하
는 것 같이 이상히 여기지 말고
13 오히려 너희가 그리스도의 고난에
참여하는 것으로 즐거워하라 이는
그의 영광을 나타내실 때에 너희로
즐거워하고 기뻐하게 하려 함이라
14 너희가 그리스도의 이름으로 치욕
을 당하면 복 있는 자로다 영광의
영 곧 하나님의 영이 너희 위에 계
심이라
15 너희 중에 누구든지 살인이나 도둑
질이나 악행이나 남의 일을 간섭하
는 자로 고난을 받지 말려니와
16 만일 그리스도인으로 고난을 받으
면 부끄러워하지 말고 도리어 그 이
름으로 하나님께 영광을 돌리라
17 하나님의 집에서 심판을 시작할 때
가 되었나니 만일 우리에게 먼저 하
면 하나님의 복음을 순종하지 아니
하는 자들의 그 마지막은 어떠하며
18 또 의인이 겨우 구원을 받으면 경건
하지 아니한 자와 죄인은 어디에 서
리요
19 그러므로 하나님의 뜻대로 고난을
받는 자들은 또한 선을 행하는 가
운데에 그 영혼을 미쁘신 창조주께
의탁할지어다

5 너희 중 장로들에게 권하노니 나
는 함께 장로 된 자요 그리스도의
고난의 증인이요 나타날 영광에 참
여할 자니라
2 너희 중에 있는 하나님의 양 무리
를 치되 억지로 하지 말고 하나님
의 뜻을 따라 자원함으로 하며 더
러운 이득을 위하여 하지 말고 기
꺼이 하며
3 맡은 자들에게 주장하는 자세를 하
지 말고 양 무리의 본이 되라
4 그리하면 목자장이 나타나실 때에
시들지 아니하는 영광의 관을 얻으
리라
5 젊은 자들아 이와 같이 장로들에게
순종하고 다 서로 겸손으로 허리를
동이라 하나님은 교만한 자를 대적
하시되 겸손한 자들에게는 은혜를
주시느니라
6 그러므로 하나님의 능하신 손 아래

기록일 : . . .

에서 겸손하라 때가 되면 너희를
높이시리라
7 너희 염려를 다 주께 맡기라 이는
그가 너희를 돌보심이라
8 근신하라 깨어라 너희 대적 마귀가
우는 사자 같이 두루 다니며 삼킬
자를 찾나니
9 너희는 믿음을 굳건하게 하여 그를
대적하라 이는 세상에 있는 너희
형제들도 동일한 고난을 당하는 줄
을 앎이라
10 모든 은혜의 하나님 곧 그리스도
안에서 너희를 부르사 자기의 영원
한 영광에 들어가게 하신 이가 잠
깐 고난을 당한 너희를 친히 온전
하게 하시며 굳건하게 하시며 강하
게 하시며 터를 견고하게 하시리라
11 권능이 세세무궁하도록 그에게 있
을지어다 아멘
12 내가 신실한 형제로 아는 실루아노
로 말미암아 너희에게 간단히 써서
권하고 이것이 하나님의 참된 은혜
임을 증언하노니 너희는 이 은혜에
굳게 서라
13 택하심을 함께 받은 바벨론에 있는
교회가 너희에게 문안하고 내 아들
마가도 그리하느니라
14 너희는 사랑의 입맞춤으로 서로 문
안하라 그리스도 안에 있는 너희
모든 이에게 평강이 있을지어다

기록일 : . . .

베드로후서

1 예수 그리스도의 종이며 사도인
시몬 베드로는 우리 하나님과 구주
예수 그리스도의 의를 힘입어 동일
하게 보배로운 믿음을 우리와 함께
받은 자들에게 편지하노니
2 하나님과 우리 주 예수를 앎으로
은혜와 평강이 너희에게 더욱 많을
지어다
3 그의 신기한 능력으로 생명과 경건
에 속한 모든 것을 우리에게 주셨
으니 이는 자기의 영광과 덕으로써
우리를 부르신 이를 앎으로 말미암
음이라
4 이로써 그 보배롭고 지극히 큰 약
속을 우리에게 주사 이 약속으로
말미암아 너희가 정욕 때문에 세상
에서 썩어질 것을 피하여 신성한 성
품에 참여하는 자가 되게 하려 하
셨느니라
5 그러므로 너희가 더욱 힘써 너희
믿음에 덕을, 덕에 지식을,
6 지식에 절제를, 절제에 인내를, 인
내에 경건을,
7 경건에 형제 우애를, 형제 우애에
사랑을 더하라
8 이런 것이 너희에게 있어 흡족한즉
너희로 우리 주 예수 그리스도를
알기에 게으르지 않고 열매 없는
자가 되지 않게 하려니와
9 이런 것이 없는 자는 맹인이라 멀리
보지 못하고 그의 옛 죄가 깨끗하
게 된 것을 잊었느니라
10 그러므로 형제들아 더욱 힘써 너희
부르심과 택하심을 굳게 하라 너희
가 이것을 행한즉 언제든지 실족하
지 아니하리라
11 이같이 하면 우리 주 곧 구주 예수
그리스도의 영원한 나라에 들어감
을 넉넉히 너희에게 주시리라
12 그러므로 너희가 이것을 알고 이미
있는 진리에 서 있으나 내가 항상
너희에게 생각나게 하려 하노라
13 내가 이 장막에 있을 동안에 너희
를 일깨워 생각나게 함이 옳은 줄
로 여기노니
14 이는 우리 주 예수 그리스도께서
내게 지시하신 것 같이 나도 나의
장막을 벗어날 것이 임박한 줄을
앎이라
15 내가 힘써 너희로 하여금 내가 떠
난 후에라도 어느 때나 이런 것을
생각나게 하려 하노라
16 우리 주 예수 그리스도의 능력과
강림하심을 너희에게 알게 한 것
이 교묘히 만든 이야기를 따른 것
이 아니요 우리는 그의 크신 위엄

기록일 : . . .

을 친히 본 자라
17 지극히 큰 영광 중에서 이러한 소리
가 그에게 나기를 이는 내 사랑하
는 아들이요 내 기뻐하는 자라 하
실 때에 그가 하나님 아버지께 존
귀와 영광을 받으셨느니라
18 이 소리는 우리가 그와 함께 거룩
한 산에 있을 때에 하늘로부터 난
것을 들은 것이라
19 또 우리에게는 더 확실한 예언이 있
어 어두운 데를 비추는 등불과 같
으니 날이 새어 샛별이 너희 마음에
떠오르기까지 너희가 이것을 주의
하는 것이 옳으니라
20 먼저 알 것은 성경의 모든 예언은
사사로이 풀 것이 아니니
21 예언은 언제든지 사람의 뜻으로 낸
것이 아니요 오직 성령의 감동하심
을 받은 사람들이 하나님께 받아
말한 것임이라

2 그러나 백성 가운데 또한 거짓 선
지자들이 일어났었나니 이와 같이
너희 중에도 거짓 선생들이 있으리
라 그들은 멸망하게 할 이단을 가
만히 끌어들여 자기들을 사신 주를
부인하고 임박한 멸망을 스스로 취
하는 자들이라
2 여럿이 그들의 호색하는 것을 따르
리니 이로 말미암아 진리의 도가 비
방을 받을 것이요
3 그들이 탐심으로써 지어낸 말을 가
지고 너희로 이득을 삼으니 그들의
심판은 옛적부터 지체하지 아니하
며 그들의 멸망은 잠들지 아니하느
니라
4 하나님이 범죄한 천사들을 용서하
지 아니하시고 지옥에 던져 어두운
구덩이에 두어 심판 때까지 지키게
하셨으며
5 옛 세상을 용서하지 아니하시고 오
직 의를 전파하는 노아와 그 일곱
식구를 보존하시고 경건하지 아니
한 자들의 세상에 홍수를 내리셨
으며
6 소돔과 고모라 성을 멸망하기로 정
하여 재가 되게 하사 후세에 경건
하지 아니할 자들에게 본을 삼으셨
으며
7 무법한 자들의 음란한 행실로 말미
암아 고통 당하는 의로운 롯을 건
지셨으니
8 (이는 이 의인이 그들 중에 거하여
날마다 저 불법한 행실을 보고 들음
으로 그 의로운 심령이 상함이라)
9 주께서 경건한 자는 시험에서 건지
실 줄 아시고 불의한 자는 형벌 아
래에 두어 심판 날까지 지키시며
10 특별히 육체를 따라 더러운 정욕
가운데서 행하며 주관하는 이를 멸
시하는 자들에게는 형벌할 줄 아시

기록일 : . . .

느니라 이들은 당돌하고 자긍하며
떨지 않고 영광 있는 자들을 비방
하거니와
11 더 큰 힘과 능력을 가진 천사들도
주 앞에서 그들을 거슬러 비방하는
고발을 하지 아니하느니라
12 그러나 이 사람들은 본래 잡혀 죽기
위하여 난 이성 없는 짐승 같아서
그 알지 못하는 것을 비방하고 그들
의 멸망 가운데서 멸망을 당하며
13 불의의 값으로 불의를 당하며 낮에
즐기고 노는 것을 기쁘게 여기는
자들이니 점과 흠이라 너희와 함께
연회할 때에 그들의 속임수로 즐기
고 놀며
14 음심이 가득한 눈을 가지고 범죄하
기를 그치지 아니하고 굳세지 못한
영혼들을 유혹하며 탐욕에 연단된
마음을 가진 자들이니 저주의 자식
이라
15 그들이 바른 길을 떠나 미혹되어
브올의 아들 발람의 길을 따르는도
다 그는 불의의 삯을 사랑하다가
16 자기의 불법으로 말미암아 책망을
받되 말하지 못하는 나귀가 사람의
소리로 말하여 이 선지자의 미친 행
동을 저지하였느니라
17 이 사람들은 물 없는 샘이요 광풍
에 밀려 가는 안개니 그들을 위하
여 캄캄한 어둠이 예비되어 있나니
18 그들이 허탄한 자랑의 말을 토하며
그릇되게 행하는 사람들에게서 겨
우 피한 자들을 음란으로써 육체의
정욕 중에서 유혹하는도다
19 그들에게 자유를 준다 하여도 자신
들은 멸망의 종들이니 누구든지 진
자는 이긴 자의 종이 됨이라
20 만일 그들이 우리 주 되신 구주 예
수 그리스도를 앎으로 세상의 더러
움을 피한 후에 다시 그 중에 얽매
이고 지면 그 나중 형편이 처음보다
더 심하리니
21 의의 도를 안 후에 받은 거룩한 명
령을 저버리는 것보다 알지 못하는
것이 도리어 그들에게 나으니라
22 참된 속담에 이르기를 개가 그 토
하였던 것에 돌아가고 돼지가 씻었
다가 더러운 구덩이에 도로 누웠다
하는 말이 그들에게 응하였도다

3 사랑하는 자들아 내가 이제 이 둘
째 편지를 너희에게 쓰노니 이 두
편지로 너희의 진실한 마음을 일깨
워 생각나게 하여
2 곧 거룩한 선지자들이 예언한 말씀
과 주 되신 구주께서 너희의 사도
들로 말미암아 명하신 것을 기억하
게 하려 하노라
3 먼저 이것을 알지니 말세에 조롱하
는 자들이 와서 자기의 정욕을 따
라 행하며 조롱하여

기록일 : . . .

4 이르되 주께서 강림하신다는 약속
이 어디 있느냐 조상들이 잔 후로
부터 만물이 처음 창조될 때와 같
이 그냥 있다 하니
5 이는 하늘이 옛적부터 있는 것과
땅이 물에서 나와 물로 성립된 것
도 하나님의 말씀으로 된 것을 그
들이 일부러 잊으려 함이로다
6 이로 말미암아 그 때에 세상은 물
이 넘침으로 멸망하였으되
7 이제 하늘과 땅은 그 동일한 말씀
으로 불사르기 위하여 보호하신 바
되어 경건하지 아니한 사람들의 심
판과 멸망의 날까지 보존하여 두신
것이니라
8 사랑하는 자들아 주께는 하루가 천
년 같고 천 년이 하루 같다는 이 한
가지를 잊지 말라
9 주의 약속은 어떤 이들이 더디다고
생각하는 것 같이 더딘 것이 아니라
오직 주께서는 너희를 대하여 오래
참으사 아무도 멸망하지 아니하고
다 회개하기에 이르기를 원하시느
니라
10 그러나 주의 날이 도둑 같이 오리
니 그 날에는 하늘이 큰 소리로 떠
나가고 물질이 뜨거운 불에 풀어지
고 땅과 그 중에 있는 모든 일이 드
러나리로다
11 이 모든 것이 이렇게 풀어지리니 너
희가 어떠한 사람이 되어야 마땅하
냐 거룩한 행실과 경건함으로
12 하나님의 날이 임하기를 바라보고
간절히 사모하라 그 날에 하늘이
불에 타서 풀어지고 물질이 뜨거운
불에 녹아지려니와
13 우리는 그의 약속대로 의가 있는 곳
인 새 하늘과 새 땅을 바라보도다
14 그러므로 사랑하는 자들아 너희가
이것을 바라보나니 주 앞에서 점도
없고 흠도 없이 평강 가운데서 나
타나기를 힘쓰라
15 또 우리 주의 오래 참으심이 구원
이 될 줄로 여기라 우리가 사랑하
는 형제 바울도 그 받은 지혜대로
너희에게 이같이 썼고
16 또 그 모든 편지에도 이런 일에 관
하여 말하였으되 그 중에 알기 어
려운 것이 더러 있으니 무식한 자들
과 굳세지 못한 자들이 다른 성경
과 같이 그것도 억지로 풀다가 스
스로 멸망에 이르느니라
17 그러므로 사랑하는 자들아 너희가
이것을 미리 알았은즉 무법한 자들
의 미혹에 이끌려 너희가 굳센 데
서 떨어질까 삼가라
18 오직 우리 주 곧 구주 예수 그리스
도의 은혜와 그를 아는 지식에서
자라 가라 영광이 이제와 영원한
날까지 그에게 있을지어다

기록일 : . . .

요한일·이·삼서

저 자	사도 요한
주 제	예수 그리스도 안에서 누리는 참된 사랑의 교제와 권면
기록목적	이단 사설을 가르치는 거짓 교사들의 교훈을 대적하며, 성도들로 하여금 하나님과 사랑의 교제를 갖고 이웃에게 사랑을 실천하는 삶을 살도록 하기 위함이다.
기록배경	예루살렘 멸망주후 70년 후 사도 요한이 말년을 보냈던 에베소에서 기록한 것으로 보인다주후 80년-90년경. 당시 초대 교회에는 외부적으로 우상을 숭배하던 로마의 도미티아누스Domitianus, 주후 81년-96년 황제의 극심한 박해를 받고 있었다. 또한 교회 안에는 헬라 철학의 영향을 받은 영지주의를 유포하는 거짓 교사들의 활동으로 인해 혼란을 겪고 있었다. 이러한 상황에 처해 있는 교회를 진리의 말씀으로 온전히 서도록 하기 위해 본서를 기록하였다.
특 징	• 사귐, 사랑을 강조하였다. • 하나님의 성품을 잘 묘사하고 있다. – 빛1:5, 의로우심2:29, 사랑4:8,16, 영3:24, 생명5:11,12 • 진리의 말씀대로 행하는 삶의 중요성을 가르쳐 준다.

나의 기도

요한일서

1 태초부터 있는 생명의 말씀에 관
하여는 우리가 들은 바요 눈으로
본 바요 자세히 보고 우리의 손으
로 만진 바라
2 이 생명이 나타내신 바 된지라 이
영원한 생명을 우리가 보았고 증언
하여 너희에게 전하노니 이는 아버
지와 함께 계시다가 우리에게 나타
내신 바 된 이시니라
3 우리가 보고 들은 바를 너희에게도
전함은 너희로 우리와 사귐이 있게
하려 함이니 우리의 사귐은 아버지
와 그의 아들 예수 그리스도와 더
불어 누림이라
4 우리가 이것을 씀은 우리의 기쁨이
충만하게 하려 함이라
5 우리가 그에게서 듣고 너희에게 전
하는 소식은 이것이니 곧 하나님은
빛이시라 그에게는 어둠이 조금도
없으시다는 것이니라
6 만일 우리가 하나님과 사귐이 있다
하고 어둠에 행하면 거짓말을 하고
진리를 행하지 아니함이거니와
7 그가 빛 가운데 계신 것 같이 우리
도 빛 가운데 행하면 우리가 서로
사귐이 있고 그 아들 예수의 피가
우리를 모든 죄에서 깨끗하게 하실
것이요
8 만일 우리가 죄가 없다고 말하면
스스로 속이고 또 진리가 우리 속
에 있지 아니할 것이요
9 만일 우리가 우리 죄를 자백하면
그는 미쁘시고 의로우사 우리 죄를
사하시며 우리를 모든 불의에서 깨
끗하게 하실 것이요
10 만일 우리가 범죄하지 아니하였다
하면 하나님을 거짓말하는 이로 만
드는 것이니 또한 그의 말씀이 우
리 속에 있지 아니하니라

2 나의 자녀들아 내가 이것을 너희
에게 씀은 너희로 죄를 범하지 않
게 하려 함이라 만일 누가 죄를 범
하여도 아버지 앞에서 우리에게 대
언자가 있으니 곧 의로우신 예수
그리스도시라
2 그는 우리 죄를 위한 화목 제물이
니 우리만 위할 뿐 아니요 온 세상
의 죄를 위하심이라
3 우리가 그의 계명을 지키면 이로써
우리가 그를 아는 줄로 알 것이요
4 그를 아노라 하고 그의 계명을 지
키지 아니하는 자는 거짓말하는 자
요 진리가 그 속에 있지 아니하되
5 누구든지 그의 말씀을 지키는 자는
하나님의 사랑이 참으로 그 속에서
온전하게 되었나니 이로써 우리가

기록일 : . . .

그의 안에 있는 줄을 아노라
6 그의 안에 산다고 하는 자는 그가
행하시는 대로 자기도 행할지니라
7 사랑하는 자들아 내가 새 계명을 너
희에게 쓰는 것이 아니라 너희가 처
음부터 가진 옛 계명이니 이 옛 계
명은 너희가 들은 바 말씀이거니와
8 다시 내가 너희에게 새 계명을 쓰
노니 그에게와 너희에게도 참된 것
이라 이는 어둠이 지나가고 참빛이
벌써 비침이니라
9 빛 가운데 있다 하면서 그 형제를
미워하는 자는 지금까지 어둠에 있
는 자요
10 그의 형제를 사랑하는 자는 빛 가
운데 거하여 자기 속에 거리낌이 없
으나
11 그의 형제를 미워하는 자는 어둠에
있고 또 어둠에 행하며 갈 곳을 알
지 못하나니 이는 그 어둠이 그의
눈을 멀게 하였음이라
12 자녀들아 내가 너희에게 쓰는 것은
너희 죄가 그의 이름으로 말미암아
사함을 받았음이요
13 아비들아 내가 너희에게 쓰는 것은
너희가 태초부터 계신 이를 알았
음이요 청년들아 내가 너희에게 쓰
는 것은 너희가 악한 자를 이기었
음이라
14 아이들아 내가 너희에게 쓴 것은
너희가 아버지를 알았음이요 아비
들아 내가 너희에게 쓴 것은 너희
가 태초부터 계신 이를 알았음이
요 청년들아 내가 너희에게 쓴 것
은 너희가 강하고 하나님의 말씀이
너희 안에 거하시며 너희가 흉악한
자를 이기었음이라
15 이 세상이나 세상에 있는 것들을
사랑하지 말라 누구든지 세상을 사
랑하면 아버지의 사랑이 그 안에
있지 아니하니
16 이는 세상에 있는 모든 것이 육신
의 정욕과 안목의 정욕과 이생의
자랑이니 다 아버지께로부터 온 것
이 아니요 세상으로부터 온 것이라
17 이 세상도, 그 정욕도 지나가되 오
직 하나님의 뜻을 행하는 자는 영
원히 거하느니라
18 아이들아 지금은 마지막 때라 적그
리스도가 오리라는 말을 너희가 들
은 것과 같이 지금도 많은 적그리
스도가 일어났으니 그러므로 우리
가 마지막 때인 줄 아노라
19 그들이 우리에게서 나갔으나 우리
에게 속하지 아니하였나니 만일 우
리에게 속하였더라면 우리와 함께
거하였으려니와 그들이 나간 것은
다 우리에게 속하지 아니함을 나타
내려 함이니라
20 너희는 거룩하신 자에게서 기름 부

기록일 : . . .

음을 받고 모든 것을 아느니라
21 내가 너희에게 쓰는 것은 너희가
진리를 알지 못하기 때문이 아니라
알기 때문이요 또 모든 거짓은 진
리에서 나지 않기 때문이라
22 거짓말하는 자가 누구냐 예수께서
그리스도이심을 부인하는 자가 아
니냐 아버지와 아들을 부인하는 그
가 적그리스도니
23 아들을 부인하는 자에게는 또한 아
버지가 없으되 아들을 시인하는 자
에게는 아버지도 있느니라
24 너희는 처음부터 들은 것을 너희
안에 거하게 하라 처음부터 들은
것이 너희 안에 거하면 너희가 아들
과 아버지 안에 거하리라
25 그가 우리에게 약속하신 것은 이것
이니 곧 영원한 생명이니라
26 너희를 미혹하는 자들에 관하여 내
가 이것을 너희에게 썼노라
27 너희는 주께 받은 바 기름 부음이
너희 안에 거하나니 아무도 너희를
가르칠 필요가 없고 오직 그의 기
름 부음이 모든 것을 너희에게 가
르치며 또 참되고 거짓이 없으니 너
희를 가르치신 그대로 주 안에 거
하라
28 자녀들아 이제 그의 안에 거하라
이는 주께서 나타내신 바 되면 그
가 강림하실 때에 우리로 담대함을
얻어 그 앞에서 부끄럽지 않게 하려
함이라
29 너희가 그가 의로우신 줄을 알면
의를 행하는 자마다 그에게서 난
줄을 알리라

3 보라 아버지께서 어떠한 사랑을
우리에게 베푸사 하나님의 자녀라
일컬음을 받게 하셨는가, 우리가 그
러하도다 그러므로 세상이 우리를
알지 못함은 그를 알지 못함이라
2 사랑하는 자들아 우리가 지금은 하
나님의 자녀라 장래에 어떻게 될지
는 아직 나타나지 아니하였으나 그
가 나타나시면 우리가 그와 같을
줄을 아는 것은 그의 참모습 그대
로 볼 것이기 때문이니
3 주를 향하여 이 소망을 가진 자마
다 그의 깨끗하심과 같이 자기를
깨끗하게 하느니라
4 죄를 짓는 자마다 불법을 행하나니
죄는 불법이라
5 그가 우리 죄를 없애려고 나타나신
것을 너희가 아나니 그에게는 죄가
없느니라
6 그 안에 거하는 자마다 범죄하지
아니하나니 범죄하는 자마다 그를
보지도 못하였고 그를 알지도 못하
였느니라
7 자녀들아 아무도 너희를 미혹하지
못하게 하라 의를 행하는 자는 그

기록일 : . . .

의 의로우심과 같이 의롭고
8 죄를 짓는 자는 마귀에게 속하나니
마귀는 처음부터 범죄함이라 하나
님의 아들이 나타나신 것은 마귀의
일을 멸하려 하심이라
9 하나님께로부터 난 자마다 죄를 짓
지 아니하나니 이는 하나님의 씨가
그의 속에 거함이요 그도 범죄하지
못하는 것은 하나님께로부터 났음
이라
10 이러므로 하나님의 자녀들과 마귀
의 자녀들이 드러나나니 무릇 의를
행하지 아니하는 자나 또는 그 형
제를 사랑하지 아니하는 자는 하나
님께 속하지 아니하니라
11 우리는 서로 사랑할지니 이는 너희
가 처음부터 들은 소식이라
12 가인 같이 하지 말라 그는 악한 자
에게 속하여 그 아우를 죽였으니
어떤 이유로 죽였느냐 자기의 행위
는 악하고 그의 아우의 행위는 의
로움이라
13 형제들아 세상이 너희를 미워하여
도 이상히 여기지 말라
14 우리는 형제를 사랑함으로 사망에
서 옮겨 생명으로 들어간 줄을 알
거니와 사랑하지 아니하는 자는 사
망에 머물러 있느니라
15 그 형제를 미워하는 자마다 살인
하는 자니 살인하는 자마다 영생이
그 속에 거하지 아니하는 것을 너
희가 아는 바라
16 그가 우리를 위하여 목숨을 버리셨
으니 우리가 이로써 사랑을 알고
우리도 형제들을 위하여 목숨을 버
리는 것이 마땅하니라
17 누가 이 세상의 재물을 가지고 형
제의 궁핍함을 보고도 도와 줄 마
음을 닫으면 하나님의 사랑이 어찌
그 속에 거하겠느냐
18 자녀들아 우리가 말과 혀로만 사랑
하지 말고 행함과 진실함으로 하자
19 이로써 우리가 진리에 속한 줄을
알고 또 우리 마음을 주 앞에서 굳
세게 하리니
20 이는 우리 마음이 혹 우리를 책망
할 일이 있어도 하나님은 우리 마음
보다 크시고 모든 것을 아시기 때
문이라
21 사랑하는 자들아 만일 우리 마음이
우리를 책망할 것이 없으면 하나님
앞에서 담대함을 얻고
22 무엇이든지 구하는 바를 그에게서
받나니 이는 우리가 그의 계명을
지키고 그 앞에서 기뻐하시는 것을
행함이라
23 그의 계명은 이것이니 곧 그 아들
예수 그리스도의 이름을 믿고 그가
우리에게 주신 계명대로 서로 사랑
할 것이니라

기록일 : . . .

24 그의 계명을 지키는 자는 주 안에
거하고 주는 그의 안에 거하시나니
우리에게 주신 성령으로 말미암아
그가 우리 안에 거하시는 줄을 우
리가 아느니라

4

사랑하는 자들아 영을 다 믿지 말
고 오직 영들이 하나님께 속하였나
분별하라 많은 거짓 선지자가 세상
에 나왔음이라
2 이로써 너희가 하나님의 영을 알지
니 곧 예수 그리스도께서 육체로
오신 것을 시인하는 영마다 하나님
께 속한 것이요
3 예수를 시인하지 아니하는 영마다
하나님께 속한 것이 아니니 이것이
곧 적그리스도의 영이니라 오리라
한 말을 너희가 들었거니와 지금 벌
써 세상에 있느니라
4 자녀들아 너희는 하나님께 속하였
고 또 그들을 이기었나니 이는 너희
안에 계신 이가 세상에 있는 자보
다 크심이라
5 그들은 세상에 속한 고로 세상에
속한 말을 하매 세상이 그들의 말
을 듣느니라
6 우리는 하나님께 속하였으니 하나
님을 아는 자는 우리의 말을 듣고
하나님께 속하지 아니한 자는 우리
의 말을 듣지 아니하나니 진리의 영
과 미혹의 영을 이로써 아느니라
7 사랑하는 자들아 우리가 서로 사랑
하자 사랑은 하나님께 속한 것이니
사랑하는 자마다 하나님으로부터
나서 하나님을 알고
8 사랑하지 아니하는 자는 하나님을
알지 못하나니 이는 하나님은 사랑
이심이라
9 하나님의 사랑이 우리에게 이렇게
나타난 바 되었으니 하나님이 자기
의 독생자를 세상에 보내심은 그로
말미암아 우리를 살리려 하심이라
10 사랑은 여기 있으니 우리가 하나님
을 사랑한 것이 아니요 하나님이
우리를 사랑하사 우리 죄를 속하기
위하여 화목 제물로 그 아들을 보
내셨음이라
11 사랑하는 자들아 하나님이 이같이
우리를 사랑하셨은즉 우리도 서로
사랑하는 것이 마땅하도다
12 어느 때나 하나님을 본 사람이 없
으되 만일 우리가 서로 사랑하면
하나님이 우리 안에 거하시고 그의
사랑이 우리 안에 온전히 이루어지
느니라
13 그의 성령을 우리에게 주시므로 우
리가 그 안에 거하고 그가 우리 안
에 거하시는 줄을 아느니라
14 아버지가 아들을 세상의 구주로 보
내신 것을 우리가 보았고 또 증언
하노니

기록일 : . . .

15 누구든지 예수를 하나님의 아들이라
시인하면 하나님이 그의 안에 거하
시고 그도 하나님 안에 거하느니라
16 하나님이 우리를 사랑하시는 사랑
을 우리가 알고 믿었노니 하나님은
사랑이시라 사랑 안에 거하는 자는
하나님 안에 거하고 하나님도 그의
안에 거하시느니라
17 이로써 사랑이 우리에게 온전히 이
루어진 것은 우리로 심판 날에 담
대함을 가지게 하려 함이니 주께서
그러하심과 같이 우리도 이 세상에
서 그러하니라
18 사랑 안에 두려움이 없고 온전한
사랑이 두려움을 내쫓나니 두려움
에는 형벌이 있음이라 두려워하는
자는 사랑 안에서 온전히 이루지
못하였느니라
19 우리가 사랑함은 그가 먼저 우리를
사랑하셨음이라
20 누구든지 하나님을 사랑하노라 하
고 그 형제를 미워하면 이는 거짓
말하는 자니 보는 바 그 형제를 사
랑하지 아니하는 자는 보지 못하는
바 하나님을 사랑할 수 없느니라
21 우리가 이 계명을 주께 받았나니
하나님을 사랑하는 자는 또한 그
형제를 사랑할지니라

5 예수께서 그리스도이심을 믿는
자마다 하나님께로부터 난 자니 또
한 낳으신 이를 사랑하는 자마다
그에게서 난 자를 사랑하느니라
2 우리가 하나님을 사랑하고 그의 계
명들을 지킬 때에 이로써 우리가
하나님의 자녀를 사랑하는 줄을 아
느니라
3 하나님을 사랑하는 것은 이것이니
우리가 그의 계명들을 지키는 것이
라 그의 계명들은 무거운 것이 아
니로다
4 무릇 하나님께로부터 난 자마다 세
상을 이기느니라 세상을 이기는 승
리는 이것이니 우리의 믿음이니라
5 예수께서 하나님의 아들이심을 믿
는 자가 아니면 세상을 이기는 자
가 누구냐
6 이는 물과 피로 임하신 이시니 곧
예수 그리스도시라 물로만 아니요
물과 피로 임하셨고 증언하는 이는
성령이시니 성령은 진리니라
7 증언하는 이가 셋이니
8 성령과 물과 피라 또한 이 셋은 합
하여 하나이니라
9 만일 우리가 사람들의 증언을 받을
진대 하나님의 증거는 더욱 크도다
하나님의 증거는 이것이니 그의 아
들에 대하여 증언하신 것이니라
10 하나님의 아들을 믿는 자는 자기
안에 증거가 있고 하나님을 믿지
아니하는 자는 하나님을 거짓말하

기록일 : . . .

는 자로 만드나니 이는 하나님께서
그 아들에 대하여 증언하신 증거를
믿지 아니하였음이라
11 또 증거는 이것이니 하나님이 우리
에게 영생을 주신 것과 이 생명이
그의 아들 안에 있는 그것이니라
12 아들이 있는 자에게는 생명이 있고
하나님의 아들이 없는 자에게는 생
명이 없느니라
13 내가 하나님의 아들의 이름을 믿는
너희에게 이것을 쓰는 것은 너희로
하여금 너희에게 영생이 있음을 알
게 하려 함이라
14 그를 향하여 우리가 가진 바 담대
함이 이것이니 그의 뜻대로 무엇을
구하면 들으심이라
15 우리가 무엇이든지 구하는 바를 들
으시는 줄을 안즉 우리가 그에게
구한 그것을 얻은 줄을 또한 아느
니라
16 누구든지 형제가 사망에 이르지 아
니하는 죄 범하는 것을 보거든 구
하라 그리하면 사망에 이르지 아니
하는 범죄자들을 위하여 그에게 생
명을 주시리라 사망에 이르는 죄가
있으니 이에 관하여 나는 구하라
하지 않노라
17 모든 불의가 죄로되 사망에 이르지
아니하는 죄도 있도다
18 하나님께로부터 난 자는 다 범죄
하지 아니하는 줄을 우리가 아노
라 하나님께로부터 나신 자가 그를
지키시매 악한 자가 그를 만지지도
못하느니라
19 또 아는 것은 우리는 하나님께 속
하고 온 세상은 악한 자 안에 처한
것이며
20 또 아는 것은 하나님의 아들이 이
르러 우리에게 지각을 주사 우리로
참된 자를 알게 하신 것과 또한 우
리가 참된 자 곧 그의 아들 예수 그
리스도 안에 있는 것이니 그는 참
하나님이시요 영생이시라
21 자녀들아 너희 자신을 지켜 우상에
게서 멀리하라

기록일 : . . .

요한이서

1 장로인 나는 택하심을 받은 부녀
와 그의 자녀들에게 편지하노니 내
가 참으로 사랑하는 자요 나뿐 아
니라 진리를 아는 모든 자도 그리
하는 것은
2 우리 안에 거하여 영원히 우리와 함
께 할 진리로 말미암음이로다
3 은혜와 긍휼과 평강이 하나님 아버
지와 아버지의 아들 예수 그리스도
께로부터 진리와 사랑 가운데서 우
리와 함께 있으리라
4 너의 자녀들 중에 우리가 아버지께
받은 계명대로 진리를 행하는 자를
내가 보니 심히 기쁘도다
5 부녀여, 내가 이제 네게 구하노니
서로 사랑하자 이는 새 계명 같이
네게 쓰는 것이 아니요 처음부터
우리가 가진 것이라
6 또 사랑은 이것이니 우리가 그 계명
을 따라 행하는 것이요 계명은 이
것이니 너희가 처음부터 들은 바와
같이 그 가운데서 행하라 하심이라
7 미혹하는 자가 세상에 많이 나왔나
니 이는 예수 그리스도께서 육체로
오심을 부인하는 자라 이런 자가
미혹하는 자요 적그리스도니
8 너희는 스스로 삼가 우리가 일한
것을 잃지 말고 오직 온전한 상을
받으라
9 지나쳐 그리스도의 교훈 안에 거하
지 아니하는 자는 다 하나님을 모시
지 못하되 교훈 안에 거하는 그 사
람은 아버지와 아들을 모시느니라
10 누구든지 이 교훈을 가지지 않고
너희에게 나아가거든 그를 집에 들
이지도 말고 인사도 하지 말라
11 그에게 인사하는 자는 그 악한 일
에 참여하는 자임이라
12 내가 너희에게 쓸 것이 많으나 종
이와 먹으로 쓰기를 원하지 아니하
고 오히려 너희에게 가서 대면하여
말하려 하니 이는 너희 기쁨을 충
만하게 하려 함이라
13 택하심을 받은 네 자매의 자녀들이
네게 문안하느니라

기록일 : . . .

요한삼서

1 장로인 나는 사랑하는 가이오 곧
내가 참으로 사랑하는 자에게 편지
하노라
2 사랑하는 자여 네 영혼이 잘됨 같
이 네가 범사에 잘되고 강건하기를
내가 간구하노라
3 형제들이 와서 네게 있는 진리를 증
언하되 네가 진리 안에서 행한다
하니 내가 심히 기뻐하노라
4 내가 내 자녀들이 진리 안에서 행
한다 함을 듣는 것보다 더 기쁜 일
이 없도다
5 사랑하는 자여 네가 무엇이든지 형
제 곧 나그네 된 자들에게 행하는
것은 신실한 일이니
6 그들이 교회 앞에서 너의 사랑을 증
언하였느니라 네가 하나님께 합당
하게 그들을 전송하면 좋으리로다
7 이는 그들이 주의 이름을 위하여
나가서 이방인에게 아무 것도 받지
아니함이라
8 그러므로 우리가 이같은 자들을 영
접하는 것이 마땅하니 이는 우리로
진리를 위하여 함께 일하는 자가
되게 하려 함이라
9 내가 두어 자를 교회에 썼으나 그
들 중에 으뜸되기를 좋아하는 디오
드레베가 우리를 맞아들이지 아니
하니
10 그러므로 내가 가면 그 행한 일을
잊지 아니하리라 그가 악한 말로
우리를 비방하고도 오히려 부족하
여 형제들을 맞아들이지도 아니하
고 맞아들이고자 하는 자를 금하여
교회에서 내쫓는도다
11 사랑하는 자여 악한 것을 본받지
말고 선한 것을 본받으라 선을 행
하는 자는 하나님께 속하고 악을
행하는 자는 하나님을 뵈옵지 못하
였느니라
12 데메드리오는 뭇 사람에게도, 진리
에게서도 증거를 받았으매 우리도
증언하노니 너는 우리의 증언이 참
된 줄을 아느니라
13 내가 네게 쓸 것이 많으나 먹과 붓
으로 쓰기를 원하지 아니하고
14 속히 보기를 바라노니 또한 우리가
대면하여 말하리라
15 평강이 네게 있을지어다 여러 친구
가 네게 문안하느니라 너는 친구들
의 이름을 들어 문안하라

기록일 : . . .

JUDE

유다서

저 자	유다
주 제	믿음의 도를 위하여 힘써 싸우라.
기록목적	• 이단의 공격으로 위기를 겪고 있는 성도들을 격려하기 위함이다. • 미혹에 빠진 자들에게는 심판이 있음을 경고하기 위함이다.
기록배경	본서는 영지주의 사상이 언급되어 있는 것으로 보아 주후 70년~80년경에 예수 그리스도의 동생 유다가 기록한 것으로 추정된다. 당시 초대 교회에는 이단들이 교회로 들어와 믿음이 약한 자들을 미혹케 하여 도덕적으로 방종하게 하였다. 이에 주의 형제 유다는 그리스도의 구원론을 가르치고 이단의 가르침을 분별하여 심판에 이르지 않도록 교훈과 경고를 할 목적으로 본서를 기록하였다.
특 징	• 구약의 심판받은 자들을 인용해 강경한 어조로 기록하였다. • 베드로후서와 내용이나 표현이 유사하다. • 신약에서 유일하게 '위경' apocrypha을 인용하였다 - 9절: 모세의 승천기The Assumption of Moses의 내용 인용 - 14,15절: 에녹서Enoch 1:9에서 인용

나의 기도

유다서

1 예수 그리스도의 종이요 야고보의
형제인 유다는 부르심을 받은 자 곧
하나님 아버지 안에서 사랑을 얻고
예수 그리스도를 위하여 지키심을
받은 자들에게 편지하노라
2 긍휼과 평강과 사랑이 너희에게 더
욱 많을지어다
3 사랑하는 자들아 우리가 일반으로
받은 구원에 관하여 내가 너희에게
편지하려는 생각이 간절하던 차에
성도에게 단번에 주신 믿음의 도를
위하여 힘써 싸우라는 편지로 너희
를 권하여야 할 필요를 느꼈노니
4 이는 가만히 들어온 사람 몇이 있
음이라 그들은 옛적부터 이 판결
을 받기로 미리 기록된 자니 경건하
지 아니하여 우리 하나님의 은혜를
도리어 방탕한 것으로 바꾸고 홀로
하나이신 주재 곧 우리 주 예수 그
리스도를 부인하는 자니라
5 너희가 본래 모든 사실을 알고 있
으나 내가 너희로 다시 생각나게
하고자 하노라 주께서 백성을 애
굽에서 구원하여 내시고 후에 믿지
아니하는 자들을 멸하셨으며
6 또 자기 지위를 지키지 아니하고 자
기 처소를 떠난 천사들을 큰 날의
심판까지 영원한 결박으로 흑암에
가두셨으며
7 소돔과 고모라와 그 이웃 도시들도
그들과 같은 행동으로 음란하며 다
른 육체를 따라 가다가 영원한 불
의 형벌을 받음으로 거울이 되었느
니라
8 그러한데 꿈꾸는 이 사람들도 그와
같이 육체를 더럽히며 권위를 업신
여기며 영광을 비방하는도다
9 천사장 미가엘이 모세의 시체에 관
하여 마귀와 다투어 변론할 때에
감히 비방하는 판결을 내리지 못하
고 다만 말하되 주께서 너를 꾸짖
으시기를 원하노라 하였거늘
10 이 사람들은 무엇이든지 그 알지
못하는 것을 비방하는도다 또 그들
은 이성 없는 짐승 같이 본능으로
아는 그것으로 멸망하느니라
11 화 있을진저 이 사람들이여, 가인의
길에 행하였으며 삯을 위하여 발람
의 어그러진 길로 몰려 갔으며 고라
의 패역을 따라 멸망을 받았도다
12 그들은 기탄 없이 너희와 함께 먹
으니 너희의 애찬에 암초요 자기
몸만 기르는 목자요 바람에 불려가
는 물 없는 구름이요 죽고 또 죽어
뿌리까지 뽑힌 열매 없는 가을 나
무요

기록일 : . . .

13 자기 수치의 거품을 뿜는 바다의
거친 물결이요 영원히 예비된 캄캄
한 흑암으로 돌아갈 유리하는 별들
이라
14 아담의 칠대 손 에녹이 이 사람들
에 대하여도 예언하여 이르되 보라
주께서 그 수만의 거룩한 자와 함
께 임하셨나니
15 이는 뭇 사람을 심판하사 모든 경
건하지 않은 자가 경건하지 않게
행한 모든 경건하지 않은 일과 또
경건하지 않은 죄인들이 주를 거슬
러 한 모든 완악한 말로 말미암아
그들을 정죄하려 하심이라 하였느
니라
16 이 사람들은 원망하는 자며 불만을
토하는 자며 그 정욕대로 행하는
자라 그 입으로 자랑하는 말을 하
며 이익을 위하여 아첨하느니라
17 사랑하는 자들아 너희는 우리 주
예수 그리스도의 사도들이 미리 한
말을 기억하라
18 그들이 너희에게 말하기를 마지막
때에 자기의 경건하지 않은 정욕대
로 행하며 조롱하는 자들이 있으리
라 하였나니
19 이 사람들은 분열을 일으키는 자며
육에 속한 자며 성령이 없는 자니라
20 사랑하는 자들아 너희는 너희의 지
극히 거룩한 믿음 위에 자신을 세
우며 성령으로 기도하며
21 하나님의 사랑 안에서 자신을 지키
며 영생에 이르도록 우리 주 예수
그리스도의 긍휼을 기다리라
22 어떤 의심하는 자들을 긍휼히 여
기라
23 또 어떤 자를 불에서 끌어내어 구
원하라 또 어떤 자를 그 육체로 더
럽힌 옷까지도 미워하되 두려움으
로 긍휼히 여기라
24 능히 너희를 보호하사 거침이 없게
하시고 너희로 그 영광 앞에 흠이
없이 기쁨으로 서게 하실 이
25 곧 우리 구주 홀로 하나이신 하나
님께 우리 주 예수 그리스도로 말
미암아 영광과 위엄과 권력과 권세
가 영원 전부터 이제와 영원토록 있
을지어다 아멘

기록일 : . . .

REVELATION

요한계시록

저　자　　사도 요한

주　제　　예수 그리스도의 계시

기록목적
- 외적인 박해로 인해 배교의 위험에 처한 교회에게 그리스도의 궁극적인 승리를 전함으로써 위로와 용기를 주기 위함이다.
- 성도들이 주님의 재림을 사모하며 주님의 뜻대로 살도록 하기 위함이다.

기록배경　　본서는 로마 제국이 교회를 핍박하고 황제 숭배를 강요하던 시기에 기록되었다. 자신을 신이라 하면서 경배할 것을 강요한 도미티아누스Domitianus, 주후 81년-91년 황제 치하에서는 황제를 숭배하는 것이 곧 국가에 대한 충성을 시험하는 수단이 되었다. 이때 요한은 밧모 섬으로 유배되어 환상 가운데 계시를 받아 본서를 기록하였다.

특　징
- 숫자와 상징이 많이 사용된 신약 성경 중 유일한 묵시서이다.
- 예수 그리스도는 다윗의 자손으로 이 땅에 오셔서 인류의 구원을 위해 대속의 제물이 되셨지만 동시에 교회의 주인이시며 마지막 때에 심판의 주가 되심을 보여준다.
- 다니엘서와 연계하여 해석할 수 있다.

나의 기도

요한계시록

1 예수 그리스도의 계시라 이는 하
나님이 그에게 주사 반드시 속히
일어날 일들을 그 종들에게 보이시
려고 그의 천사를 그 종 요한에게
보내어 알게 하신 것이라
2 요한은 하나님의 말씀과 예수 그리
스도의 증거 곧 자기가 본 것을 다
증언하였느니라
3 이 예언의 말씀을 읽는 자와 듣는
자와 그 가운데에 기록한 것을 지
키는 자는 복이 있나니 때가 가까
움이라
4 요한은 아시아에 있는 일곱 교회에
편지하노니 이제도 계시고 전에도
계셨고 장차 오실 이시며 그의 보
좌 앞에 있는 일곱 영과
5 또 충성된 증인으로 죽은 자들 가
운데에서 먼저 나시고 땅의 임금
들의 머리가 되신 예수 그리스도로
말미암아 은혜와 평강이 너희에게
있기를 원하노라 우리를 사랑하사
그의 피로 우리 죄에서 우리를 해
방하시고
6 그의 아버지 하나님을 위하여 우리
를 나라와 제사장으로 삼으신 그에
게 영광과 능력이 세세토록 있기를
원하노라 아멘
7 볼지어다 그가 구름을 타고 오시리
라 각 사람의 눈이 그를 보겠고 그
를 찌른 자들도 볼 것이요 땅에 있
는 모든 족속이 그로 말미암아 애
곡하리니 그러하리라 아멘
8 주 하나님이 이르시되 나는 알파와
오메가라 이제도 있고 전에도 있었
고 장차 올 자요 전능한 자라 하시
더라
9 나 요한은 너희 형제요 예수의 환
난과 나라와 참음에 동참하는 자라
하나님의 말씀과 예수를 증언하였
음으로 말미암아 밧모라 하는 섬에
있었더니
10 주의 날에 내가 성령에 감동되어
내 뒤에서 나는 나팔 소리 같은 큰
음성을 들으니
11 이르되 네가 보는 것을 두루마리에
써서 에베소, 서머나, 버가모, 두아
디라, 사데, 빌라델비아, 라오디게
아 등 일곱 교회에 보내라 하시기로
12 몸을 돌이켜 나에게 말한 음성을
알아 보려고 돌이킬 때에 일곱 금
촛대를 보았는데
13 촛대 사이에 인자 같은 이가 발에
끌리는 옷을 입고 가슴에 금띠를
띠고
14 그의 머리와 털의 희기가 흰 양털 같
고 눈 같으며 그의 눈은 불꽃 같고

기록일 : . . .

15 그의 발은 풀무불에 단련한 빛난
주석 같고 그의 음성은 많은 물 소
리와 같으며
16 그의 오른손에 일곱 별이 있고 그
의 입에서 좌우에 날선 검이 나오
고 그 얼굴은 해가 힘있게 비치는
것 같더라
17 내가 볼 때에 그의 발 앞에 엎드러
져 죽은 자 같이 되매 그가 오른손
을 내게 얹고 이르시되 두려워하지
말라 나는 처음이요 마지막이니
18 곧 살아 있는 자라 내가 전에 죽었
었노라 볼지어다 이제 세세토록 살
아 있어 사망과 음부의 열쇠를 가
졌노니
19 그러므로 네가 본 것과 지금 있는
일과 장차 될 일을 기록하라
20 네가 본 것은 내 오른손의 일곱 별
의 비밀과 또 일곱 금 촛대라 일곱
별은 일곱 교회의 사자요 일곱 촛
대는 일곱 교회니라

2 에베소 교회의 사자에게 편지하
라 오른손에 있는 일곱 별을 붙잡
고 일곱 금 촛대 사이를 거니시는
이가 이르시되
2 내가 네 행위와 수고와 네 인내를
알고 또 악한 자들을 용납하지 아
니한 것과 자칭 사도라 하되 아닌
자들을 시험하여 그의 거짓된 것을
네가 드러낸 것과
3 또 네가 참고 내 이름을 위하여 견
디고 게으르지 아니한 것을 아노라
4 그러나 너를 책망할 것이 있나니 너
의 처음 사랑을 버렸느니라
5 그러므로 어디서 떨어졌는지를 생
각하고 회개하여 처음 행위를 가지
라 만일 그리하지 아니하고 회개하
지 아니하면 내가 네게 가서 네 촛
대를 그 자리에서 옮기리라
6 오직 네게 이것이 있으니 네가 니골
라 당의 행위를 미워하는도다 나도
이것을 미워하노라
7 귀 있는 자는 성령이 교회들에게
하시는 말씀을 들을지어다 이기는
그에게는 내가 하나님의 낙원에 있
는 생명나무의 열매를 주어 먹게
하리라
8 서머나 교회의 사자에게 편지하라
처음이며 마지막이요 죽었다가 살
아나신 이가 이르시되
9 내가 네 환난과 궁핍을 알거니와
실상은 네가 부요한 자니라 자칭
유대인이라 하는 자들의 비방도 알
거니와 실상은 유대인이 아니요 사
탄의 회당이라
10 너는 장차 받을 고난을 두려워하지
말라 볼지어다 마귀가 장차 너희
가운데에서 몇 사람을 옥에 던져
시험을 받게 하리니 너희가 십 일
동안 환난을 받으리라 네가 죽도록

기록일 : . . .

충성하라 그리하면 내가 생명의 관
을 네게 주리라
11 귀 있는 자는 성령이 교회들에게
하시는 말씀을 들을지어다 이기는
자는 둘째 사망의 해를 받지 아니
하리라
12 버가모 교회의 사자에게 편지하라
좌우에 날선 검을 가지신 이가 이르
시되
13 네가 어디에 사는지를 내가 아노
니 거기는 사탄의 권좌가 있는 데
라 네가 내 이름을 굳게 잡아서 내
충성된 증인 안디바가 너희 가운데
곧 사탄이 사는 곳에서 죽임을 당
할 때에도 나를 믿는 믿음을 저버
리지 아니하였도다
14 그러나 네게 두어 가지 책망할 것
이 있나니 거기 네게 발람의 교훈
을 지키는 자들이 있도다 발람이
발락을 가르쳐 이스라엘 자손 앞에
걸림돌을 놓아 우상의 제물을 먹게
하였고 또 행음하게 하였느니라
15 이와 같이 네게도 니골라 당의 교
훈을 지키는 자들이 있도다
16 그러므로 회개하라 그리하지 아니
하면 내가 네게 속히 가서 내 입의
검으로 그들과 싸우리라
17 귀 있는 자는 성령이 교회들에게
하시는 말씀을 들을지어다 이기는
그에게는 내가 감추었던 만나를 주
고 또 흰 돌을 줄 터인데 그 돌 위
에 새 이름을 기록한 것이 있나니
받는 자 밖에는 그 이름을 알 사람
이 없느니라
18 두아디라 교회의 사자에게 편지하
라 그 눈이 불꽃 같고 그 발이 빛난
주석과 같은 하나님의 아들이 이르
시되
19 내가 네 사업과 사랑과 믿음과 섬
김과 인내를 아노니 네 나중 행위
가 처음 것보다 많도다
20 그러나 네게 책망할 일이 있노라
자칭 선지자라 하는 여자 이세벨을
네가 용납함이니 그가 내 종들을
가르쳐 꾀어 행음하게 하고 우상의
제물을 먹게 하는도다
21 또 내가 그에게 회개할 기회를 주
었으되 자기의 음행을 회개하고자
하지 아니하는도다
22 볼지어다 내가 그를 침상에 던질 터
이요 또 그와 더불어 간음하는 자
들도 만일 그의 행위를 회개하지
아니하면 큰 환난 가운데에 던지고
23 또 내가 사망으로 그의 자녀를 죽
이리니 모든 교회가 나는 사람의
뜻과 마음을 살피는 자인 줄 알지
라 내가 너희 각 사람의 행위대로
갚아 주리라
24 두아디라에 남아 있어 이 교훈을
받지 아니하고 소위 사탄의 깊은

기록일 : . . .

것을 알지 못하는 너희에게 말하노
니 다른 짐으로 너희에게 지울 것
은 없노라
25 다만 너희에게 있는 것을 내가 올
때까지 굳게 잡으라
26 이기는 자와 끝까지 내 일을 지키
는 그에게 만국을 다스리는 권세를
주리니
27 그가 철장을 가지고 그들을 다스려
질그릇 깨뜨리는 것과 같이 하리라
나도 내 아버지께 받은 것이 그러
하니라
28 내가 또 그에게 새벽 별을 주리라
29 귀 있는 자는 성령이 교회들에게
하시는 말씀을 들을지어다

3 사데 교회의 사자에게 편지하라
하나님의 일곱 영과 일곱 별을 가지
신 이가 이르시되 내가 네 행위를
아노니 네가 살았다 하는 이름은
가졌으나 죽은 자로다
2 너는 일깨어 그 남은 바 죽게 된 것
을 굳건하게 하라 내 하나님 앞에
네 행위의 온전한 것을 찾지 못하
였노니
3 그러므로 네가 어떻게 받았으며 어
떻게 들었는지 생각하고 지켜 회
개하라 만일 일깨지 아니하면 내가
도둑 같이 이르리니 어느 때에 네
게 이를는지 네가 알지 못하리라
4 그러나 사데에 그 옷을 더럽히지
아니한 자 몇 명이 네게 있어 흰 옷
을 입고 나와 함께 다니리니 그들
은 합당한 자인 연고라
5 이기는 자는 이와 같이 흰 옷을 입
을 것이요 내가 그 이름을 생명책
에서 결코 지우지 아니하고 그 이름
을 내 아버지 앞과 그의 천사들 앞
에서 시인하리라
6 귀 있는 자는 성령이 교회들에게
하시는 말씀을 들을지어다
7 빌라델비아 교회의 사자에게 편지
하라 거룩하고 진실하사 다윗의 열
쇠를 가지신 이 곧 열면 닫을 사람
이 없고 닫으면 열 사람이 없는 그
가 이르시되
8 볼지어다 내가 네 앞에 열린 문을
두었으되 능히 닫을 사람이 없으리
라 내가 네 행위를 아노니 네가 작
은 능력을 가지고서도 내 말을 지
키며 내 이름을 배반하지 아니하였
도다
9 보라 사탄의 회당 곧 자칭 유대인
이라 하나 그렇지 아니하고 거짓말
하는 자들 중에서 몇을 네게 주어
그들로 와서 네 발 앞에 절하게 하
고 내가 너를 사랑하는 줄을 알게
하리라
10 네가 나의 인내의 말씀을 지켰은즉
내가 또한 너를 지켜 시험의 때를
면하게 하리니 이는 장차 온 세상

기록일 : . . .

에 임하여 땅에 거하는 자들을 시
험할 때라
11 내가 속히 오리니 네가 가진 것을
굳게 잡아 아무도 네 면류관을 빼
앗지 못하게 하라
12 이기는 자는 내 하나님 성전에 기둥
이 되게 하리니 그가 결코 다시 나
가지 아니하리라 내가 하나님의 이
름과 하나님의 성 곧 하늘에서 내
하나님께로부터 내려오는 새 예루
살렘의 이름과 나의 새 이름을 그
이 위에 기록하리라
13 귀 있는 자는 성령이 교회들에게
하시는 말씀을 들을지어다
14 라오디게아 교회의 사자에게 편지
하라 아멘이시요 충성되고 참된 증
인이시요 하나님의 창조의 근본이
신 이가 이르시되
15 내가 네 행위를 아노니 네가 차지
도 아니하고 뜨겁지도 아니하도다
네가 차든지 뜨겁든지 하기를 원하
노라
16 네가 이같이 미지근하여 뜨겁지도
아니하고 차지도 아니하니 내 입에
서 너를 토하여 버리리라
17 네가 말하기를 나는 부자라 부요하
여 부족한 것이 없다 하나 네 곤고
한 것과 가련한 것과 가난한 것과
눈 먼 것과 벌거벗은 것을 알지 못
하는도다
18 내가 너를 권하노니 내게서 불로
연단한 금을 사서 부요하게 하고
흰 옷을 사서 입어 벌거벗은 수치를
보이지 않게 하고 안약을 사서 눈
에 발라 보게 하라
19 무릇 내가 사랑하는 자를 책망하여
징계하노니 그러므로 네가 열심을
내라 회개하라
20 볼지어다 내가 문 밖에 서서 두드
리노니 누구든지 내 음성을 듣고
문을 열면 내가 그에게로 들어가
그와 더불어 먹고 그는 나와 더불
어 먹으리라
21 이기는 그에게는 내가 내 보좌에
함께 앉게 하여 주기를 내가 이기
고 아버지 보좌에 함께 앉은 것과
같이 하리라
22 귀 있는 자는 성령이 교회들에게
하시는 말씀을 들을지어다

4 이 일 후에 내가 보니 하늘에 열
린 문이 있는데 내가 들은 바 처음
에 내게 말하던 나팔 소리 같은 그
음성이 이르되 이리로 올라오라 이
후에 마땅히 일어날 일들을 내가
네게 보이리라 하시더라
2 내가 곧 성령에 감동되었더니 보라
하늘에 보좌를 베풀었고 그 보좌
위에 앉으신 이가 있는데
3 앉으신 이의 모양이 벽옥과 홍보석
같고 또 무지개가 있어 보좌에 둘

기록일 : . . .

렸는데 그 모양이 녹보석 같더라
4 또 보좌에 둘려 이십사 보좌들이
있고 그 보좌들 위에 이십사 장로
들이 흰 옷을 입고 머리에 금관을
쓰고 앉았더라
5 보좌로부터 번개와 음성과 우렛소
리가 나고 보좌 앞에 켠 등불 일곱
이 있으니 이는 하나님의 일곱 영
이라
6 보좌 앞에 수정과 같은 유리 바다
가 있고 보좌 가운데와 보좌 주위
에 네 생물이 있는데 앞뒤에 눈들
이 가득하더라
7 그 첫째 생물은 사자 같고 그 둘째
생물은 송아지 같고 그 셋째 생물
은 얼굴이 사람 같고 그 넷째 생물
은 날아가는 독수리 같은데
8 네 생물은 각각 여섯 날개를 가졌
고 그 안과 주위에는 눈들이 가득
하더라 그들이 밤낮 쉬지 않고 이
르기를 거룩하다 거룩하다 거룩하
다 주 하나님 곧 전능하신 이여 전
에도 계셨고 이제도 계시고 장차
오실 이시라 하고
9 그 생물들이 보좌에 앉으사 세세토
록 살아 계시는 이에게 영광과 존
귀와 감사를 돌릴 때에
10 이십사 장로들이 보좌에 앉으신 이
앞에 엎드려 세세토록 살아 계시는
이에게 경배하고 자기의 관을 보좌
앞에 드리며 이르되
11 우리 주 하나님이여 영광과 존귀와
권능을 받으시는 것이 합당하오니
주께서 만물을 지으신지라 만물이
주의 뜻대로 있었고 또 지으심을
받았나이다 하더라

5 내가 보매 보좌에 앉으신 이의 오
른손에 두루마리가 있으니 안팎으
로 썼고 일곱 인으로 봉하였더라
2 또 보매 힘있는 천사가 큰 음성으로
외치기를 누가 그 두루마리를 펴며
그 인을 떼기에 합당하냐 하나
3 하늘 위에나 땅 위에나 땅 아래에
능히 그 두루마리를 펴거나 보거나
할 자가 없더라
4 그 두루마리를 펴거나 보거나 하기
에 합당한 자가 보이지 아니하기로
내가 크게 울었더니
5 장로 중의 한 사람이 내게 말하되
울지 말라 유대 지파의 사자 다윗
의 뿌리가 이겼으니 그 두루마리와
그 일곱 인을 떼시리라 하더라
6 내가 또 보니 보좌와 네 생물과 장
로들 사이에 한 어린 양이 서 있는
데 일찍이 죽임을 당한 것 같더라
그에게 일곱 뿔과 일곱 눈이 있으
니 이 눈들은 온 땅에 보내심을 받
은 하나님의 일곱 영이더라
7 그 어린 양이 나아와서 보좌에 앉
으신 이의 오른손에서 두루마리를

기록일 : . . .

취하시니라
8 그 두루마리를 취하시매 네 생물과
이십사 장로들이 그 어린 양 앞에
엎드려 각각 거문고와 향이 가득한
금 대접을 가졌으니 이 향은 성도
의 기도들이라
9 그들이 새 노래를 불러 이르되 두
루마리를 가지시고 그 인봉을 떼기
에 합당하시도다 일찍이 죽임을 당
하사 각 족속과 방언과 백성과 나
라 가운데에서 사람들을 피로 사서
하나님께 드리시고
10 그들로 우리 하나님 앞에서 나라와
제사장들을 삼으셨으니 그들이 땅
에서 왕 노릇 하리로다 하더라
11 내가 또 보고 들으매 보좌와 생물
들과 장로들을 둘러 선 많은 천사
의 음성이 있으니 그 수가 만만이
요 천천이라
12 큰 음성으로 이르되 죽임을 당하신
어린 양은 능력과 부와 지혜와 힘
과 존귀와 영광과 찬송을 받으시기
에 합당하도다 하더라
13 내가 또 들으니 하늘 위에와 땅 위
에와 땅 아래와 바다 위에와 또 그
가운데 모든 피조물이 이르되 보좌
에 앉으신 이와 어린 양에게 찬송
과 존귀와 영광과 권능을 세세토록
돌릴지어다 하니
14 네 생물이 이르되 아멘 하고 장로
들은 엎드려 경배하더라

6 내가 보매 어린 양이 일곱 인 중
의 하나를 떼시는데 그 때에 내가
들으니 네 생물 중의 하나가 우렛
소리 같이 말하되 오라 하기로
2 이에 내가 보니 흰 말이 있는데 그
탄 자가 활을 가졌고 면류관을 받
고 나아가서 이기고 또 이기려고 하
더라
3 둘째 인을 떼실 때에 내가 들으니
둘째 생물이 말하되 오라 하니
4 이에 다른 붉은 말이 나오더라 그
탄 자가 허락을 받아 땅에서 화평
을 제하여 버리며 서로 죽이게 하고
또 큰 칼을 받았더라
5 셋째 인을 떼실 때에 내가 들으니
셋째 생물이 말하되 오라 하기로
내가 보니 검은 말이 나오는데 그
탄 자가 손에 저울을 가졌더라
6 내가 네 생물 사이로부터 나는 듯
한 음성을 들으니 이르되 한 데나
리온에 밀 한 되요 한 데나리온에
보리 석 되로다 또 감람유와 포도
주는 해치지 말라 하더라
7 넷째 인을 떼실 때에 내가 넷째 생
물의 음성을 들으니 말하되 오라
하기로
8 내가 보매 청황색 말이 나오는데 그
탄 자의 이름은 사망이니 음부가 그
뒤를 따르더라 그들이 땅 사분의 일

기록일 : . . .

의 권세를 얻어 검과 흉년과 사망과
땅의 짐승들로써 죽이더라
9 다섯째 인을 떼실 때에 내가 보니
하나님의 말씀과 그들이 가진 증거
로 말미암아 죽임을 당한 영혼들이
제단 아래에 있어
10 큰 소리로 불러 이르되 거룩하고
참되신 대주재여 땅에 거하는 자들
을 심판하여 우리 피를 갚아 주지
아니하시기를 어느 때까지 하시려
하나이까 하니
11 각각 그들에게 흰 두루마기를 주시
며 이르시되 아직 잠시 동안 쉬되
그들의 동무 종들과 형제들도 자기
처럼 죽임을 당하여 그 수가 차기
까지 하라 하시더라
12 내가 보니 여섯째 인을 떼실 때에
큰 지진이 나며 해가 검은 털로 짠
상복 같이 검어지고 달은 온통 피
같이 되며
13 하늘의 별들이 무화과나무가 대풍
에 흔들려 설익은 열매가 떨어지는
것 같이 땅에 떨어지며
14 하늘은 두루마리가 말리는 것 같이
떠나가고 각 산과 섬이 제 자리에
서 옮겨지매
15 땅의 임금들과 왕족들과 장군들과
부자들과 강한 자들과 모든 종과
자유인이 굴과 산들의 바위 틈에
숨어
16 산들과 바위에게 말하되 우리 위에
떨어져 보좌에 앉으신 이의 얼굴에
서와 그 어린 양의 진노에서 우리를
가리라
17 그들의 진노의 큰 날이 이르렀으니
누가 능히 서리요 하더라

7 이 일 후에 내가 네 천사가 땅 네
모퉁이에 선 것을 보니 땅의 사방
의 바람을 붙잡아 바람으로 하여금
땅에나 바다에나 각종 나무에 불지
못하게 하더라
2 또 보매 다른 천사가 살아 계신 하
나님의 인을 가지고 해 돋는 데로
부터 올라와서 땅과 바다를 해롭게
할 권세를 받은 네 천사를 향하여
큰 소리로 외쳐
3 이르되 우리가 우리 하나님의 종들
의 이마에 인치기까지 땅이나 바다
나 나무들을 해하지 말라 하더라
4 내가 인침을 받은 자의 수를 들으니
이스라엘 자손의 각 지파 중에서 인
침을 받은 자들이 십사만 사천이니
5 유다 지파 중에 인침을 받은 자가
일만 이천이요 르우벤 지파 중에 일
만 이천이요 갓 지파 중에 일만 이
천이요
6 아셀 지파 중에 일만 이천이요 납
달리 지파 중에 일만 이천이요 므낫
세 지파 중에 일만 이천이요
7 시므온 지파 중에 일만 이천이요 레

기록일 : . . .

위 지파 중에 일만 이천이요 잇사갈
지파 중에 일만 이천이요
8 스불론 지파 중에 일만 이천이요
요셉 지파 중에 일만 이천이요 베
냐민 지파 중에 인침을 받은 자가
일만 이천이라
9 이 일 후에 내가 보니 각 나라와 족
속과 백성과 방언에서 아무도 능히
셀 수 없는 큰 무리가 나와 흰 옷을
입고 손에 종려 가지를 들고 보좌
앞과 어린 양 앞에 서서
10 큰 소리로 외쳐 이르되 구원하심이
보좌에 앉으신 우리 하나님과 어린
양에게 있도다 하니
11 모든 천사가 보좌와 장로들과 네
생물의 주위에 서 있다가 보좌 앞
에 엎드려 얼굴을 대고 하나님께
경배하여
12 이르되 아멘 찬송과 영광과 지혜와
감사와 존귀와 권능과 힘이 우리
하나님께 세세토록 있을지어다 아
멘 하더라
13 장로 중 하나가 응답하여 나에게
이르되 이 흰 옷 입은 자들이 누구
며 또 어디서 왔느냐
14 내가 말하기를 내 주여 당신이 아
시나이다 하니 그가 나에게 이르되
이는 큰 환난에서 나오는 자들인데
어린 양의 피에 그 옷을 씻어 희게
하였느니라
15 그러므로 그들이 하나님의 보좌 앞
에 있고 또 그의 성전에서 밤낮 하
나님을 섬기매 보좌에 앉으신 이가
그들 위에 장막을 치시리니
16 그들이 다시는 주리지도 아니하며
목마르지도 아니하고 해나 아무 뜨
거운 기운에 상하지도 아니하리니
17 이는 보좌 가운데에 계신 어린 양
이 그들의 목자가 되사 생명수 샘
으로 인도하시고 하나님께서 그들
의 눈에서 모든 눈물을 씻어 주실
것임이라

8 일곱째 인을 떼실 때에 하늘이 반
시간쯤 고요하더니
2 내가 보매 하나님 앞에 일곱 천사
가 서 있어 일곱 나팔을 받았더라
3 또 다른 천사가 와서 제단 곁에 서
서 금 향로를 가지고 많은 향을 받
았으니 이는 모든 성도의 기도와
합하여 보좌 앞 금 제단에 드리고
자 함이라
4 향연이 성도의 기도와 함께 천사의
손으로부터 하나님 앞으로 올라가
는지라
5 천사가 향로를 가지고 제단의 불을
담아다가 땅에 쏟으매 우레와 음성
과 번개와 지진이 나더라
6 일곱 나팔을 가진 일곱 천사가 나
팔 불기를 준비하더라
7 첫째 천사가 나팔을 부니 피 섞인

기록일 : . . .

우박과 불이 나와서 땅에 쏟아지매
땅의 삼분의 일이 타 버리고 수목
의 삼분의 일도 타 버리고 각종 푸
른 풀도 타 버렸더라
8 둘째 천사가 나팔을 부니 불 붙는
큰 산과 같은 것이 바다에 던져지
매 바다의 삼분의 일이 피가 되고
9 바다 가운데 생명 가진 피조물들의
삼분의 일이 죽고 배들의 삼분의
일이 깨지더라
10 셋째 천사가 나팔을 부니 횃불 같
이 타는 큰 별이 하늘에서 떨어져
강들의 삼분의 일과 여러 물샘에
떨어지니
11 이 별 이름은 쓴 쑥이라 물의 삼분
의 일이 쓴 쑥이 되매 그 물이 쓴
물이 되므로 많은 사람이 죽더라
12 넷째 천사가 나팔을 부니 해 삼분
의 일과 달 삼분의 일과 별들의 삼
분의 일이 타격을 받아 그 삼분의
일이 어두워지니 낮 삼분의 일은 비
추임이 없고 밤도 그러하더라
13 내가 또 보고 들으니 공중에 날아
가는 독수리가 큰 소리로 이르되
땅에 사는 자들에게 화, 화, 화가
있으리니 이는 세 천사들이 불어야
할 나팔 소리가 남아 있음이로다
하더라

9 다섯째 천사가 나팔을 불매 내가
보니 하늘에서 땅에 떨어진 별 하
나가 있는데 그가 무저갱의 열쇠를
받았더라
2 그가 무저갱을 여니 그 구멍에서
큰 화덕의 연기 같은 연기가 올라
오매 해와 공기가 그 구멍의 연기
로 말미암아 어두워지며
3 또 황충이 연기 가운데로부터 땅
위에 나오매 그들이 땅에 있는 전
갈의 권세와 같은 권세를 받았더라
4 그들에게 이르시되 땅의 풀이나 푸
른 것이나 각종 수목은 해하지 말
고 오직 이마에 하나님의 인침을
받지 아니한 사람들만 해하라 하시
더라
5 그러나 그들을 죽이지는 못하게 하
시고 다섯 달 동안 괴롭게만 하게
하시는데 그 괴롭게 함은 전갈이 사
람을 쏠 때에 괴롭게 함과 같더라
6 그 날에는 사람들이 죽기를 구하여
도 죽지 못하고 죽고 싶으나 죽음
이 그들을 피하리로다
7 황충들의 모양은 전쟁을 위하여 준
비한 말들 같고 그 머리에 금 같은
관 비슷한 것을 썼으며 그 얼굴은
사람의 얼굴 같고
8 또 여자의 머리털 같은 머리털이 있
고 그 이빨은 사자의 이빨 같으며
9 또 철 호심경 같은 호심경이 있고
그 날개들의 소리는 병거와 많은
말들이 전쟁터로 달려 들어가는 소

기록일 : . . .

리 같으며
10 또 전갈과 같은 꼬리와 쏘는 살이
있어 그 꼬리에는 다섯 달 동안 사
람들을 해하는 권세가 있더라
11 그들에게 왕이 있으니 무저갱의 사
자라 히브리어로는 그 이름이 아바
돈이요 헬라어로는 그 이름이 아볼
루온이더라
12 첫째 화는 지나갔으나 보라 아직도
이 후에 화 둘이 이르리로다
13 여섯째 천사가 나팔을 불매 내가
들으니 하나님 앞 금 제단 네 뿔에
서 한 음성이 나서
14 나팔 가진 여섯째 천사에게 말하기
를 큰 강 유브라데에 결박한 네 천
사를 놓아 주라 하매
15 네 천사가 놓였으니 그들은 그 년
월 일 시에 이르러 사람 삼분의 일
을 죽이기로 준비된 자들이더라
16 마병대의 수는 이만 만이니 내가
그들의 수를 들었노라
17 이같은 환상 가운데 그 말들과 그
위에 탄 자들을 보니 불빛과 자줏
빛과 유황빛 호심경이 있고 또 말들
의 머리는 사자 머리 같고 그 입에
서는 불과 연기와 유황이 나오더라
18 이 세 재앙 곧 자기들의 입에서 나
오는 불과 연기와 유황으로 말미암
아 사람 삼분의 일이 죽임을 당하
니라
19 이 말들의 힘은 입과 꼬리에 있으니
꼬리는 뱀 같고 또 꼬리에 머리가
있어 이것으로 해하더라
20 이 재앙에 죽지 않고 남은 사람들은
손으로 행한 일을 회개하지 아니하
고 오히려 여러 귀신과 또는 보거나
듣거나 다니거나 하지 못하는 금,
은, 동과 목석의 우상에게 절하고
21 또 그 살인과 복술과 음행과 도둑
질을 회개하지 아니하더라

10

내가 또 보니 힘 센 다른 천사가
구름을 입고 하늘에서 내려오는데
그 머리 위에 무지개가 있고 그
얼굴은 해 같고 그 발은 불기둥 같
으며
2 그 손에는 펴 놓인 작은 두루마리
를 들고 그 오른 발은 바다를 밟고
왼 발은 땅을 밟고
3 사자가 부르짖는 것 같이 큰 소리
로 외치니 그가 외칠 때에 일곱 우
레가 그 소리를 내어 말하더라
4 일곱 우레가 말을 할 때에 내가 기
록하려고 하다가 곧 들으니 하늘에
서 소리가 나서 말하기를 일곱 우
레가 말한 것을 인봉하고 기록하지
말라 하더라
5 내가 본 바 바다와 땅을 밟고 서 있
는 천사가 하늘을 향하여 오른손을
들고
6 세세토록 살아 계신 이 곧 하늘과

기록일 :   .   .   .

그 가운데에 있는 물건이며 땅과
그 가운데에 있는 물건이며 바다와
그 가운데에 있는 물건을 창조하신
이를 가리켜 맹세하여 이르되 지체
하지 아니하리니
7 일곱째 천사가 소리 내는 날 그의
나팔을 불려고 할 때에 하나님이
그의 종 선지자들에게 전하신 복음
과 같이 하나님의 그 비밀이 이루어
지리라 하더라
8 하늘에서 나서 내게 들리던 음성
이 또 내게 말하여 이르되 네가 가
서 바다와 땅을 밟고 서 있는 천사
의 손에 펴 놓인 두루마리를 가지
라 하기로
9 내가 천사에게 나아가 작은 두루마
리를 달라 한즉 천사가 이르되 갖
다 먹어 버리라 네 배에는 쓰나 네
입에는 꿀 같이 달리라 하거늘
10 내가 천사의 손에서 작은 두루마리
를 갖다 먹어 버리니 내 입에는 꿀
같이 다나 먹은 후에 내 배에서는
쓰게 되더라
11 그가 내게 말하기를 네가 많은 백
성과 나라와 방언과 임금에게 다시
예언하여야 하리라 하더라

11 또 내게 지팡이 같은 갈대를 주며
말하기를 일어나서 하나님의 성전
과 제단과 그 안에서 경배하는 자
들을 측량하되
2 성전 바깥 마당은 측량하지 말고
그냥 두라 이것은 이방인에게 주었
은즉 그들이 거룩한 성을 마흔두
달 동안 짓밟으리라
3 내가 나의 두 증인에게 권세를 주
리니 그들이 굵은 베옷을 입고 천이
백육십 일을 예언하리라
4 그들은 이 땅의 주 앞에 서 있는 두
감람나무와 두 촛대니
5 만일 누구든지 그들을 해하고자 하
면 그들의 입에서 불이 나와서 그
들의 원수를 삼켜 버릴 것이요 누
구든지 그들을 해하고자 하면 반드
시 그와 같이 죽임을 당하리라
6 그들이 권능을 가지고 하늘을 닫아
그 예언을 하는 날 동안 비가 오지
못하게 하고 또 권능을 가지고 물
을 피로 변하게 하고 아무 때든지
원하는 대로 여러 가지 재앙으로
땅을 치리로다
7 그들이 그 증언을 마칠 때에 무저
갱으로부터 올라오는 짐승이 그들
과 더불어 전쟁을 일으켜 그들을 이
기고 그들을 죽일 터인즉
8 그들의 시체가 큰 성 길에 있으리
니 그 성은 영적으로 하면 소돔이
라고도 하고 애굽이라고도 하니 곧
그들의 주께서 십자가에 못 박히신
곳이라
9 백성들과 족속과 방언과 나라 중에

기록일 : . . .

서 사람들이 그 시체를 사흘 반 동
안을 보며 무덤에 장사하지 못하게
하리로다
10 이 두 선지자가 땅에 사는 자들을
괴롭게 한 고로 땅에 사는 자들이
그들의 죽음을 즐거워하고 기뻐하
여 서로 예물을 보내리라 하더라
11 삼 일 반 후에 하나님께로부터 생
기가 그들 속에 들어가매 그들이
발로 일어서니 구경하는 자들이 크
게 두려워하더라
12 하늘로부터 큰 음성이 있어 이리로
올라오라 함을 그들이 듣고 구름을
타고 하늘로 올라가니 그들의 원수
들도 구경하더라
13 그 때에 큰 지진이 나서 성 십분의
일이 무너지고 지진에 죽은 사람이
칠천이라 그 남은 자들이 두려워
하여 영광을 하늘의 하나님께 돌
리더라
14 둘째 화는 지나갔으나 보라 셋째
화가 속히 이르는도다
15 일곱째 천사가 나팔을 불매 하늘
에 큰 음성들이 나서 이르되 세상
나라가 우리 주와 그의 그리스도의
나라가 되어 그가 세세토록 왕 노
릇 하시리로다 하니
16 하나님 앞에서 자기 보좌에 앉아
있던 이십사 장로가 엎드려 얼굴을
땅에 대고 하나님께 경배하여
17 이르되 감사하옵나니 옛적에도 계
셨고 지금도 계신 주 하나님 곧 전
능하신 이여 친히 큰 권능을 잡으시
고 왕 노릇 하시도다
18 이방들이 분노하매 주의 진노가 내
려 죽은 자를 심판하시며 종 선지자
들과 성도들과 또 작은 자든지 큰
자든지 주의 이름을 경외하는 자들
에게 상 주시며 또 땅을 망하게 하
는 자들을 멸망시키실 때로소이다
하더라
19 이에 하늘에 있는 하나님의 성전이
열리니 성전 안에 하나님의 언약궤
가 보이며 또 번개와 음성들과 우
레와 지진과 큰 우박이 있더라

12

하늘에 큰 이적이 보이니 해를 옷
입은 한 여자가 있는데 그 발 아래
에는 달이 있고 그 머리에는 열두
별의 관을 썼더라
2 이 여자가 아이를 배어 해산하게
되매 아파서 애를 쓰며 부르짖더라
3 하늘에 또 다른 이적이 보이니 보
라 한 큰 붉은 용이 있어 머리가 일
곱이요 뿔이 열이라 그 여러 머리에
일곱 왕관이 있는데
4 그 꼬리가 하늘의 별 삼분의 일을
끌어다가 땅에 던지더라 용이 해산
하려는 여자 앞에서 그가 해산하면
그 아이를 삼키고자 하더니
5 여자가 아들을 낳으니 이는 장차

기록일 : . . .

철장으로 만국을 다스릴 남자라 그
아이를 하나님 앞과 그 보좌 앞으
로 올려가더라
6 그 여자가 광야로 도망하매 거기서
천이백육십 일 동안 그를 양육하기
위하여 하나님께서 예비하신 곳이
있더라
7 하늘에 전쟁이 있으니 미가엘과 그
의 사자들이 용과 더불어 싸울새
용과 그의 사자들도 싸우나
8 이기지 못하여 다시 하늘에서 그들
이 있을 곳을 얻지 못한지라
9 큰 용이 내쫓기니 옛 뱀 곧 마귀라
고도 하고 사탄이라고도 하며 온
천하를 꾀는 자라 그가 땅으로 내
쫓기니 그의 사자들도 그와 함께
내쫓기니라
10 내가 또 들으니 하늘에 큰 음성이
있어 이르되 이제 우리 하나님의 구
원과 능력과 나라와 또 그의 그리
스도의 권세가 나타났으니 우리 형
제들을 참소하던 자 곧 우리 하나
님 앞에서 밤낮 참소하던 자가 쫓
겨났고
11 또 우리 형제들이 어린 양의 피와
자기들이 증언하는 말씀으로써 그
를 이겼으니 그들은 죽기까지 자기
들의 생명을 아끼지 아니하였도다
12 그러므로 하늘과 그 가운데에 거하
는 자들은 즐거워하라 그러나 땅과
바다는 화 있을진저 이는 마귀가
자기의 때가 얼마 남지 않은 줄을
알므로 크게 분내어 너희에게 내려
갔음이라 하더라
13 용이 자기가 땅으로 내쫓긴 것을
보고 남자를 낳은 여자를 박해하는
지라
14 그 여자가 큰 독수리의 두 날개를
받아 광야 자기 곳으로 날아가 거
기서 그 뱀의 낯을 피하여 한 때와
두 때와 반 때를 양육 받으매
15 여자의 뒤에서 뱀이 그 입으로 물
을 강 같이 토하여 여자를 물에 떠
내려 가게 하려 하되
16 땅이 여자를 도와 그 입을 벌려 용
의 입에서 토한 강물을 삼키니
17 용이 여자에게 분노하여 돌아가서
그 여자의 남은 자손 곧 하나님의
계명을 지키며 예수의 증거를 가진
자들과 더불어 싸우려고 바다 모래
위에 서 있더라

13 내가 보니 바다에서 한 짐승이 나
오는데 뿔이 열이요 머리가 일곱이
라 그 뿔에는 열 왕관이 있고 그 머
리들에는 신성 모독 하는 이름들이
있더라
2 내가 본 짐승은 표범과 비슷하고
그 발은 곰의 발 같고 그 입은 사자
의 입 같은데 용이 자기의 능력과
보좌와 큰 권세를 그에게 주었더라

기록일 : . . .

3 그의 머리 하나가 상하여 죽게 된
것 같더니 그 죽게 되었던 상처가
나으매 온 땅이 놀랍게 여겨 짐승
을 따르고
4 용이 짐승에게 권세를 주므로 용에
게 경배하며 짐승에게 경배하여 이
르되 누가 이 짐승과 같으냐 누가
능히 이와 더불어 싸우리요 하더라
5 또 짐승이 과장되고 신성 모독을
말하는 입을 받고 또 마흔두 달 동
안 일할 권세를 받으니라
6 짐승이 입을 벌려 하나님을 향하여
비방하되 그의 이름과 그의 장막
곧 하늘에 사는 자들을 비방하더라
7 또 권세를 받아 성도들과 싸워 이
기게 되고 각 족속과 백성과 방언
과 나라를 다스리는 권세를 받으니
8 죽임을 당한 어린 양의 생명책에
창세 이후로 이름이 기록되지 못하
고 이 땅에 사는 자들은 다 그 짐승
에게 경배하리라
9 누구든지 귀가 있거든 들을지어다
10 사로잡힐 자는 사로잡혀 갈 것이요
칼에 죽을 자는 마땅히 칼에 죽을
것이니 성도들의 인내와 믿음이 여
기 있느니라
11 내가 보매 또 다른 짐승이 땅에서
올라오니 어린 양 같이 두 뿔이 있
고 용처럼 말을 하더라
12 그가 먼저 나온 짐승의 모든 권세
를 그 앞에서 행하고 땅과 땅에 사
는 자들을 처음 짐승에게 경배하게
하니 곧 죽게 되었던 상처가 나은
자니라
13 큰 이적을 행하되 심지어 사람들
앞에서 불이 하늘로부터 땅에 내려
오게 하고
14 짐승 앞에서 받은 바 이적을 행함
으로 땅에 거하는 자들을 미혹하며
땅에 거하는 자들에게 이르기를 칼
에 상하였다가 살아난 짐승을 위하
여 우상을 만들라 하더라
15 그가 권세를 받아 그 짐승의 우상
에게 생기를 주어 그 짐승의 우상
으로 말하게 하고 또 짐승의 우상
에게 경배하지 아니하는 자는 몇이
든지 다 죽이게 하더라
16 그가 모든 자 곧 작은 자나 큰 자나
부자나 가난한 자나 자유인이나 종
들에게 그 오른손에나 이마에 표를
받게 하고
17 누구든지 이 표를 가진 자 외에는
매매를 못하게 하니 이 표는 곧 짐
승의 이름이나 그 이름의 수라
18 지혜가 여기 있으니 총명한 자는 그
짐승의 수를 세어 보라 그것은 사
람의 수니 그의 수는 육백육십육이
니라

14

또 내가 보니 보라 어린 양이 시
온 산에 섰고 그와 함께 십사만 사

기록일 : . . .

천이 서 있는데 그들의 이마에는 어
린 양의 이름과 그 아버지의 이름
을 쓴 것이 있더라
2 내가 하늘에서 나는 소리를 들으
니 많은 물 소리와도 같고 큰 우렛
소리와도 같은데 내가 들은 소리는
거문고 타는 자들이 그 거문고를
타는 것 같더라
3 그들이 보좌 앞과 네 생물과 장로
들 앞에서 새 노래를 부르니 땅에
서 속량함을 받은 십사만 사천 밖
에는 능히 이 노래를 배울 자가 없
더라
4 이 사람들은 여자와 더불어 더럽히
지 아니하고 순결한 자라 어린 양
이 어디로 인도하든지 따라가는 자
며 사람 가운데에서 속량함을 받아
처음 익은 열매로 하나님과 어린 양
에게 속한 자들이니
5 그 입에 거짓말이 없고 흠이 없는
자들이더라
6 또 보니 다른 천사가 공중에 날아
가는데 땅에 거주하는 자들 곧 모
든 민족과 종족과 방언과 백성에게
전할 영원한 복음을 가졌더라
7 그가 큰 음성으로 이르되 하나님을
두려워하며 그에게 영광을 돌리라
이는 그의 심판의 시간이 이르렀음
이니 하늘과 땅과 바다와 물들의 근
원을 만드신 이를 경배하라 하더라
8 또 다른 천사 곧 둘째가 그 뒤를
따라 말하되 무너졌도다 무너졌도
다 큰 성 바벨론이여 모든 나라에
게 그의 음행으로 말미암아 진노의
포도주를 먹이던 자로다 하더라
9 또 다른 천사 곧 셋째가 그 뒤를
따라 큰 음성으로 이르되 만일 누
구든지 짐승과 그의 우상에게 경배
하고 이마에나 손에 표를 받으면
10 그도 하나님의 진노의 포도주를 마
시리니 그 진노의 잔에 섞인 것이
없이 부은 포도주라 거룩한 천사들
앞과 어린 양 앞에서 불과 유황으
로 고난을 받으리니
11 그 고난의 연기가 세세토록 올라가
리로다 짐승과 그의 우상에게 경배
하고 그의 이름 표를 받는 자는 누
구든지 밤낮 쉼을 얻지 못하리라
하더라
12 성도들의 인내가 여기 있나니 그들
은 하나님의 계명과 예수에 대한
믿음을 지키는 자니라
13 또 내가 들으니 하늘에서 음성이
나서 이르되 기록하라 지금 이후
로 주 안에서 죽는 자들은 복이 있
도다 하시매 성령이 이르시되 그러
하다 그들이 수고를 그치고 쉬리니
이는 그들의 행한 일이 따름이라
하시더라
14 또 내가 보니 흰 구름이 있고 구름

기록일 : . . .

위에 인자와 같은 이가 앉으셨는데
그 머리에는 금 면류관이 있고 그
손에는 예리한 낫을 가졌더라
15 또 다른 천사가 성전으로부터 나
와 구름 위에 앉은 이를 향하여 큰
음성으로 외쳐 이르되 당신의 낫을
휘둘러 거두소서 땅의 곡식이 다
익어 거둘 때가 이르렀음이니이다
하니
16 구름 위에 앉으신 이가 낫을 땅에
휘두르매 땅의 곡식이 거두어지니라
17 또 다른 천사가 하늘에 있는 성전
에서 나오는데 역시 예리한 낫을
가졌더라
18 또 불을 다스리는 다른 천사가 제
단으로부터 나와 예리한 낫 가진
자를 향하여 큰 음성으로 불러 이
르되 네 예리한 낫을 휘둘러 땅의
포도송이를 거두라 그 포도가 익었
느니라 하더라
19 천사가 낫을 땅에 휘둘러 땅의 포
도를 거두어 하나님의 진노의 큰
포도주 틀에 던지매
20 성 밖에서 그 틀이 밟히니 틀에서
피가 나서 말 굴레에까지 닿았고
천육백 스다디온에 퍼졌더라

15

또 하늘에 크고 이상한 다른 이적
을 보매 일곱 천사가 일곱 재앙을
가졌으니 곧 마지막 재앙이라 하나
님의 진노가 이것으로 마치리로다
2 또 내가 보니 불이 섞인 유리 바다
같은 것이 있고 짐승과 그의 우상
과 그의 이름의 수를 이기고 벗어
난 자들이 유리 바다 가에 서서 하
나님의 거문고를 가지고
3 하나님의 종 모세의 노래, 어린 양
의 노래를 불러 이르되 주 하나님
곧 전능하신 이시여 하시는 일이 크
고 놀라우시도다 만국의 왕이시여
주의 길이 의롭고 참되시도다
4 주여 누가 주의 이름을 두려워하지
아니하며 영화롭게 하지 아니하오리
이까 오직 주만 거룩하시니이다 주
의 의로우신 일이 나타났으매 만국
이 와서 주께 경배하리이다 하더라
5 또 이 일 후에 내가 보니 하늘에 증
거 장막의 성전이 열리며
6 일곱 재앙을 가진 일곱 천사가 성
전으로부터 나와 맑고 빛난 세마포
옷을 입고 가슴에 금 띠를 띠고
7 네 생물 중의 하나가 영원토록 살
아 계신 하나님의 진노를 가득히
담은 금 대접 일곱을 그 일곱 천사
들에게 주니
8 하나님의 영광과 능력으로 말미암
아 성전에 연기가 가득 차매 일곱
천사의 일곱 재앙이 마치기까지는
성전에 능히 들어갈 자가 없더라

16

또 내가 들으니 성전에서 큰 음성
이 나서 일곱 천사에게 말하되 너

기록일 : . . .

희는 가서 하나님의 진노의 일곱
대접을 땅에 쏟으라 하더라
2 첫째 천사가 가서 그 대접을 땅에
쏟으매 짐승의 표를 받은 사람들과
그 우상에게 경배하는 자들에게 악
하고 독한 종기가 나더라
3 둘째 천사가 그 대접을 바다에 쏟
으매 바다가 곧 죽은 자의 피 같이
되니 바다 가운데 모든 생물이 죽
더라
4 셋째 천사가 그 대접을 강과 물 근
원에 쏟으매 피가 되더라
5 내가 들으니 물을 차지한 천사가
이르되 전에도 계셨고 지금도 계신
거룩하신 이여 이렇게 심판하시니
의로우시도다
6 그들이 성도들과 선지자들의 피를
흘렸으므로 그들에게 피를 마시게
하신 것이 합당하니이다 하더라
7 또 내가 들으니 제단이 말하기를
그러하다 주 하나님 곧 전능하신
이시여 심판하시는 것이 참되시고
의로우시도다 하더라
8 넷째 천사가 그 대접을 해에 쏟으
매 해가 권세를 받아 불로 사람들
을 태우니
9 사람들이 크게 태움에 태워진지라
이 재앙들을 행하는 권세를 가지신
하나님의 이름을 비방하며 또 회개
하지 아니하고 주께 영광을 돌리지
아니하더라
10 또 다섯째 천사가 그 대접을 짐승
의 왕좌에 쏟으니 그 나라가 곧 어
두워지며 사람들이 아파서 자기 혀
를 깨물고
11 아픈 것과 종기로 말미암아 하늘의
하나님을 비방하고 그들의 행위를
회개하지 아니하더라
12 또 여섯째 천사가 그 대접을 큰 강
유브라데에 쏟으매 강물이 말라서
동방에서 오는 왕들의 길이 예비되
었더라
13 또 내가 보매 개구리 같은 세 더러
운 영이 용의 입과 짐승의 입과 거
짓 선지자의 입에서 나오니
14 그들은 귀신의 영이라 이적을 행하
여 온 천하 왕들에게 가서 하나님
곧 전능하신 이의 큰 날에 있을 전
쟁을 위하여 그들을 모으더라
15 보라 내가 도둑 같이 오리니 누구
든지 깨어 자기 옷을 지켜 벌거벗고
다니지 아니하며 자기의 부끄러움
을 보이지 아니하는 자는 복이 있
도다
16 세 영이 히브리어로 아마겟돈이라
하는 곳으로 왕들을 모으더라
17 일곱째 천사가 그 대접을 공중에
쏟으매 큰 음성이 성전에서 보좌로
부터 나서 이르되 되었다 하시니
18 번개와 음성들과 우렛소리가 있고

기록일 : . . .

또 큰 지진이 있어 얼마나 큰지 사
람이 땅에 있어 온 이래로 이같이
큰 지진이 없었더라
19 큰 성이 세 갈래로 갈라지고 만국
의 성들도 무너지니 큰 성 바벨론이
하나님 앞에 기억하신 바 되어 그
의 맹렬한 진노의 포도주 잔을 받
으매
20 각 섬도 없어지고 산악도 간 데 없
더라
21 또 무게가 한 달란트나 되는 큰 우
박이 하늘로부터 사람들에게 내리
매 사람들이 그 우박의 재앙 때문
에 하나님을 비방하니 그 재앙이
심히 큼이러라

17 또 일곱 대접을 가진 일곱 천사
중 하나가 와서 내게 말하여 이르
되 이리로 오라 많은 물 위에 앉은
큰 음녀가 받을 심판을 네게 보이
리라
2 땅의 임금들도 그와 더불어 음행하
였고 땅에 사는 자들도 그 음행의
포도주에 취하였다 하고
3 곧 성령으로 나를 데리고 광야로
가니라 내가 보니 여자가 붉은 빛
짐승을 탔는데 그 짐승의 몸에 하
나님을 모독하는 이름들이 가득하
고 일곱 머리와 열 뿔이 있으며
4 그 여자는 자주 빛과 붉은 빛 옷
을 입고 금과 보석과 진주로 꾸미
고 손에 금 잔을 가졌는데 가증한
물건과 그의 음행의 더러운 것들이
가득하더라
5 그의 이마에 이름이 기록되었으니
비밀이라, 큰 바벨론이라, 땅의 음
녀들과 가증한 것들의 어미라 하였
더라
6 또 내가 보매 이 여자가 성도들의
피와 예수의 증인들의 피에 취한지
라 내가 그 여자를 보고 놀랍게 여
기고 크게 놀랍게 여기니
7 천사가 이르되 왜 놀랍게 여기느냐
내가 여자와 그가 탄 일곱 머리와
열 뿔 가진 짐승의 비밀을 네게 이
르리라
8 네가 본 짐승은 전에 있었다가 지
금은 없으나 장차 무저갱으로부터
올라와 멸망으로 들어갈 자니 땅에
사는 자들로서 창세 이후로 그 이
름이 생명책에 기록되지 못한 자들
이 이전에 있었다가 지금은 없으나
장차 나올 짐승을 보고 놀랍게 여
기리라
9 지혜 있는 뜻이 여기 있으니 그 일
곱 머리는 여자가 앉은 일곱 산이요
10 또 일곱 왕이라 다섯은 망하였고
하나는 있고 다른 하나는 아직 이
르지 아니하였으나 이르면 반드시
잠시 동안 머무르리라
11 전에 있었다가 지금 없어진 짐승은

기록일 : . . .

여덟째 왕이니 일곱 중에 속한 자
라 그가 멸망으로 들어가리라
12 네가 보던 열 뿔은 열 왕이니 아직
나라를 얻지 못하였으나 다만 짐승
과 더불어 임금처럼 한동안 권세를
받으리라
13 그들이 한 뜻을 가지고 자기의 능
력과 권세를 짐승에게 주더라
14 그들이 어린 양과 더불어 싸우려니
와 어린 양은 만주의 주시요 만왕
의 왕이시므로 그들을 이기실 터이
요 또 그와 함께 있는 자들 곧 부
르심을 받고 택하심을 받은 진실한
자들도 이기리로다
15 또 천사가 내게 말하되 네가 본 바
음녀가 앉아 있는 물은 백성과 무
리와 열국과 방언들이니라
16 네가 본 바 이 열 뿔과 짐승은 음녀
를 미워하여 망하게 하고 벌거벗게
하고 그의 살을 먹고 불로 아주 사
르리라
17 이는 하나님이 자기 뜻대로 할 마
음을 그들에게 주사 한 뜻을 이루
게 하시고 그들의 나라를 그 짐승
에게 주게 하시되 하나님의 말씀이
응하기까지 하심이라
18 또 네가 본 그 여자는 땅의 왕들을
다스리는 큰 성이라 하더라

18

이 일 후에 다른 천사가 하늘에서
내려 오는 것을 보니 큰 권세를 가
졌는데 그의 영광으로 땅이 환하여
지더라
2 힘찬 음성으로 외쳐 이르되 무너졌
도다 무너졌도다 큰 성 바벨론이여
귀신의 처소와 각종 더러운 영이 모
이는 곳과 각종 더럽고 가증한 새
들이 모이는 곳이 되었도다
3 그 음행의 진노의 포도주로 말미암
아 만국이 무너졌으며 또 땅의 왕
들이 그와 더불어 음행하였으며 땅
의 상인들도 그 사치의 세력으로
치부하였도다 하더라
4 또 내가 들으니 하늘로부터 다른
음성이 나서 이르되 내 백성아, 거
기서 나와 그의 죄에 참여하지 말
고 그가 받을 재앙들을 받지 말라
5 그의 죄는 하늘에 사무쳤으며 하
나님은 그의 불의한 일을 기억하신
지라
6 그가 준 그대로 그에게 주고 그의
행위대로 갑절을 갚아 주고 그가
섞은 잔에도 갑절이나 섞어 그에게
주라
7 그가 얼마나 자기를 영화롭게 하였
으며 사치하였든지 그만큼 고통과
애통함으로 갚아 주라 그가 마음에
말하기를 나는 여왕으로 앉은 자요
과부가 아니라 결단코 애통함을 당
하지 아니하리라 하니
8 그러므로 하루 동안에 그 재앙들이

이르리니 곧 사망과 애통함과 흉
년이라 그가 또한 불에 살라지리니
그를 심판하시는 주 하나님은 강하
신 자이심이라
9 그와 함께 음행하고 사치하던 땅의
왕들이 그가 불타는 연기를 보고
위하여 울고 가슴을 치며
10 그의 고통을 무서워하여 멀리 서서
이르되 화 있도다 화 있도다 큰 성,
견고한 성 바벨론이여 한 시간에
네 심판이 이르렀다 하리로다
11 땅의 상인들이 그를 위하여 울고
애통하는 것은 다시 그들의 상품을
사는 자가 없음이라
12 그 상품은 금과 은과 보석과 진주와
세마포와 자주 옷감과 비단과 붉은
옷감이요 각종 향목과 각종 상아 그
릇이요 값진 나무와 구리와 철과 대
리석으로 만든 각종 그릇이요
13 계피와 향료와 향과 향유와 유향과
포도주와 감람유와 고운 밀가루와
밀이요 소와 양과 말과 수레와 종
들과 사람의 영혼들이라
14 바벨론아 네 영혼이 탐하던 과일이
네게서 떠났으며 맛있는 것들과
빛난 것들이 다 없어졌으니 사람들
이 결코 이것들을 다시 보지 못하리
로다
15 바벨론으로 말미암아 치부한 이 상
품의 상인들이 그의 고통을 무서워
하여 멀리 서서 울고 애통하여
16 이르되 화 있도다 화 있도다 큰 성
이여 세마포 옷과 자주 옷과 붉은
옷을 입고 금과 보석과 진주로 꾸
민 것인데
17 그러한 부가 한 시간에 망하였도다
모든 선장과 각처를 다니는 선객들
과 선원들과 바다에서 일하는 자들
이 멀리 서서
18 그가 불타는 연기를 보고 외쳐 이
르되 이 큰 성과 같은 성이 어디 있
느냐 하며
19 티끌을 자기 머리에 뿌리고 울며 애
통하여 외쳐 이르되 화 있도다 화
있도다 이 큰 성이여 바다에서 배
부리는 모든 자들이 너의 보배로운
상품으로 치부하였더니 한 시간에
망하였도다
20 하늘과 성도들과 사도들과 선지자
들아, 그로 말미암아 즐거워하라
하나님이 너희를 위하여 그에게 심
판을 행하셨음이라 하더라
21 이에 한 힘 센 천사가 큰 맷돌 같은
돌을 들어 바다에 던져 이르되 큰
성 바벨론이 이같이 비참하게 던져
져 결코 다시 보이지 아니하리로다
22 또 거문고 타는 자와 풍류하는 자
와 퉁소 부는 자와 나팔 부는 자들
의 소리가 결코 다시 네 안에서 들
리지 아니하고 어떠한 세공업자든

기록일 : . . .

지 결코 다시 네 안에서 보이지 아
니하고 또 맷돌 소리가 결코 다시
네 안에서 들리지 아니하고
23 등불 빛이 결코 다시 네 안에서 비
치지 아니하고 신랑과 신부의 음성
이 결코 다시 네 안에서 들리지 아
니하리로다 너의 상인들은 땅의 왕
족들이라 네 복술로 말미암아 만국
이 미혹되었도다
24 선지자들과 성도들과 및 땅 위에서
죽임을 당한 모든 자의 피가 그 성
중에서 발견되었느니라 하더라

19

이 일 후에 내가 들으니 하늘에
허다한 무리의 큰 음성 같은 것이
있어 이르되 할렐루야 구원과 영광
과 능력이 우리 하나님께 있도다
2 그의 심판은 참되고 의로운지라 음
행으로 땅을 더럽게 한 큰 음녀를
심판하사 자기 종들의 피를 그 음
녀의 손에 갚으셨도다 하고
3 두 번째로 할렐루야 하니 그 연기
가 세세토록 올라가더라
4 또 이십사 장로와 네 생물이 엎드
려 보좌에 앉으신 하나님께 경배하
여 이르되 아멘 할렐루야 하니
5 보좌에서 음성이 나서 이르시되 하
나님의 종들 곧 그를 경외하는 너
희들아 작은 자나 큰 자나 다 우리
하나님께 찬송하라 하더라
6 또 내가 들으니 허다한 무리의 음
성과도 같고 많은 물 소리와도 같
고 큰 우렛소리와도 같은 소리로
이르되 할렐루야 주 우리 하나님
곧 전능하신 이가 통치하시도다
7 우리가 즐거워하고 크게 기뻐하며
그에게 영광을 돌리세 어린 양의
혼인 기약이 이르렀고 그의 아내가
자신을 준비하였으므로
8 그에게 빛나고 깨끗한 세마포 옷
을 입도록 허락하셨으니 이 세마포
옷은 성도들의 옳은 행실이로다 하
더라
9 천사가 내게 말하기를 기록하라 어
린 양의 혼인 잔치에 청함을 받은
자들은 복이 있도다 하고 또 내게
말하되 이것은 하나님의 참되신 말
씀이라 하기로
10 내가 그 발 앞에 엎드려 경배하려
하니 그가 나에게 말하기를 나는 너
와 및 예수의 증언을 받은 네 형제
들과 같이 된 종이니 삼가 그리하지
말고 오직 하나님께 경배하라 예수
의 증언은 예언의 영이라 하더라
11 또 내가 하늘이 열린 것을 보니 보
라 백마와 그것을 탄 자가 있으니
그 이름은 충신과 진실이라 그가
공의로 심판하며 싸우더라
12 그 눈은 불꽃 같고 그 머리에는 많
은 관들이 있고 또 이름 쓴 것 하나
가 있으니 자기밖에 아는 자가 없고

13 또 그가 피 뿌린 옷을 입었는데 그
이름은 하나님의 말씀이라 칭하더라
14 하늘에 있는 군대들이 희고 깨끗한
세마포 옷을 입고 백마를 타고 그
를 따르더라
15 그의 입에서 예리한 검이 나오니 그
것으로 만국을 치겠고 친히 그들을
철장으로 다스리며 또 친히 하나
님 곧 전능하신 이의 맹렬한 진노의
포도주 틀을 밟겠고
16 그 옷과 그 다리에 이름을 쓴 것이
있으니 만왕의 왕이요 만주의 주라
하였더라
17 또 내가 보니 한 천사가 태양 안에
서서 공중에 나는 모든 새를 향하
여 큰 음성으로 외쳐 이르되 와서
하나님의 큰 잔치에 모여
18 왕들의 살과 장군들의 살과 장사들
의 살과 말들과 그것을 탄 자들의
살과 자유인들이나 종들이나 작은
자나 큰 자나 모든 자의 살을 먹으
라 하더라
19 또 내가 보매 그 짐승과 땅의 임금
들과 그들의 군대들이 모여 그 말
탄 자와 그의 군대와 더불어 전쟁
을 일으키다가
20 짐승이 잡히고 그 앞에서 표적을
행하던 거짓 선지자도 함께 잡혔으
니 이는 짐승의 표를 받고 그의 우
상에게 경배하던 자들을 표적으로
미혹하던 자라 이 둘이 산 채로 유
황불 붙는 못에 던져지고
21 그 나머지는 말 탄 자의 입으로부
터 나오는 검에 죽으매 모든 새가
그들의 살로 배불리더라

20

또 내가 보매 천사가 무저갱의 열
쇠와 큰 쇠사슬을 그의 손에 가지
고 하늘로부터 내려와서
2 용을 잡으니 곧 옛 뱀이요 마귀요
사탄이라 잡아서 천 년 동안 결박
하여
3 무저갱에 던져 넣어 잠그고 그 위
에 인봉하여 천 년이 차도록 다시는
만국을 미혹하지 못하게 하였는데
그 후에는 반드시 잠깐 놓이리라
4 또 내가 보좌들을 보니 거기에 앉
은 자들이 있어 심판하는 권세를
받았더라 또 내가 보니 예수를 증
언함과 하나님의 말씀 때문에 목
베임을 당한 자들의 영혼들과 또
짐승과 그의 우상에게 경배하지 아
니하고 그들의 이마와 손에 그의
표를 받지 아니한 자들이 살아서
그리스도와 더불어 천 년 동안 왕
노릇 하니
5 (그 나머지 죽은 자들은 그 천 년이
차기까지 살지 못하더라) 이는 첫
째 부활이라
6 이 첫째 부활에 참여하는 자들은
복이 있고 거룩하도다 둘째 사망이

기록일 : . . .

그들을 다스리는 권세가 없고 도리
어 그들이 하나님과 그리스도의 제
사장이 되어 천 년 동안 그리스도
와 더불어 왕 노릇 하리라
7 천 년이 차매 사탄이 그 옥에서 놓여
8 나와서 땅의 사방 백성 곧 곡과 마
곡을 미혹하고 모아 싸움을 붙이리
니 그 수가 바다의 모래 같으리라
9 그들이 지면에 널리 퍼져 성도들의
진과 사랑하시는 성을 두르매 하
늘에서 불이 내려와 그들을 태워버
리고
10 또 그들을 미혹하는 마귀가 불과
유황 못에 던져지니 거기는 그 짐승
과 거짓 선지자도 있어 세세토록 밤
낮 괴로움을 받으리라
11 또 내가 크고 흰 보좌와 그 위에
앉으신 이를 보니 땅과 하늘이 그
앞에서 피하여 간 데 없더라
12 또 내가 보니 죽은 자들이 큰 자
나 작은 자나 그 보좌 앞에 서 있는
데 책들이 펴 있고 또 다른 책이 펴
졌으니 곧 생명책이라 죽은 자들이
자기 행위를 따라 책들에 기록된
대로 심판을 받으니
13 바다가 그 가운데에서 죽은 자들을
내주고 또 사망과 음부도 그 가운
데에서 죽은 자들을 내주매 각 사
람이 자기의 행위대로 심판을 받고
14 사망과 음부도 불못에 던져지니 이
것은 둘째 사망 곧 불못이라
15 누구든지 생명책에 기록되지 못한
자는 불못에 던져지더라

21

또 내가 새 하늘과 새 땅을 보니
처음 하늘과 처음 땅이 없어졌고
바다도 다시 있지 않더라
2 또 내가 보매 거룩한 성 새 예루살
렘이 하나님께로부터 하늘에서 내
려오니 그 준비한 것이 신부가 남편
을 위하여 단장한 것 같더라
3 내가 들으니 보좌에서 큰 음성이
나서 이르되 보라 하나님의 장막이
사람들과 함께 있으매 하나님이 그
들과 함께 계시리니 그들은 하나님
의 백성이 되고 하나님은 친히 그
들과 함께 계셔서
4 모든 눈물을 그 눈에서 닦아 주시
니 다시는 사망이 없고 애통하는
것이나 곡하는 것이나 아픈 것이 다
시 있지 아니하리니 처음 것들이 다
지나갔음이러라
5 보좌에 앉으신 이가 이르시되 보라
내가 만물을 새롭게 하노라 하시고
또 이르시되 이 말은 신실하고 참
되니 기록하라 하시고
6 또 내게 말씀하시되 이루었도다 나
는 알파와 오메가요 처음과 마지
막이라 내가 생명수 샘물을 목마른
자에게 값없이 주리니
7 이기는 자는 이것들을 상속으로 받

기록일 : . . .

으리라 나는 그의 하나님이 되고
그는 내 아들이 되리라
8 그러나 두려워하는 자들과 믿지 아
니하는 자들과 흉악한 자들과 살
인자들과 음행하는 자들과 점술가
들과 우상 숭배자들과 거짓말하는
모든 자들은 불과 유황으로 타는
못에 던져지리니 이것이 둘째 사망
이라
9 일곱 대접을 가지고 마지막 일곱
재앙을 담은 일곱 천사 중 하나가
나아와서 내게 말하여 이르되 이리
오라 내가 신부 곧 어린 양의 아내
를 네게 보이리라 하고
10 성령으로 나를 데리고 크고 높은
산으로 올라가 하나님께로부터 하
늘에서 내려오는 거룩한 성 예루살
렘을 보이니
11 하나님의 영광이 있어 그 성의 빛이
지극히 귀한 보석 같고 벽옥과 수
정 같이 맑더라
12 크고 높은 성곽이 있고 열두 문이
있는데 문에 열두 천사가 있고 그
문들 위에 이름을 썼으니 이스라엘
자손 열두 지파의 이름들이라
13 동쪽에 세 문, 북쪽에 세 문, 남쪽
에 세 문, 서쪽에 세 문이니
14 그 성의 성곽에는 열두 기초석이 있
고 그 위에는 어린 양의 열두 사도
의 열두 이름이 있더라

15 내게 말하는 자가 그 성과 그 문들
과 성곽을 측량하려고 금 갈대 자
를 가졌더라
16 그 성은 네모가 반듯하여 길이와
너비가 같은지라 그 갈대 자로 그
성을 측량하니 만 이천 스다디온이
요 길이와 너비와 높이가 같더라
17 그 성곽을 측량하매 백사십사 규빗
이니 사람의 측량 곧 천사의 측량
이라
18 그 성곽은 벽옥으로 쌓였고 그 성
은 정금인데 맑은 유리 같더라
19 그 성의 성곽의 기초석은 각색 보
석으로 꾸몄는데 첫째 기초석은 벽
옥이요 둘째는 남보석이요 셋째는
옥수요 넷째는 녹보석이요
20 다섯째는 홍마노요 여섯째는 홍보
석이요 일곱째는 황옥이요 여덟째
는 녹옥이요 아홉째는 담황옥이요
열째는 비취옥이요 열한째는 청옥
이요 열두째는 자수정이라
21 그 열두 문은 열두 진주니 각 문마
다 한 개의 진주로 되어 있고 성의
길은 맑은 유리 같은 정금이더라
22 성 안에서 내가 성전을 보지 못하였
으니 이는 주 하나님 곧 전능하신
이와 및 어린 양이 그 성전이심이라
23 그 성은 해나 달의 비침이 쓸 데 없
으니 이는 하나님의 영광이 비치고
어린 양이 그 등불이 되심이라

기록일 : . . .

24 만국이 그 빛 가운데로 다니고 땅
의 왕들이 자기 영광을 가지고 그
리로 들어가리라
25 낮에 성문들을 도무지 닫지 아니하
리니 거기에는 밤이 없음이라
26 사람들이 만국의 영광과 존귀를 가
지고 그리로 들어가겠고
27 무엇이든지 속된 것이나 가증한 일
또는 거짓말하는 자는 결코 그리로
들어가지 못하되 오직 어린 양의 생
명책에 기록된 자들만 들어가리라

22 또 그가 수정 같이 맑은 생명수의
강을 내게 보이니 하나님과 및 어린
양의 보좌로부터 나와서
2 길 가운데로 흐르더라 강 좌우에
생명나무가 있어 열두 가지 열매를
맺되 달마다 그 열매를 맺고 그 나
무 잎사귀들은 만국을 치료하기 위
하여 있더라
3 다시 저주가 없으며 하나님과 그 어
린 양의 보좌가 그 가운데에 있으
리니 그의 종들이 그를 섬기며
4 그의 얼굴을 볼 터이요 그의 이름
도 그들의 이마에 있으리라
5 다시 밤이 없겠고 등불과 햇빛이
쓸 데 없으니 이는 주 하나님이 그
들에게 비치심이라 그들이 세세토
록 왕 노릇 하리로다
6 또 그가 내게 말하기를 이 말은 신
실하고 참된지라 주 곧 선지자들의
영의 하나님이 그의 종들에게 반드
시 속히 되어질 일을 보이시려고 그
의 천사를 보내셨도다
7 보라 내가 속히 오리니 이 두루마
리의 예언의 말씀을 지키는 자는
복이 있으리라 하더라
8 이것들을 보고 들은 자는 나 요한
이니 내가 듣고 볼 때에 이 일을 내
게 보이던 천사의 발 앞에 경배하
려고 엎드렸더니
9 그가 내게 말하기를 나는 너와 네
형제 선지자들과 또 이 두루마리의
말을 지키는 자들과 함께 된 종이
니 그리하지 말고 하나님께 경배하
라 하더라
10 또 내게 말하되 이 두루마리의 예
언의 말씀을 인봉하지 말라 때가
가까우니라
11 불의를 행하는 자는 그대로 불의를
행하고 더러운 자는 그대로 더럽고
의로운 자는 그대로 의를 행하고
거룩한 자는 그대로 거룩하게 하라
12 보라 내가 속히 오리니 내가 줄 상
이 내게 있어 각 사람에게 그가 행
한 대로 갚아 주리라
13 나는 알파와 오메가요 처음과 마지
막이요 시작과 마침이라
14 자기 두루마기를 빠는 자들은 복이
있으니 이는 그들이 생명나무에 나
아가며 문들을 통하여 성에 들어갈

기록일 : . . .

권세를 받으려 함이로다
15 개들과 점술가들과 음행하는 자들
과 살인자들과 우상 숭배자들과 및
거짓말을 좋아하며 지어내는 자는
다 성 밖에 있으리라
16 나 예수는 교회들을 위하여 내 사
자를 보내어 이것들을 너희에게 증
언하게 하였노라 나는 다윗의 뿌리
요 자손이니 곧 광명한 새벽 별이라
하시더라
17 성령과 신부가 말씀하시기를 오라
하시는도다 듣는 자도 오라 할 것
이요 목마른 자도 올 것이요 또 원
하는 자는 값없이 생명수를 받으라
하시더라
18 내가 이 두루마리의 예언의 말씀을
듣는 모든 사람에게 증언하노니 만
일 누구든지 이것들 외에 더하면 하
나님이 이 두루마리에 기록된 재앙
들을 그에게 더하실 것이요
19 만일 누구든지 이 두루마리의 예언
의 말씀에서 제하여 버리면 하나님
이 이 두루마리에 기록된 생명나무
와 및 거룩한 성에 참여함을 제하
여 버리시리라
20 이것들을 증언하신 이가 이르시되
내가 진실로 속히 오리라 하시거늘
아멘 주 예수여 오시옵소서
21 주 예수의 은혜가 모든 자들에게
있을지어다 아멘

기록일 : . . .

MERCIFUL WRITING BIBLE

신약 2 : 로마서 ~ 요한계시록

성령님과 함께 쓰는

은혜로운 필사성경 10

초판 1쇄 인쇄 2020년 4월 20일
초판 1쇄 발행 2020년 5월 11일

편 집 인 김호성
발 행 처 서울말씀사
출판등록 제2016-000172호
주 소 서울시 영등포구 은행로 55, 나동 9층
전 화 02) 846-9222
팩 스 02) 846-9225